СВЯТИТЕЛЬ
ФЕОФАН ЗАТВОРНИК

ПУТЬ КО СПАСЕНИЮ

КРАТКИЙ ОЧЕРК АСКЕТИКИ

ORTHODOX LOGOS PUBLISHING

ПУТЬ КО СПАСЕНИЮ.
КРАТКИЙ ОЧЕРК АСКЕТИКИ

святитель Феофан Затворник

Икона на обложке книги:
«Святитель Феофан Затворник», *Макс Мендор 2025*

© 2025, Orthodox Logos Publishing, The Netherlands

www.orthodoxlogos.com

ISBN: 978-1-80484-227-0

This book is in copyright. No part of this publication may
be reproduced, stored in a retrieval system or transmitted in any form or
by any means without the prior permission in writing of
the publisher, nor be otherwise circulated in any form of binding
or cover other than that in which it is published without a similar
condition, including this condition, being imposed
on the subsequent purchaser.

СВЯТИТЕЛЬ ФЕОФАН ЗАТВОРНИК

ПУТЬ КО СПАСЕНИЮ

КРАТКИЙ ОЧЕРК АСКЕТИКИ

ORTHODOX LOGOS PUBLISHING

СОДЕРЖАНИЕ

Вступление 7
Биография: Святитель Феофан Затворник 12

Путь ко спасению.
Краткий очерк аскетики 18

Отдел I. О начале христианской жизни чрез Святое Крещение, с указанием – как сохранить сию благодать в период воспитания 18

Как начинается в нас христианская жизнь? 18

Как начинается жизнь христианская
в таинстве крещения? 25

Отдел II. О начале христианской жизни чрез покаяние или о покаянии и обращении грешника к Богу . . . 67

Как начинается христианская жизнь в таинстве покаяния? 67

1. Состояние грешника 69

2. Действие Божией благодати 74

3. Пробуждение грешника от греховного сна . . . 74

4. Чрезвычайные действия благодати Божией
в возбуждении грешников от сна греховного . . . 77

5. Обыкновенный порядок стяжания
дара возбудительной благодати 92

6. Восход до решимости оставить грех
и посвятить себя богоугождению . . . 117

А. Восход до решимости оставить грех 117

Б. Восход до обета посвятить себя Богу 131

7. Облечение силою свыше на дело богоугождения в таинствах покаяния и причащения 138

А. Кающемуся изрекается всепрощение в Таинстве покаяния 138

Б. Кающийся приступает к Таинству святого причащения 145

Отдел III. О том, как совершается, зреет и крепнет в нас христианская жизнь, или то же о порядке богоугодной жизни 150

Как совершается, зреет и крепнет в нас христианская жизнь 150

1. О хранении духа ревности по Богу 172

А. Внутрь-пребывание 174

Б. Зрение другого мира 177

В. Стояние в чувствах, доведших до решимости . . 183

2. Указание упражнений, способствующих к утверждению в добре душевных и телесных сил человека 189

А. Упражнения, способствующие к образованию душевных сил по духу христианской жизни . . . 195

Б. Держание тела по духу новой жизни 208

В. Порядок внешней жизни по духу жизни новой . 210

Г. Благодатные средства воспитания и укрепления духовной жизни 215

Д. Приближение к непрерывному говению 219

3. Правила брани со страстями, или начала самопротивления 223

4. Начатки восхождения к живому богообщению . 250

А. Восхождение к Богу 251

Б. Живое богообщение совершается в состоянии безмолвия, приводящего к бесстрастию 257

Святого отца нашего Иоанна Златоустого уроки о воспитании 263

Приложение 288

Тропарь святителю Феофану, глас 8 291

Кондак святителю Феофану, глас 4 291

Примечания 292

ВСТУПЛЄНИЄ

В безбрежном океане человеческого бытия, где волны суеты и мимолетных увлечений то и дело грозят поглотить ищущую душу, во все времена сияли путеводные маяки – умы и сердца, достигшие духовных высот и оставившие нам в наследие бесценные карты и лоции для плавания по житейскому морю. К числу таких светочей, чей авторитет непререкаем, а слово исполнено благодатной силы, принадлежит святитель Феофан, Затворник Вышенский – великий подвижник, богослов и духовный наставник Русской Православной Церкви XIX столетия. Предлагаемая читателю книга «Путь ко спасению. Краткий очерк аскетики» является одним из наиболее значимых и востребованных плодов его многолетних пастырских трудов и глубоких духовных прозрений.

В чем же заключается непреходящая ценность этого творения и почему сегодня, в XXI веке, когда мир, кажется, кардинально изменился, слова святителя, написанные более ста пятидесяти лет назад, звучат с неослабевающей силой и актуальностью? Ответ кроется в самой природе человека и в неизменности его главной жизненной задачи – поиска спасения, обретения подлинного смысла существования и единения с Богом. «Путь ко спасению» – это не просто теоретический трактат, не отвлеченное философское рассуждение. Это детальное, выверенное личным опытом и основанное на многовековой мудрости святых отцов практическое руководство для всякого христианина, искренне желающего не просто именоваться таковым, но и жить по-христиански, выстраивая свою жизнь в соответствии с евангельскими заповедями.

Святитель Феофан, обладая редким даром сочетать глубочайшие богословские знания с удивительной простотой и ясностью изложения, обращается к читателю как мудрый и любящий отец, готовый провести его за руку через все тернии и сложности духовного пути. Он не предлагает легких рецептов или мгновенных преображений, но с отеческой заботой и трезвостью указывает на единственно верный, хотя и не всегда простой, маршрут. Книга «Путь ко спасению» охватывает весь спектр духовной жизни человека – от самого ее зарождения до высот богообщения.

В первом отделе своего труда святитель подробно останавливается на начале христианской жизни через святое Крещение. Он раскрывает глубочайший смысл этого Таинства, не как формального обряда, а как истинного рождения свыше, привития к Лозе Христовой. Особое внимание уделяется тому, как сохранить благодать Крещения в период воспитания, как заложить в юной душе прочный фундамент веры и благочестия. Это особенно важно для родителей, крестных и всех, кто причастен к воспитанию подрастающего поколения, ибо именно в детстве закладываются основы будущего духовного здания. Святитель дает конкретные советы, как оградить ребенка от тлетворного влияния мира, как научить его молитве, послушанию и любви к Богу.

Однако не все сохраняют чистоту, дарованную в Крещении. Грех, подобно ржавчине, разъедает душу, отдаляя ее от Источника жизни. И здесь святитель Феофан с пастырской любовью и надеждой обращается ко второму пути начала или, вернее, возобновления христианской жизни – через Покаяние. Этот раздел книги является, пожалуй, одним из самых сильных и пронзительных. С глубоким психологизмом и знанием человеческой души автор описывает состояние грешника, его отчужденность от Бога, плененность страстями, духовную слепоту и омертвение. Но даже в этом мрачном состоянии человека не оставляет действие Божественной благодати, которая стучится в сердце, призывая к обращению. Святитель подробно рассматривает процесс пробуждения грешника от греховного сна, как через обыкновенные жизненные обстоятельства, так и через чрезвычайные действия благодати Божией.

Особое место занимает описание восхода до решимости оставить грех и посвятить себя богоугождению. Это не одномоментный акт, а сложный внутренний процесс, включающий осознание своей греховности, сердечное сокрушение, исповедание грехов и твердое намерение изменить свою жизнь. Святитель подчеркивает важность не только оставления греха, но и обета посвятить себя Богу, то есть полной переориентации жизненных ценностей. Завершается этот этап облечением силою свыше в Таинствах Покаяния и Причащения, где кающемуся даруется прощение грехов и благодатная помощь для дальнейшей борьбы.

Третий, самый обширный отдел книги посвящен тому, как совершается, зреет и крепнет в нас христианская жизнь. Если первые два отдела говорили о «посеве» и «прорастании» семени веры, то здесь речь идет о «возделывании» и «взращивании» духовного плода. Святитель Феофан предлагает читателю целую систему духовных упражнений и правил, направленных на утверждение в добре. Центральное место здесь занимает учение о хранении духа ревности по Богу. Это тот внутренний огонь, та горячая любовь к Господу, которая побуждает христианина к постоянному духовному бодрствованию и труду. Для поддержания этой ревности святитель указывает на необходимость внутрь-пребывания (сосредоточенности ума в сердце), зрения другого мира (памятования о вечности, о Царствии Божием) и стояния в чувствах, доведших до решимости (постоянного обновления покаянного настроя).

Далее автор подробно излагает указание упражнений, способствующих к утверждению в добре душевных и телесных сил человека. Это включает в себя как упражнения для душевных сил (ума, воли, чувств), так и правила держания тела по духу новой жизни (пост, бдение, телесные труды) и устроения порядка внешней жизни. Святитель не забывает и о благодатных средствах воспитания и укрепления духовной жизни — молитве, чтении Священного Писания и святоотеческих творений, участии в церковных Таинствах, особенно в Таинстве Евхаристии. Важным аспектом является постепенное приближение к непрерывному говению, то есть к состоянию постоянной готовности предстоять Богу.

Неотъемлемой частью духовной жизни является борьба. Поэтому святитель Феофан уделяет значительное внимание правилам брани со страстями, или началам самопротивления. Он учит распознавать страстные помыслы, противостоять им на начальной стадии, отсекать их и утверждаться в противоположных добродетелях. Это трезвенное учение, основанное на опыте древних подвижников, является бесценным руководством для каждого, кто сталкивается с внутренними искушениями.

Наконец, вершиной духовного пути, его конечной целью является живое богообщение. Святитель описывает начатки восхождения к Богу, которое совершается в состоянии безмолвия, приводящего к бесстрастию. Это не просто отсутствие внешнего шума, но глубокая внутренняя тишина, в которой душа способна слышать голос Божий и пребывать в Его благодатном присутствии.

Книга дополнена «Уроками о воспитании» святого Иоанна Златоуста, что еще раз подчеркивает преемственность святоотеческой мысли и важность правильного духовного фундамента с ранних лет.

«Путь ко спасению» святителя Феофана Затворника — это не просто книга для однократного прочтения. Это настольная книга для вдумчивого, молитвенного изучения, к которой необходимо возвращаться снова и снова на разных этапах духовного пути. Ее язык, хотя и принадлежит XIX веку, отличается удивительной точностью, образностью и глубиной. Святитель не льстит читателю, не обещает легких побед, но вселяет твердую надежду на милость Божию и на возможность преображения для каждого, кто с искренним сердцем и усердием вступит на указанный им путь.

В наш век информационного шума, поверхностных знаний и быстро меняющихся ценностей, когда так легко потерять духовные ориентиры, труд святителя Феофана становится особенно актуальным. Он предлагает не очередную модную «духовную практику», а проверенный веками, основанный на Евангелии и опыте святых путь к подлинной жизни во Христе. Эта книга – бесценный дар для всех, кто ищет не временного утешения, а вечного спасения, кто стремится не просто к самосовершенствованию, а к обожению – высшей цели христианской жизни. Да послужит она и вам, дорогие читатели, надежным путеводителем в Царствие Небесное.

СВЯТИТЕЛЬ ФЕОФАН ЗАТВОРНИК

Святитель Феофан (в миру Георгий Васильевич Говоров), Затворник Вышенский, – одна из ярчайших звезд на небосклоне русской духовной мысли XIX века. Его жизнь, исполненная неустанных трудов, глубокой молитвы и самоотверженного служения Церкви, являет собой пример истинного подвижничества и несокрушимой веры. Богослов, аскет, духовный писатель, переводчик, иерарх – все эти грани его личности слились воедино, создав образ мудрого наставника, чье слово и поныне просвещает и направляет ищущие души.

Родился будущий святитель 10 (23) января 1815 года в селе Чернавка Орловской губернии, в благочестивой семье сельского священника Василия Тимофеевича Говорова. Мать его, Татьяна Ивановна, также происходила из священнического рода и была женщиной глубокой веры и молитвы. С раннего детства Георгий впитывал дух православия, любовь к храму и богослужению. Отец часто брал его с собой на службы, где мальчик с благоговением прислуживал в алтаре. Эти первые детские впечатления, атмосфера родительского дома, где молитва и чтение духовных книг были неотъемлемой частью жизни, заложили прочный фундамент его будущего духовного становления.

Первоначальное образование Георгий получил под руководством родителей, а в 1823 году поступил в Ливенское духовное училище. Уже здесь проявились его незаурядные способности и тяга к знаниям. Успешно окончив училище через шесть лет, он продолжил обучение в Орловской духовной семинарии. Годы, проведенные в семинарии (с 1829 года), отмечены не только академическими успехами, но и углублением внутреннего мира юноши. Рассказывают, что его любовь к наукам была столь велика, что он по собственному желанию повторно прошел философский класс, стремясь к более основательному усвоению знаний. По окончании семинарии, как лучший воспитанник, Георгий Говоров был направлен за казенный счет в Киевскую духовную академию. Это было благословение епископа Орловского Никодима, провидевшего в молодом человеке большой потенциал.

Киевский период (1837-1841) стал для будущего святителя временем не только интенсивной учебы, но и глубоких духовных переживаний. Древние святыни Киево-Печерской Лавры, возможность уединенной молитвы в ее пещерах, общение с подвижниками – все это оказало огромное влияние на его душу. Именно здесь, в стенах академии, где он с усердием изучал богословские науки и проявил писательский дар, в нем окончательно созрело решение посвятить свою жизнь монашескому подвигу. В октябре 1840 года Георгий подал прошение о постриге, и 15 февраля 1841 года ректор академии, преосвященный Иеремия (Соловьев), совершил над ним монашеский постриг с наречением имени Феофан, в честь преподобного Феофана Исповедника, Сигрианского. Это имя, означающее «Богоявление», символически предначертало его будущую миссию – являть людям Бога через свои писания и жизнь. Вскоре, в апреле того же года, инок Феофан был рукоположен во иеродиакона, а в июле – во иеромонаха. В 1841 году он блестяще окончил академию со степенью магистра богословия, защитив диссертацию.

Сразу после окончания академии началась его педагогическая и административная деятельность. В августе 1841 года отец Феофан был назначен ректором Киево-Софийского духовного училища, где также преподавал латинский язык. Он с головой ушел в работу, но главным для него оставалось углубленное изучение творений святых отцов Церкви. Уже в 1842 году последовало новое назначение – инспектором и преподавателем психологии и логики в Новгородскую духовную семинарию. Своим воспитанникам он неизменно напоминал, что истинная цель образования – не сухая научность, а богоугождение, живая вера и нравственная чистота.

В 1844 году иеромонах Феофан был переведен в Санкт-Петербургскую духовную академию на кафедру нравственного и пастырского богословия. В 1845 году он стал помощником инспектора академии. Столичная академическая среда, общение с видными богословами того времени способствовали дальнейшему интеллектуальному и духовному росту молодого ученого-монаха.

Значительным этапом в жизни святителя Феофана стала его служба в составе Русской Духовной Миссии в Иерусалиме, куда он был направлен в 1847 году. Шесть с половиной лет, проведенных на Святой Земле (с февраля 1847 по середину 1853 года, когда Миссия была отозвана из-за начала Крымской войны), стали для него временем интенсивной работы и духовного обогащения. Он в совершенстве овладел греческим и французским языками, изучал арабский и еврейский, что позволило ему знакомиться со святоотеческими творениями в подлинниках, изучать древние рукописи в монастырских библиотеках Афона и Палестины. Здесь он глубоко исследовал вероучения различных инославных конфессий, что впоследствии помогло ему с большей точностью и основательностью защищать чистоту православной веры. Служение у Гроба Господня, посещение святых мест, связанных с земной жизнью Спасителя, оставили неизгладимый след в его душе, укрепив его в аскетических устремлениях.

По возвращении в Россию в апреле 1855 года отец Феофан был возведен в сан архимандрита и вновь назначен преподавателем в Санкт-Петербургскую духовную академию, на этот раз на кафедру канонического права. Однако вскоре, в сентябре того же года, его направили ректором Олонецкой духовной семинарии. Здесь он проявил себя не только как талантливый педагог, но и как рачительный хозяин, занимаясь благоустройством семинарии и организацией строительных работ.

В 1856 году архимандрит Феофан был назначен настоятелем Русской посольской церкви в Константинополе. Это служение, хотя и было недолгим (до середины 1857 года), позволило ему ближе познакомиться с жизнью Вселенского Патриархата и современной греческой богословской мыслью.

Вернувшись в Санкт-Петербург, он был назначен ректором Санкт-Петербургской духовной академии. Его ученость, духовный опыт и аскетический образ жизни снискали ему всеобщее уважение. В этот период он активно участвовал в работе академического журнала «Христианское чтение».

В июне 1859 года последовало важнейшее событие в его жизни – хиротония во епископа Тамбовского и Шацкого. Архиерейское служение святитель Феофан нес с присущей ему ревностью и ответственностью. За время управления Тамбовской епархией (1859-1863) было открыто множество церковно-приходских школ и духовных училищ, включая женское епархиальное училище. При нем начали издаваться «Тамбовские епархиальные ведомости». Он много проповедовал, совершал богослужения, вникал во все нужды епархиальной жизни. Однако душа его все сильнее стремилась к уединению, молитве и богомыслию.

В 1863 году епископ Феофан был переведен на Владимирскую кафедру. Здесь он также неустанно трудился, способствуя развитию духовного образования, открывая новые школы. По его инициативе с 1865 года стали выходить «Владимирские епархиальные ведомости». Он часто посещал приходы, наставлял паству, но мысль о затворе не оставляла его.

Наконец, в 1866 году, после долгих размышлений и молитв, епископ Феофан подал прошение Святейшему Синоду об увольнении на покой для посвящения себя исключительно молитве и богословским трудам. Эта просьба была необычной для того времени, так как святитель был в расцвете сил, обладал блестящими способностями и большим опытом. Однако Синод, вняв его убедительным доводам, удовлетворил прошение. Местом своего уединения святитель избрал Вышенскую Успенскую пустынь Тамбовской епархии, которая ему приглянулась еще во время управления епархией.

Первоначально он был назначен настоятелем этой пустыни, но вскоре, стремясь к полному уединению, попросил освободить и от этой должности. С 1872 года святитель Феофан полностью ушел в затвор. Он затворился в специально устроенных для него кельях, предельно ограничив общение с внешним миром. В своих кельях он устроил маленькую домовую церковь во имя Крещения Господня, где сам совершал Божественную Литургию – сначала по воскресным и праздничным дням, а в последние годы жизни ежедневно.

Жизнь в затворе была наполнена строгим подвигом: молитва, чтение Священного Писания и святоотеческих творений, обширная переписка (он отвечал на множество писем от духовных чад и просто ищущих совета людей), напряженная литературная работа. Святитель занимался также физическим трудом: иконописью, резьбой по дереву, шитьем одежды для себя. Именно в годы затвора были созданы его наиболее значимые труды, ставшие золотым фондом русской духовной литературы. Среди них – толкования на Послания апостола Павла, «Начертание христианского нравоучения», «Письма о христианской жизни», и, конечно же, фундаментальный перевод «Добротолюбия» (греческого «Филокалия») – сборника аскетических писаний святых отцов, который он не просто перевел, но и дополнил, адаптировал для русского читателя.

Тихая, молитвенная жизнь святителя-затворника завершилась 6 (18) января 1894 года, в праздник Крещения Господня. Он мирно отошел ко Господу во время молитвы. Отпевание состоялось 11 января при огромном стечении народа. Погребен святитель Феофан был в Казанском соборе Вышенской пустыни.

В 1988 году святитель Феофан Затворник был причислен к лику святых Русской Православной Церкви. Его мощи были обретены и ныне почивают в Вышенском монастыре, привлекая множество паломников.

Творческое наследие святителя Феофана огромно и многогранно. Его труды по нравственному богословию, экзегетике, аскетике, его письма – все это бесценное сокровище духовной мудрости. Он сумел донести до своих современников и потомков глубочайшие истины Православия ясным, доступным и в то же время возвышенным языком. Его учение о внутренней жизни, о трезвении, о борьбе со страстями, о молитве не утратило своей актуальности и сегодня, помогая тысячам христиан находить путь ко спасению. Святитель Феофан Затворник по праву считается одним из величайших учителей духовной жизни, чье слово продолжает звучать с неослабевающей силой, призывая к покаянию, молитве и деятельной любви к Богу и ближним.

ПУТЬ КО СПАСЕНИЮ.
КРАТКИЙ ОЧЕРК АСКЕТИКИ

Отдел I. О начале христианской жизни чрез Святое Крещение, с указанием – как сохранить сию благодать в период воспитания

Как начинается в нас христианская жизнь?

Надобно нам уяснить себе, когда и как начинается истинно христианская жизнь, для того чтобы видеть, положено ли в нас начало жизни сей, и в случае если не положено, знать как положить оное, насколько это от нас зависит. То нерешительный еще признак истинной жизни во Христе, если кто-нибудь именуется христианином и принадлежит к Церкви Христовой. «Не всяк глаголяй Ми: Господи, Господи, внидет в Царствие» (Мф. 7, 21). И «не вси, сущии от Израиля, суть Израиль» (Рим. 9, 6). Можно быть в числе христиан и не быть христианином. Это всякий знает.

Есть момент, и момент весьма заметный, резко обозначающийся в течение жизни нашей, когда кто начинает жить по-христиански. Это тот момент, когда в нем начинают качествовать отличительные черты жизни христианской. Христианская жизнь есть ревность и сила пребывать в общении с Богом, деятельном, по вере в Господа нашего Иисуса Христа, при помощи благодати Божией, исполнением святой воли Его, во славу пресвятого имени Его. Существо жизни христианской состоит в богообщении о Христе Иисусе Господе нашем, – в богообщении, вначале обычно сокровенном не только от других, но и от себя. Видимое же, или ощущаемое внутрь нас, свидетельство о ней есть жар деятельной ревности, исключительно о христианском богоугождении, с полным самоотвержением и ненавидением всего тому противного. Так, когда начинается сей жар ревности, тогда полагается начало христианской жизни; и в ком он постоянно действует, тот живет по-христиански.

На этой отличительной черте надобно остановить немного подолее наше внимание.

«Огня приидох воврещи на землю, – говорит Спаситель, – и как желал бы Я, чтобы он возгорелся» (Лк. 12, 49). Это говорит Он о христианской жизни, и говорит потому, что видимое ее свидетельство составляет возжигаемая в сердце Духом Божиим ревность о богоугождении, похожая на огонь, ибо как огонь снедает то вещество, в котором внедряется, так и ревность о жизни по Христе снедает душу, которая восприяла ее. И как во время пожара пламя охватывает все здание, так и воспринятый огнь ревности объемлет и наполняет все существо человека.

В другом месте Господь говорит: «Всяк огнем осолится». (Мк. 9, 49). И это есть указание на огнь духа, ревностию проникающего все существо наше. Как соль, проникая удоборазлагаемое вещество, предохраняет его от гниения, так и дух ревности, проникая все наше существо, изгоняет грех, растлевающий нашу природу и по душе, и по телу, из всех даже малейших его вместилищ и хранилищ, и тем спасает нас от нравственной порчи и растления.

Апостол Павел заповедует: «Духа не угашать» (1Фес. 5, 19), быть «тщанием не ленивым, духом гореть» (Рим. 12, 11), – заповедует сие всем христианам, чтобы помнили, что горение духа, или неленостное тщание, есть неотъемлемое свойство христианской жизни. В другом месте о себе говорит он: «задняя забывая, в предняя же простираяся, со усердием гоню к почести вышняго звания о Христе Иисусе» (Флп.3:13, 14); и другим внушает:

«тако тецыте, да постигнете» (1Кор. 9,24). Значит, в жизни христианской, вследствие жара ревности, есть некоторая быстрота и живость духовная, с которою берутся за дела богоугодные, попирая себя и охотно принося в жертву Богу всякого рода труды, без жаления себя.

Утверждаясь на таком понятии, легко можно заключить, что холодное исполнение уставов Церкви, равно как регулярность в делах, устанавливаемая расчетливым рассудком, исправность, степенность и честность в поведении еще не суть решительные указатели, что качествует в нас истинно христианская жизнь. Все это хорошо, но коль скоро не носит в себе духа жизни о Христе Иисусе, не имеет никакой пред Богом цены. Такого рода дела будут тогда как бы бездушные истуканы. И часы хорошие идут исправно; но кто скажет, что в них есть жизнь?! Так и тут: часто «имя только имеют, что живы», будучи на деле «мертвы» (ср.: Апок. 3, 1). Эта добропорядочность поведения больше всего может вводить в обольщение. Истинное его значение зависит от внутренних расположений, в которых возможны значительные уклонения от существенной правды при делах правых. Как, удерживаясь внешне от дел греховных, можно питать к ним привязанность или соуслаждение в сердце, так равно, делая дела правые внешне, можно не иметь к ним расположения сердечного. Только истинная ревность как добро хочет совершать во всей полноте и чистоте, так и грех преследует до малейших его оттенков. Первого ищет она как насущного хлеба, с последним поступает как с врагом смертельным. Враг врага ненавидит не только в лице его собственном, но ненавидит родных его и знаемых, даже вещи его, цвет ему любимый, вообще все, что сколько-нибудь напоминает о нем. То же и ревность о богоугождении истинная: преследует грех в малейших об нем напоминаниях или намеках; ибо ревнует о решительной чистоте. Не будь этого, сколько нечистоты может залечь в сердце!

И какого успеха можно ожидать, когда нет стремительной ревности о христианском богоугождении? В чем нет труда, то будет еще исполняться; но коль скоро потребуется в чем-либо усиленный труд или какое-либо самопожертвование – тотчас последует отказ, по невозможности совладеть с собою. Ибо тогда не на что будет опереться, чтобы подвигнуть себя на доброе дело; саможаление подорвет все опоры. Если же примешается другое какое побуждение, кроме указанного, то оно и доброе дело сделает недобрым. Соглядатаи при Моисее убоялись оттого, что себя жалели. Мученики охотно шли на смерть оттого, что их сожигал внутренний огон. Истинный ревнитель не законное только делает, но и совет, и всякое благое внушение, тайно печатлеемое в душе; делает не представляющееся только, но бывает изобретателен на добро, весь в заботах об одном добре прочном, истинном, вечном. «Везде потребно нам, – говорит святитель Иоанн Златоуст, усердие и многое разжжение души, готовое ополчиться против самой смерти; ибо иначе невозможно Царствие получить» (Беседа 31 на Деяния).

Дело благочестия и богообщения есть дело многотрудное и многоболезненное, особенно на первых порах. Где взять сил, чтобы подъять все эти труды? При помощи благодати Божией в одушевленной ревности. Купец, воин, судья, ученый проходят службу многозаботливую и многотрудную. Чем поддерживают они себя в трудах своих? – Воодушевлением и любовию к своему делу. Не иным чем можно поддерживать себя и на пути благочестия. А без сего мы будем находить в служении Богу томность, тяготу, скуку, вялость. И тихоход идет, но с болезнию, тогда как для быстрой серны или проворной белки движение и переход составляют удовольствие. Богоугождение ревностное есть отрадное, окрыляющее дух шествие к Богу. Без него можно испортить все дело. Надо все делать во славу Божию, наперекор живущему в нас греху; а без сего мы будем все исполнять только по привычке, по требованию приличия, потому что так издавна делалось и так делают другие. Надо делать все; а в противном случае мы иное сделаем, а иное нет, и притом без всякого сокрушения и даже памяти о пропусках. Надо все делать со вниманием и осмотрительностью, как главное дело; а иначе мы будем делать как пришлось.

Итак, ясно, что без ревности христианин плохой христианин, – вялый, расслабленный, безжизненный, ни тепел, ни хладен, – и жизнь такая не жизнь. Сие ведая, потщимся явить себя истинными ревнителями добрых дел, чтобы быть истинно угодными Богу, не имея скверны или порока, или нечто от таковых.

Итак, верное свидетельство о жизни христианской есть огнь деятельной ревности о богоугождении. Спрашивается теперь, как возжигается сей огнь? Кто его производители?

Такая ревность производится действием благодати, однако же и не без участия свободной нашей воли. Жизнь христианская не есть жизнь естественная. Таково же должно быть и ее начало, или первое ее пробуждение. Как в семени растительная жизнь пробуждается тогда, как к сокрытому в нем ростку проникает влага и теплота, и чрез них всевосстановляющая сила жизни, так и в нас жизнь Божественная пробуждается, когда проникает в сердце Дух Божий и полагает там начало жизни по духу, очищает и собирает воедино омраченные и разбитые черты образа Божия. Пробуждается желание и свободное искание (действием извне), потом нисходит благодать (чрез Таинства) и, сочетавшись со свободою, рождает мощную ревность. И никто не думай сам собою родить такую силу жизни: об ней должно молиться и быть готовым приять ее. Огнь ревности с силою – это благодать Господня. Дух Божий, сходя в сердце, начинает действовать в нем не снедающею только, но и вседействующей ревностью.

Иным приходит на мысль: зачем это действие благодати? Неужели мы сами не можем делать добрых дел? Вот мы сделали то и то доброе дело. Поживем и еще что-либо сделаем. Редкий, может быть, не останавливался на этом вопросе. Иные говорят, что мы не можем сами собою ничего доброго делать. Но здесь дело не об отдельных добрых делах, а о перерождении всей жизни, о жизни новой, о жизни в целом ее составе – такой, которая приводит ко спасению. При случае нетрудно что-нибудь сделать даже очень хорошее, как делали и язычники. Но пусть кто намеренно определит себя на неопустительное доброделание, определит порядок его по указанию слова Божия, – и это не на один месяц или год, но на всю жизнь, – и положит неуклонно пребывать в сем порядке, и потом, когда пребудет верен тому, пусть хвалится своею силою; а без сего не лучше ли заградить уста свои. Мало ли бывало и бывает опытов самодельного начинания и устроения христианского жития? И все они оканчивались и оканчиваются ничем. Постоит немного человек в новоизбранном порядке – и бросает. И как иначе? Нет сил. Только вечной силе Божией свойственно поддерживать нас неизменными в расположении, среди беспрерывных приливов изменений временных. Потому надобно преисполниться сею силою, испросить ее и принять по чину, – и она приподнимет нас и извлечет из этого треволнения временного.

Обратитесь еще к опыту и посмотрите, когда приходят такие помышления самодовольства? Когда человек бывает в покойном состоянии, когда его ничто не смущает, ничто не прельщает и не влечет ко греху, тогда он готов на самое святое и чистое житие. Но чуть движение страсти или соблазн, – куда все обеты?! Не говорит ли себе часто человек, ведущий невоздержную жизнь: теперь не буду больше. Но насыщение страсти прошло, новый позыв восстает, и он опять является во грехах. Хорошо рассуждать о перенесении обид, когда все идет по нашей воле, не наперекор самолюбию. Тут, пожалуй, странным покажется чувство оскорбления или серчания, какому предаются другие. Но случись самим быть в подобном положении, тогда и один взгляд, не только слово, выведет из себя. Так можно в самонадеянности мечтать о возможности самому собою, без высшей помощи, вести жизнь христианскую, когда покоен дух. Но когда зло, слегшееся на дне сердца, возмется, как прах ветром, тогда в собственном опыте найдет каждый осуждение своей заносчивости. Когда помысл за помыслом, желание за желанием – одно другого хуже – начинают тревожить душу, тогда забудет всякий про себя и невольно воззовет с пророком: «воды внидоша до души моея: углебох в тимении глубины» (Пс. 68, 2, 3). «О, Господи, спаси же! О, Господи, поспеши же!» (Пс. 117, 25).

Не бывает ли часто так: мечтает иной в самоуверенности пребывать в добре. Но вот воображено лицо или вещь, родилось желание, возбудилась страсть; человек увлечен и пал. После сего оставалось бы только посмотреть на себя и сказать: как это худо! Но вот представился случай к развлечениям, и он снова готов забыться. Далее, кто-нибудь оскорбил: началась брань, укоры, суд; представилась неправая, но выгодная сделка, – берется и за то: одного унизил, с другим поделился, третьего столкнул с места, – и все это после того, как хвалился возможностью самому, без особой помощи свыше, вести себя свято. Где же сила? «Дух бодр, плоть же немощна» (Мф. 26, 41). Видишь добро и творишь зло: «хотящу творити доброе, злое прилежит» (Рим. 7, 21). Мы в плену: искупи нас, Господи!

Один из первых вражеских наветов на нас есть помысл самонадеянности, то есть если не отвержение, то не чувствование нужды в благодатной помощи. Враг как бы так говорит: «Не ходи туда – к свету, где хотят тебе дать какие-то новые силы! – Ты у меня и так хорош». Человек и предается покою. А враг между тем – где подкинет камень (неприятности), где наведет на скользкое место (прелести страстей), где усеет цветами закрытые силки (светлая обстановка). Не оглядываясь, человек стремится все далее и далее и не догадывается, что ниспадает все ниже и ниже, пока наконец не низойдет на самое дно зла – к преддверию ада. Не нужно ли в таком случае крикнуть ему, как первому Адаму: «Человек, где ты? Куда ты зашел?» Вот это то воззвание и есть действие благодати, которое заставляет грешника в первый раз осмотреться на себя.

Итак, желаешь начать жить по-христиански, взыщи благодати. Минута, когда низойдет благодать и сочетается с твоею волею, будет минутою рождения жизни христианской сильной, твердой, многоплодной.

Где обрести и как принять благодать, начинающую жизнь? Стяжание благодати и освящение ею нашего естества совершается в Таинствах. Здесь мы предлагаем действию Божию, или предносим Богу свою непотребную природу, – и Он действием Своим претворяет ее. Богу угодно было, для поражения гордого ума нашего, в самом начале истинной жизни, сокрыть силу Свою под сенью вещества простого. Как это бывает, не постигаем, но опыт всего христианства свидетельствует, что иначе не бывает.

Таинств, преимущественно относящихся к началу жизни христианской, два: крещение и покаяние. Потому и правила касательно начала жизни истинно христианской собираются одни вокруг крещения, а другие вокруг покаяния.

Как начинается жизнь христианская в таинстве крещения?

Крещение есть первое в христианстве Таинство, соделывающее человека-христианина достойным сподобляться даров благодати и чрез другие Таинства. Без него нельзя войти в мир христианский – сделаться членом Церкви. Предвечная Премудрость создала себе дом на земле: дверь, вводящая в сей дом, есть Таинство крещения. Сею дверью не только входят в дом Божий, но при ней же облекаются и в достойную его одежду, получают новое имя и знак, отпечатывающийся во всем существе крещаемого, посредством коего разузнают и различают его потом и небесные, и земные.

«Аще кто во Христе, нова тварь», учит Апостол (2Кор. 5, 17). Сею новою тварию христианин становится в крещении. Из купели человек выходит совсем не таким, каким туда входит. Как свет тьме, как жизнь смерти, так крещеный противоположен некрещеному. Зачатый в беззакониях и рожденный во грехах, человек до крещения носит в себе весь яд греха, со всею тяготою его последствий. Он состоит в немилости Божией, есть естеством чадо гнева; поврежден, расстроен сам в себе, в соотношении частей и сил и в их направлении преимущественно на размножение греха; подчинен влиянию сатаны, который действует в нем властно, по причине греха, живущего в нем. Вследствие всего этого он, по смерти, неминуемо есть оброчник ада, где должен мучиться вместе со своим князем и его клевретами и слугами.

Крещение избавляет нас от всех сих зол. Оно снимает клятву силою Креста Христова и возвращает благословение: крещеные суть чада Божии, как именоваться и быть дал им область Сам Господь. «Аще же чада, то и наследницы, наследницы убо Богу, сонаследницы же Христу...» (Рим. 8, 17). Царство Небесное принадлежит крещаемому уже по самому крещению. Он изъемлется из-под владычества сатаны, который теперь теряет власть над ним и силу самовольно действовать в нем. Вступлением в Церковь, – дом прибежища – сатане заграждаются входы к новокрещеному. Он здесь как в безопасной ограде.

Все это – духовно-внешние преимущества и дарования. Что происходит внутри? – Исцеление греховной болезни и повреждения. Сила благодати проникает внутрь и восстановляет здесь Божественный порядок во всей его красоте, врачует расстройство как в составе и отношении сил и частей, так и в главном направлении от себя к Богу – на богоугождение и умножение добрых дел. Почему крещение и есть возрождение или новое рождение, поставляющее человека в обновленное состояние. Апостол Павел всех крещеных сравнивает с воскресшим Спасителем, давая разуметь, что и у них такое же светлое в обновлении существо, каким явилось человечество в Господе Иисусе, чрез воскресение Его в славе (см.: Рим. 6, 4). Что и направление деятельности в крещеном изменяется – это видно из слов того же Апостола, который говорит в другом месте, что они уже «не ктому себе живут, но умершему за них и воскресшему» (2Кор. 5, 15). «Еже бо умре, греху умре единою, а еже живет; Богови живет» (Рим. 6, 10). «Мы спогребаемся Ему крещением в смерть» (Рим. 6, 4), и: «ветхий наш человек с Ним распинается... яко ктому не работати нам греху» (Рим. 6, 6). Так вся деятельность человека силою крещения обращается от себя и греха к Богу и правде.

Замечательно слово Апостола: «Яко ктому не работати нам греху» и другое: «Грех вами да не обладает» (Рим. 6, 14). Это дает нам разуметь, что то, что в расстроенной падшей природе составляет силу, влекущую ко греху, не истребляется вконец в крещении, а только поставляется в такое состояние, в коем не имеет над нами власти, не обладает нами, и мы не работаем ему. Оно в нас же находится, живет и действует, только не как господин. Главенство с сих пор принадлежит уже благодати Божией и духу, сознательно себя ей предающему. Святой Диадох, объясняя силу крещения, говорит, что до крещения грех живет в сердце, а благодать извне действует; после же сего благодать вселяется в сердце, а грех влечет извне. Он изгоняется из сердца, как враг из укрепления, и поселяется вне, в частях тела, откуда и действует раздробленно набегами. Почему и есть непрестанный искуситель, соблазнитель, но уже не властелин: беспокоит и тревожит, но не повелевает[1].

Так зарождается новая жизнь в крещении! Что при этом требуется со стороны человека, или как доходит он до того, что обновляется в крещении, изображено в «Начертании нравоучения христианского», особенно в статье «Норма христианской жизни». Здесь это не повторяется, потому что возрастный, приступающий к крещению, есть то же, что грешник, обратившийся к Богу в покаянии; а о сем последнем речь будет впереди не краткая, будет второй отдел. Тогда вполне будет удовлетворено любоведение всякого о сем предмете.

Здесь обращается внимание на то, как начинается чрез крещение жизнь христианская в тех, кои крестятся младенцами, как это бывает преимущественно между нами.

Ибо здесь начало христианской жизни устрояется с некоторою характеристическою особенностью, вытекающею из отношения благодати к свободе.

Вы уже знаете, что благодать нисходит на свободное желание и искание, и что только взаимным сочетанием их зачинается сообразная с благодатию и свойством свободной твари новая благодатная жизнь. Господь подает благодать туне; но требует, чтобы человек искал ее и желательно воспринимал ее, посвящая себя всецело Богу. Исполнение сего условия в покаянии и в крещении возрастных очевидно. Но как оно исполняется в крещении младенцев? Младенец не имеет употребления разума и свободы, следовательно, не может исполнить условия к началу христианской жизни со своей стороны, то есть желания посвятить себя Богу. Между тем сие условие непременно должно быть исполнено. От способа исполнения сего условия начало жизни, чрез крещение младенцев, совершается с некоторою характеристическою особенностью. Именно.

Благодать нисходит на младенческую душу и производит в ней все одна, так как бы при сем участвовала и свобода, на том единственно основании, что в будущем сей, не сознающий себя и не действующий лично, младенец, когда придет в сознание, сам охотно посвятит себя Богу, желательно восприимет благодать, нашедши в себе ее действия, рад будет, что она есть, возблагодарит, что так сделано для него, и исповедует, что, если бы в минуту крещения даны были ему смысл и свобода, он не иначе поступил бы, как поступлено, и не захотел бы иного. Ради такого будущего свободного посвящения себя Богу и сочетания свободы с благодатию, Божественная благодать вся подается младенцу и без него все в нем производит, что производить ей свойственно, по одному уверению, что требуемое желание и предание себя Богу будет несомненно, – уверению, какое дают восприемники, поручаясь Богу пред Церковью, что сей младенец, пришедши в сознание, явит именно такое употребление свободы, какое требуется для благодати, приемля на себя обязанность самым делом довесть до того младенца восприемлемого.

Таким образом, чрез крещение в младенце полагается семя жизни о Христе и есть в нем; но она еще как бы не его, действует как образующая его сила. Жизнь духовная, зарожденная благодатию крещения в младенце, станет собственною человеку, явится в полном своем виде, сообразною не только с благодатию, но и со свойством разумной твари с того времени, когда он, возникши к сознанию, свободным произволением посвятит себя Богу и желательным, радостным и благодарным восприятием усвоит себе обретенную в себе благодатную силу. И до сего времени в нем действует жизнь истинно христианская, но как бы без его ведома, действует в нем, а есть еще как бы не его; с минуты же сознания и избрания она становится его собственною, не благодатною только, но и свободною.

По причине этого, более или менее продолжительного, промежутка между крещением и посвящением себя Богу, начало христиански-нравственной жизни чрез благодать крещения в младенцах расширяется, так сказать, на неопределенное пространство времени, в продолжение коего младенец зреет и образуется в христианина в Святой Церкви среди христиан, как прежде телесно образовался в утробе матери.

Установитесь, читатель, покрепче в сей мысли. Она нам крайне будет нужна при определении того, как родители, восприемники и воспитатели должны обходиться с крещеным младенцем, который вверяется им от Святой Церкви и Господа.

Понятно само собою, что после крещения младенца очень важное дело предлежит родителям и восприемникам: так вести крещеного, чтобы он, пришедши в сознание, сознал в себе благодатные силы, с радостным желанием воспринял их, равно как и сопряженные с ними обязанности и требуемый ими образ жизни. Это лицом к лицу поставляет с вопросом о христианском воспитании или о воспитании по требованию благодати крещения, с целью сохранения сей благодати.

Чтобы яснее было, как должно обходиться с крещеным младенцем в показанных целях, надо привести себе на память высказанную прежде мысль, что благодать осеняет сердце и обитает в нем, когда в нем качествует обращение от греха и себя к Богу. Ради этого настроения, деятельно являемого, далее подаются и все другие дары благодати и все преимущества облагодатствованных: благоволение Божие, сонаследие Христу, поставление вне области сатаны, вне опасности быть осуждену в ад. Коль же скоро сие настроение ума и сердца умаляется или теряется, тотчас грех снова начинает обладать сердцем, а чрез грех налагаются узы сатаны и отъемлются благоволение Божие и сонаследство Христу. Благодать в младенце укрощает и заглушает грех; но он может снова ожить и восстать, если дать ему пищу и свободу. Итак, все внимание тех, на коих лежит обязанность блюсти в целости принятое из купели дитя-христианина, должно быть обращено на то, чтобы никак не допустить опять возобладать над ним греху, всячески подавлять сей последний и обессиливать, а направление к Богу возбуждать и укреплять. Должно сделать, чтобы такое настроение в растущем христианине росло, хотя по чужому руководству, но самодеятельно, чтобы он более и более привыкал преобладать над грехом и одолевать его ради богоугождения, привыкал так употреблять силы духа и тела, чтобы это было не работа греху, а служение Богу. Что это возможно, видно из того, что рожденный и крещеный есть весь — семя будущего или земля, исполненная семян. Влитое благодатию крещения новое настроение не есть мысленное только или вменяемое, а действительное, то есть тоже есть семя жизни. Если вообще всякое семя развивается по роду своему, то может развиваться и семя благодатной жизни в крещеном. Если в нем положено семя преобладающего над грехом обращения к Богу, то оно также может быть развито и возращено, как и другие семена. Должно только употребить на сие действенные средства или определить целесообразный способ действовать на крещеного младенца.

Цель, к какой все при этом должно быть направлено, состоит в том, чтобы сей новый человек, пришедши в сознание, сознал себя не человеком только, существом разумно-свободным, но вместе лицом, вступившим в обязательство с Господом, с Коим соединена неразрывно его вечная участь; не только сознал себя таким, но и находил себя способным действовать по сему обязательству и видел в себе преимущественное к тому тяготение. Спрашивается, как сего достигнуть? Как поступать с крещеным, чтобы, пришедши в возраст, он ничего более не желал, как быть истинным христианином. Или – как воспитывать по-христиански?

В ответ на это не беремся рассматривать все подробно. Ограничимся одним общим обозрением всего дела христианского воспитания, имея в виду указать, как в каком случае поддерживать и укреплять добрую в детях сторону и как обессиливать и подавлять худую.

Здесь прежде всего внимание останавливается на младенце в колыбели, до пробуждения в нем каких-либо способностей. Младенец живет, следовательно, можно влиять на его жизнь. Здесь приложимы Святые Тайны, за ними вся церковность; и с ними вместе вера и благочестие родителей.

Все сие, в совокупности, составит спасительную вокруг младенца атмосферу. Всем сим таинственно наитствуется[2] благодатная жизнь, зачатая в младенце.

Частое причащение Святых Христовых Тайн (можно прибавить: сколько можно частое) живо и действенно соединяет с Господом новый член Его, чрез пречистое Тело и Кровь Его, освящает его, умиротворяет в себе и делает неприступным для темных сил.

Поступающие таким образом замечают, что в тот день, когда причащают дитя, оно бывает погружено в глубокий покой, без сильных движений всех естественных потребностей, даже тех, кои в детях сильнее действуют. Иногда оно исполняется радостию и игранием духа, в коем готово всякого обнимать, как своего. Нередко святое причащение сопровождается и чудодействиями. Святой Андрей Критский в детстве долго не говорил. Когда сокрушенные родители обратились к молитве и благодатным средствам, то во время причащения Господь благодатию Своею разрешил узы языка, после напоившего Церковь потоками сладкоречия и премудрости. Один доктор по своим наблюдениям свидетельствовал, что в большей части детских болезней следует носить детей к святому причащению, и очень редко имел нужду употреблять потом медицинские пособия.

Большое влияние имеет на детей частое ношение в церковь, прикладывание к святому кресту, Евангелию, иконам, накрывание воздухами; также и дома – частое поднесение под иконы, частое осенение крестным знамением, окропление святою водою, курение ладаном, осенение крестом колыбели, пищи и всего прикасающегося к ним, благословение священника, приношение в домы икон из церкви и молебны; вообще – все церковное чудным образом возгревает и питает благодатную жизнь дитяти, и всегда есть самая безопасная и непроницаемая ограда от покушения невидимых темных сил, которые всюду готовы проникнуть[3] в развивающейся только душе, чтобы своим дыханием заразить ее.

Под этим видимым охранением есть невидимое: Ангел Хранитель, Господом приставленный к младенцу с самой минуты крещения. Он блюдет его, своим присутствием невидимо влияет на него и в нужных случаях внушает родителям, что надо сделать с находящимся в крайности детищем.

Но все эти столь крепкие ограды, эти сильные и действительные наития может разорить и лишить плода неверие, небрежность, нечестие и недобрая жизнь родителей. Это уже и потому, что при этом средства те или не употребляются, или употребляются не так, как должно; но особенно по влиянию внутреннему. Правда, Господь милосерд, особенно к невинным, но есть непостижимая для нас связь души родителей с душою детей, и мы не можем определить, до какой степени простирается влияние первых на последних; и вместе, до какой степени, при заразительном влиянии первых, простирается милосердие и снисхождение Божие к последним. Бывает, что оно прекращается, и тогда заготовленные причины приносят свой плод. Потому дух веры и благочестия родителей должно почитать могущественнейшим средством к сохранению, воспитанию и укреплению благодатной жизни в детях.

Дух младенца как бы не имеет еще движения в первые дни, месяцы, даже и годы. Что-нибудь передать ему для усвоения обычным путем нельзя. Но можно действовать на него посредственно.

Есть некоторый особенный путь общения душ чрез сердце. Один дух влияет на другой чувством. Такое влияние на душу младенца тем удобнее, чем полнее и глубже родители сердцем своим обращены в младенца. Отец и мать исчезают в дитяти и, как говорят, не чают души. И если их дух проникнут благочестием, то быть не может, чтобы оно по своему роду не действовало на душу дитяти. Лучший внешний проводник при этом — взор. Тогда как в других чувствах душа остается сокрытою, глаз открывает ее взору другим. Это точка встречи одной души с другою. Пусть же чрез сие отверстие проходят до души дитяти души матери и отца с чувствами святыми. Они не могут не намащать ее этим святым елеем. Надобно, чтобы во взоре их светилась не одна любовь, которая так естественна, но и вера, что на руках у них более, чем простое дитя, и надежда, что Тот, Кто дал им под надзор сие сокровище, как некоторый сосуд благодати, снабдит их и достаточными силами к тому, чтобы сохранять его, и, наконец, непрерывно в духе совершаемая молитва, возбуждаемая надеждою по вере.

Когда таким образом родители оградят колыбель своего дитяти этим духом искреннего благочестия, когда при сем, с одной стороны, Ангел Хранитель, с другой — Святые Тайны и вся церковность будут действовать на него совне и внутрь, то этим составится вокруг зачинающейся жизни сродная ей духовная атмосфера, которая перельет в нее и свой характер, подобно тому как и кровь, начало жизни животной, в свойствах своих много зависит от окружающего воздуха. Говорят, что вновь устроенный сосуд хранит долго, если не всегда, запах того вещества, которое вольют в него в ту пору. То же должно сказать и о показанном устроении около детей. Оно благодатно-спасительно проникает в установляющиеся формы жизни дитяти и будет полагать на них печать свою. Здесь же и непроходимая преграда влиянию духов злобы.

Начавши такое устроение от колыбели, должно уже продолжать его потом и во все время воспитания: и в детстве, и в отрочестве, и в юношестве. Церковь, церковность и Святые Тайны – как скиния для детей, под коею они должны быть неисходно. Примеры показывают, как это спасительно и многоплодно – Самуил[4], Феодор Сикеот (апреля 22) и другие. Даже одним этим могут быть заменены, как и заменяются не без успеха, все средства воспитания. Древний способ образования в этом преимущественно и состоял.

Когда у дитяти начинают пробуждаться силы, одна за другою, родителям и воспитателям должно усугубить внимание. Ибо когда, под осенением показанных средств, будет возрастать и усиливаться в них тяготение к Богу и увлекать вслед за собою силы, в то же самое время и живущий в них грех не дремлет, а усиливается завладеть теми же силами. Неизбежное следствие этого – брань внутренняя. Так как дети не способны ее вести сами, то место их разумно заменяют родители. Но как она должна быть ведена все же силами детей, то родители строго должны блюсти начатки их пробуждения, чтобы с первой минуты дать им склонение, сообразное с главною целью, к какой они должны быть направляемы.

Так начинается брань у родителей с грехом, живущим в дитяти. Хотя грех сей и лишен точки опоры, однако ж действует и, чтобы остановиться на чем-нибудь прочном, старается завладеть силами тела и души. Должно не допускать до сего и как бы вырывать силы из рук греха и передавать Богу. Но чтобы действовать при этом не без основания, а с разумным вéдением верности избранного способа, надобно хорошо себе уяснить, чего ищет оставшийся грех, чем питается, чрез что именно завладевает нами. Основные возбудители, влекущие ко греху, суть своеумие (или пытливость) в уме, своеволие – в воле, самоуслаждение – в чувстве. Поэтому должно так вести и направлять развивающиеся силы души и тела, чтобы не отдать их в плен плотоугодию, пытливости, своеволию и самоуслаждению, – ибо это будет плен греховный, – а напротив, приучать отрешаться от них и преобладать над ними и, таким образом, сколько можно обессиливать их и доводить до безвредности. Это главное начало. С ним должно потом сообразовать и все воспитание. Пересмотрим с этою целию главнейшие действия тела, души и духа.

Прежде всего пробуждаются, и потом постоянно состоят в живой деятельности, до самой смерти, потребности тела. Тем необходимее поставить их в должные пределы и закрепить навыком, чтобы потом меньше было от них беспокойства. Здесь неточное для телесной жизни отправление есть питание. В нравственном отношении оно есть седалище страсти к греховному услаждению плоти или поприще его развития и питания. Поэтому должно так питать дитя, чтобы, развивая жизнь тела, доставляя ему крепость и здоровье, не разжечь в душе плотоугодия. Не должно смотреть, что дитя мало, – надобно с первых лет начинать остепенять преклонную к грубому веществу плоть и приучать дитя к обладанию над нею, чтобы и в отрочестве, и в юношестве, и после них легко и свободно можно было управляться с этою потребностью. Первая закваска очень дорога. От детского питания многое зависит в последующем. Незаметно можно развить сластолюбие и неумеренность в пище – два вида чревоугодия, эти губительные для тела и души склонности, прививающиеся к питанию.

Поэтому даже врачи и педагоги советуют: избирать здоровую и годную пищу, судя по возрасту воспитываемого: ибо одна пища пригодна для младенца, другая для дитяти, отрока и юноши; подчинить употребление ее известным правилам (опять приспособительно к возрасту), в коих бы определялось время, количество и способ питания и потом от установленного таким образом порядка без нужды не отступать.

Этим приучится дитя не всегда требовать пищи, как захочется есть, а ждать определенного часа; здесь же первые опыты упражнения в отказывании себе в своих желаниях. Где кормят дитя всякий раз, как оно заплачет, и потом всякий раз, как запросит есть, там до того расслабляют его, что после уже оно не иначе, как с болезнию может отказываться от пищи. Вместе с сим оно привыкает к своенравию оттого, что успевает выпрашивать или выплакивать все желаемое. Той же мере должно подчинить и сон, и теплоту с холодом, и другие удобства, естественно необходимые в деле питания, имея неопустительно в виду – не разжечь страсти к чувственным наслаждениям и приучить отказывать себе. Это должно строго соблюдать во все время воспитания, – изменяя, как само собою разумеется, правила в применениях, а не в существе, – до тех пор, пока воспитываемый, утвердившись в них, возьмет сам себя в руки.

Второе отправление тела есть движение; орган его – мускулы, в которых лежат сила и крепость тела, – орудия труда. В отношении к душе оно – седалище воли, и очень способно развивать своеволие. Мерное, благоразумное развитие этого отправления, сообщая телу возбужденность и живость, приучает к трудам и образует степенность. Напротив, развитие превратное, оставленное на произвол, в одних развивает непомерную резвость и рассеянность, в других – вялость, безжизненность, леность. Первое укрепляет и обращает в закон своенравие и непокорность, в связи с коим находятся задорность, гневливость, неудержимость в желаниях. Последнее погружает в плоть и предает чувственным наслаждениям. Итак, должно иметь в виду, чтобы, укрепляя силы тела, не раздуть чрез то своеволия и ради плоти не погубить духа. Для этого главное – мерность, предписание, надзор. Пусть дитя резвится, но в то время, в том месте и тем родом, как ему приказано. Воля родителей должна запечатлевать всякий их шаг, разумеется, в общем. Без этого, легко может покривиться нрав дитяти. Своевольно порезвившись, дитя всегда возвращается не с готовностью слушаться даже в каких-нибудь малостях. И это – с одного раза; что же сказать, где эта часть совсем в небрежении? Как трудно после истребить своенравие, коль скоро оно осядет в теле, как в крепости. Не гнется шея, не движется рука и нога, и глаз даже не хочет смотреть, как приказывают. Напротив, дитя выходит преподвижное на всякое приказание, где с самого начала не дают воли его движениям. Сверх того, нельзя лучше привыкнуть владеть своим телом, как заставляя его напрягаться по указаниям.

Третье отправление телесное лежит на нервах. Из нервов чувства – орудия наблюдений и пища пытливости. Но о сем после. Теперь же о другом общем назначении нервов, как седалище чувствительности тела, или способности принимать приятные и неприятные для него внешние впечатления. В этом отношении должно поставить правилом приучить тело безболезненно переносить всякого рода влияния внешние: от воздуха, воды, перемен температуры, сырости, жара, холода, уязвлений, болей и прочего. Кто приобрел такой навык, тот счастливейший человек, способный на самые трудные дела, во всякое время и во всяком месте. Душа в таком человеке является полною владычицею тела, не отсрочивает, не изменяет, не оставляет дел, боясь неприятностей телесных; напротив, с некоторым желанием обращается к тому, чем может озлобляться тело. А это очень важно. Главное зло в отношении к телу – теплолюбие и жаление тела. Оно отнимает всякую власть у души над телом и делает первую рабою последнего; напротив, не жалеющий тела не будет в своих предприятиях смущаться опасения со стороны слепого животолюбия. Как счастлив приученный к сему с детства! Сюда относятся медицинские советы касательно купания, времени и места гуляний, платья; главное – содержать тело не так, чтобы оно принимало одни только приятные впечатления, а напротив, более содержать под впечатлениями обеспокаивающими. Теми разнеживается тело, а этими укрепляется; при тех дитя всего боится, а при этих на все готово и способно стоять в начатом терпеливо.

Такого рода обращение с телом предписывается педагогикою. Здесь показывается только, как эти советы пригодны и к развитию христианской жизни, именно тем, что ревностное их исполнение заграждает вход в душу непотребному зелью чувственных наслаждений, своеволия, телолюбия или саможаления, образует противоположные им расположения и вообще приучает владеть телом как óрганом и не подчиняться ему. А это очень важно в жизни христианской, по самому существу своему отрешенной от чувственности и всякого угодия плоти. Итак, не должно оставлять на произвол развития тела дитяти, а надо держать его под строгою дисциплиною с самого начала, чтобы потом передать его в руки самого воспитываемого уже приспособленным к жизни христианской, а не враждебным ей. Истинно любящие детей родители-христиане не должны жалеть ничего, ни даже своего родительского сердца, чтобы доставить сие благо детям. Ибо иначе все последующие дела их любви и попечения будут или малоплодны, или даже бесплодны. Тело – седалище страстей, и большей частью самых свирепых, каковы похоть и гнев. Оно же и орган, чрез который демоны проникают в душу или приселяются к ней. Само собою разумеется, что при этом не должно упускать из вида церковности, и из нее ничего такого, чем можно прикасаться к телу, ибо тем будет освящаться тело и усмиряться жадная животность.

Все здесь не пишется, и только указывается главный тон действования на тело. Подробности укажет дело, кому нужно. По этому очертанию разумеется и то, как должно обходиться с телом и во все прочее время жизни: ибо дело у нас с ним одно.

Вместе с обнаружением телесных потребностей, и в душе не замедляются высказываться низшие способности в естественной их последовательности. Вот дитя начинает останавливать взор свой на том или другом предмете, и на одном больше, на другом меньше, как будто один ему нравится более, а другой менее. Это первые начатки употребления чувств, за коим тотчас следует пробуждение деятельности воображения и памяти. Способности эти стоят на переходе от телесной деятельности к душевной и действуют совместно, так что сделанное одною, тотчас передается другой. Судя по важности, какую они имеют в настоящее время в нашей жизни, как хорошо и спасительно первые начатки их освятить предметами из области веры. Первые впечатления глубоко остаются памятными. Помнить надобно, что душа является в мир голою силою; возрастает, богатеет во внутреннем содержании, и разнообразится в деятельности она уже после. Первый материал, первую пищу для образования своего она получает извне, от чувств, чрез воображение. Очевидно само собою, какого характера должны быть первые предметы чувств и воображения, чтобы не только не препятствовать, а еще более способствовать образующейся христианской жизни. Ибо известно, что как первая пища имеет значительное влияние на темперамент тела, так и первые предметы, коими занимается душа, имеют сильное влияние на характер души или тон ее жизни.

Развивающиеся чувства доставляют материал воображению; воображенный предмет хранится в памяти и составляет, так сказать, содержание души. Пусть чувства получают первые впечатления от предметов священных: икона и свет лампады для глаз, священные песни – для слуха и прочее. Дитя не понимает еще ничего из того, что у него пред глазами, но его глаз и слух привыкают к сим предметам, и они, предзанимая сердце, тем самым ставят вдали другие предметы. За чувствами и первые упражнения воображения будут священны; ему легче будет воображать эти предметы, чем другие: таковы его первые сгибы. Затем, на будущее время, изящное, которое одною стороною существенно связано с формами чувств и воображения, будет привлекать его не иначе, как под священными формами.

Итак, пусть ограждают дитя священными предметами всех видов; все же могущее развратить в примерах, изображениях, вещах – удаляют. Но потом и во все последующее время надо хранить тот же порядок. Известно, как сильно действуют на душу растленные образы, в каком бы виде они ни касались ее! Как несчастно дитя, которое, закрыв глаза или оставшись одно и углубившись в себя, бывает подавляемо множеством непотребных образов, суетных, соблазнительных, дышащих страстями. Это то же для души, что чад для головы.

Не должно также упускать из вида и образа деятельности этих сил. Дело чувств – видеть, слышать, осязать, вообще испытывать, пытать. Потому они суть первые возбудители пытливости, которая потом ради их переходит в воображение и память и, приобретши в них оседлость, становится несокрушимым тираном для души. Не употреблять чувств нельзя: ибо не иначе, как чрез них, и познаются вещи, кои знать должно, ради славы Божией и блага нашего. Но при этом неизбежна и пытливость, которая есть неудержимая склонность – без цели видеть и слышать, что где делается и как что бывает. Как же при этом поступить? Испытывание необходимо есть уже пытливость. Пытливость состоит в том, где стараются все разузнать беспорядочно, бесцельно, не различая, нужно ли то или не нужно. Итак, следует только при упражнении чувств соблюдать меру и порядок и обращать их на одно нужное и по сознанию нужды, – тогда для пытливости не будет пищи; то есть должно приучить дитя то испытывать, что считается для него необходимым; от всего же другого удерживаться и отстраняться. Потом в самом действии испытывания соблюдать постепенность, – не перебегать с предмета на предмет, или от одной черты к другой, а, пересматривая одно за другим, о том заботиться, чтобы вообразить после предмет, как должно. Такой род занятий избавит дитя от настроения развлекаться даже среди позволенного, приучит владеть чувствами, а чрез них и воображением. И оно не будет перебегать от одного к другому без нужды, следовательно, мечтать и развлекаться образами и тем не давать покоя душе, мутя ее приливом и отливом своих беспутных видений. Неумеющий владеть чувствами и воображением необходимо бывает рассеян и непостоянен, будучи томим пытливостию, которая будет гонять его от одного предмета к другому до расслабления сил, и все это без плода.

Современно этим способностям возникают у дитяти страсти и начинают тревожить его с раннего времени. Дитя еще не говорит, не ходит, только что приучилось сидеть и брать игрушки, но уже серчает, завидует, присвояет себе, особится и прочее, вообще являет действие страстей. Это зло, утверждающееся на животной жизни, тлетворно; потому должно противодействовать ему с первых его проявлений. Как это сделать – определить трудно. Все дело зависит от благоразумия родителей. Можно, впрочем, постановить следующее: 1) предупреждать всячески их [страстей] возникновение; 2) потом, если проявилась какая страсть, надобно спешить погасить ее придуманными и испытанными средствами. Этим предотвратится укоренение их, или предрасположение к ним. Страсть, чаще других обнаруживающуюся, врачевать должно с особым вниманием, потому что она может быть господствующею распорядительницею жизни. Благонадежнейший способ врачевания страстей – употребление благодатных средств. К ним с верою должно обращаться. Страсть – явление душевное, между тем действовать на душу у родителей сначала нет способов... Потому прежде всего должно молить Господа, да совершит Свое дело. Дальнейшим в этом руководителем для ревностного отца или матери, или няньки будет опыт. Когда дитя будет со смыслом, тогда могут быть употребляемы уже и общие против страстей средства. Всячески на них должно вооружаться вначале и преследовать потом во все время воспитания, чтобы дитя умело и привыкло владеть ими, ибо их возмутительные набеги не прекратятся до конца жизни.

Если будет строго соблюдаем предписанный порядок действования на тело и низшие способности, то душа получит от этого прекрасное подготовление к истинно доброму настроению; однако ж только подготовление, самое же настроение надобно созидать положительным действием на все его силы: ум, волю и сердце.

На ум. У детей скоро обнаруживается смышленость. Она современна говорению и растет вместе с усовершением последнего. Поэтому начать образование ума нужно вместе со словом. Главное, что должно иметь в виду, это здравые понятия и суждения по началам христианским о всем встречающемся или подлежащем вниманию дитяти: что добро и зло, что хорошо и худо. Это сделать очень легко посредством обыкновенных разговоров и вопросов. Родители сами говорят между собою: дети прислушиваются и почти всегда усваивают себе не только мысли, но даже обороты их речи и манеры. Пусть же родители, когда говорят, называют вещи всегда собственными их именами. Например: что значит настоящая жизнь, чем она кончится, от кого все получается, что такое удовольствия, какое достоинство имеют те или другие обычаи и прочее. Пусть говорят с детьми и толкуют им или прямо, или, всего лучше, посредством рассказов: хорошо ли, например, наряжаться; счастье ли это, когда получишь похвалу, и прочее. Или пусть спрашивают детей, как они думают о том и другом, и поправляют их ошибки. В непродолжительном времени этим простым средством можно передать здравые начала для суждений о вещах, кои потом не изгладятся надолго, если не на всю жизнь. Таким способом, в самом корне будет подавлено мирское мудрование и пытливость злая, ненасытимая. Истина связывает ум тем, что насыщает его. Мирское же мудрование не насыщает и тем разжигает пытливость. Избавив от него, большое благо доставят детям. И это еще прежде, чем они возьмутся за книги. Далее, стоит только не давать детям книг с растленными понятиями, и ум их сохранится целым, во здравости святой и Божественной. Напрасно не заботятся таким образом упражнять дитя, в том предположении, что оно еще мало. Истина доступна всякому. Что малое христианское дитя премудрее философов – показал опыт. Он и теперь повторяется, но прежде он был повсюду. Например, во время мученичества, малые дети рассуждали о Господе Спасителе, о безумии идолопоклонства, о будущей жизни и прочем; это оттого, что мать или отец натолковали им о том в простой беседе. Истины эти сроднились с сердцем, которое стало дорожить ими до готовности на смерть за них.

На волю. Дитя многожелательно: все его занимает, все влечет к себе и рождает желания. Не умея различать доброго от злого, оно всего желает и все, что желает, готово выполнить. Дитя, предоставленное самому себе, делается неукротимо своевольным. Потому родителям строго должно блюсти эту отрасль душевной деятельности. Самое простое средство к заключению ее в должные пределы состоит в том, чтобы расположить детей ничего не делать без позволения. Пусть со всяким желанием прибегают к родителям и спрашивают: можно ли сделать то или другое? Убедить их опытами собственными и чужими в том, что им опасно, не спросясь, исполнять свои желания, настроить их так, чтобы они даже боялись своей воли. Это расположение будет самое счастливое, но вместе оно и самое легкое для напечатления, ибо дети и так большею частию обращаются с расспросами к взрослым, сознавая свое неведение и слабость; стоит только возвысить это дело и поставить его им в закон непременный. Естественным следствием такого настроения будет полное послушание и покорность во всем воле родителей, наперекор своей, расположение во многом отказывать себе и навык к этому, или уменье; а главное, опытное убеждение в том, что не должно слушать во всем себя. Это всего понятнее для детей из их же опытов, что они многое желают, а между тем это желаемое вредно для их тела и души. Отучая от своей воли, надо приучать дитя делать добро. Для этого пусть родители сами представят истинный пример доброй жизни и знакомят детей с теми, у коих главные заботы не о наслаждениях и отличиях, а о спасении души. Дети любоподражательны. Как рано они умеют копировать мать или отца! Здесь происходит нечто похожее на то, что бывает с одинаково настроенными инструментами. Вместе с тем и самих детей надо вызывать на добрые дела, и сначала приказывать им делать их, а потом наводить, чтобы сами делали. Самые обыкновенные при этом дела суть: милостыня, сострадание, милосердие, уступчивость и терпение. Всему этому весьма нетрудно приучить. Случаи поминутны, стоит взяться. Отсюда выйдет воля с настроением на разные добрые дела и вообще с тяготением к добру. И доброделанию надобно научить, как и всякому другому.

На сердце. Под таким действованием ума, воли и низших сил само собою и сердце будет настраиваться к тому, чтобы иметь чувства здравые, истинные, приобретать навык услаждаться тем, что действительно истинно услаждает, и нисколько не сочувствовать тому, что, под прикрытием сладости, вливает яд в душу и тело. Сердце – способность вкушать и чувствовать насыщение.

Когда человек был в союзе с Богом, – находил вкус в вещах Божественных и освященных благодатию Божиею. По падении он потерял этот вкус, и жаждет чувственного. Благодать крещения отрешила от сего, но чувственность снова готова наполнить сердце. Не должно допустить до этого, должно оградить сердце. Самое действительное средство к воспитанию истинного вкуса в сердце есть церковность, в которой неисходно должны быть содержимы воспитываемые дети. Сочувствие ко всему священному, сладость пребывания среди него, ради тишины и теплоты, отревание от блестящего и привлекательного к мирской суете, не могут лучше напечатлеваться в сердце. Церковь, духовное пение, иконы – первые изящнейшие предметы по содержанию и по силе. Надобно помнить, что по вкусу сердца будет назначаться и будущая вечная обитель, а вкус у сердца там будет такой, каким образуют его здесь. Очевидно, что театры, балаганы и тому подобное негодны для христиан.

Усмиренная и организованная таким образом душа не будет, свойственною ей беспорядочностью, препятствовать развитию духа. Дух легче развивается, нежели душа, и прежде ее обнаруживает свою силу и деятельность. К нему относятся: страх Божий (в соответствие разуму), совесть (в соответствие воле) и молитва (в соответствие чувству). Страх Божий рождает молитву и просвещает совесть. Нет нужды, что все это обращается к иному, невидимому миру. У детей есть к тому предрасположение, и они скоро усваивают себе эти чувства. Особенно молитва прививается очень легко и действует не языком, а сердцем. Оттого они охотно и без устали участвуют в домашних молитвах и церковном богослужении и рады этому. Потому не должно лишать их этой части образования, а мало-помалу вводить их в сие святилище нашего существа. Чем раньше напечатлеется страх Божий и возбудится молитва, тем прочнее будет благочестие во все последующее время. В некоторых детях дух этот проявлялся сам собою, даже среди видимых препятствий к его обнаружению. Это очень естественно. Дух благодати, полученный при крещении, если он не погашен неправым развитием тела и души, не может не оживлять духа нашего, а при этом — что может препятствовать ему являться в своей силе? Ближайшего, впрочем, руководства требует совесть. Здравые понятия, с добрым примером родителей и другими способами обучения добру, и молитва осветят ее и напечатлеют в ней достаточные основания для последующей доброй деятельности. Но главное, в них должно образовать настроение к совестливости и сознательности. Сознательность есть дело чрезвычайной важности в жизни; но как легко ее образовать, так легко и заглушить в детях. Воля родителей для малых детей есть закон совести и Божий. Сколько есть у родителей благоразумия, пусть так распоряжаются своими повелениями, чтобы не поставлять детей в необходимость быть преступниками их воли: а если уже сделались такими сколько можно располагать их к раскаянию. Что мороз для цветов, то и отступление от родительской воли для дитяти; оно не смеет смотреть в глаза, не желает пользоваться ласками, хочет убежать и быть одно, а между тем душа грубеет, дитя начинает дичать. Как хорошо предварительно расположить его к раскаянию, сделать, чтобы без боязни, с доверием и со слезами пришло и сказало: «Вот я то и то сделал худо». Само собою, что все это будет касаться одних обыкновенных предметов; но хорошо и то, что здесь положится основание будущему постоянному истинно религиозному характеру – тотчас восставать по падении, образуется уменье скорого покаяния и очищения себя или обновления слезами.

Вот порядок: пусть дитя растет в нем, и более будет развиваться у него дух благочестия. Родители должны следить за всеми движениями раскрывающихся сил и все направлять к одному. Это закон – начать с самого первого дыхания дитяти, начать всем вдруг, а не одним чем, вести все это непрерывно, ровно, степенно, без порывов, с терпением и ожиданием, наблюдая, однако ж, мудрую постепенность, подмечая ростки и пользуясь ими, не считая ничего маловажным в деле столь важном. Подробности не раскрываются; ибо имеется в виду указать только главное направление воспитания.

Нельзя определить, когда человек приходит к сознанию себя христианином и самостоятельной решимости жить по-христиански. На деле это бывает разновременно: в 7, 10, 15 лет и позже. Может быть, прежде этого настанет время обучения, как и бывает большею частью. При этом непременное правило – хранить весь прежний порядок без изменения и на все время обучения: ибо он существенно вытекает из природы сил наших и требований христианской жизни. Порядок обучения никак не должен быть противоположен показанному настроению, иначе будет разорено все, что там создано; то есть должно оградить и детей-учеников, как и младенцев, благочестием всех окружающих, церковностью. Таинствами, и также должно действовать на их тело, душу и дух. При этом применительно к учению должно только присовокупить: пусть обучение будет так расположено, чтобы видно было, чтó главное и чтó подчиненное. Мысль о сем всего легче напечатлеть распределением предметов обучения и времени. Пусть считается главным — изучение веры, пусть лучше время назначается на дела благочестия и, в случае столкновения, преимуществуют последние над научностью; пусть одобрение заслуживает не одна успешность в науках, а также вера и добронравие. Вообще, надобно так расположить дух учеников, чтобы у них не погасло убеждение, что главное у нас дело есть богоугождение, а научность есть придаточное качество, случайность, годная только на время настоящей жизни. И потому никак не должно ставить ее так высоко и в таком блестящем виде, чтобы она занимала все внимание и поглощала всю заботу. Нет ничего ядовитее и гибельнее для духа жизни христианской, как эта научность и исключительная об ней забота. Она прямо ввергает в охлаждение и потом навсегда может удержать в нем, а иногда еще и присовокупить разврат, если встретятся благоприятные тому обстоятельства.

Другое, на что должно обращать внимание, это дух преподавания или воззрения на предметы обучения. Должно быть поставлено непреложным законом, чтобы всякая преподаваемая христианину наука, была пропитана началами христианскими, и притом православными. Всякая наука способна к тому, и даже тогда только и будет истинною наукою в своем роде, когда исполнит это условие. Христианские начала несомненно истинны. Потому, не сомневаясь, поставляй их общею меркою истины. У нас самое опасное заблуждение то, что преподают науки без всякого внимания к истинной вере, позволяя себе вольность и даже ложь, в том предположении, что вера и наука — две области, решительно разъединенные. Дух у нас один. Он же принимает и науки и напитывается их началами, как принимает веру и проникается ею. Как же можно, чтобы они не приходили в благоприятное или неблагоприятное соприкосновение здесь? При том же и область истины одна. Зачем и набивать в голову то, что не из этой области, или с чем нельзя показаться во дворе ее светлом.

Если в таком порядке будет ведено обучение, чтобы вера и жизнь в духе веры высились над всем во внимании обучаемых и по образу занятия, и по духу преподавания, то нет сомнения, что положенные в детстве начала не только будут сохранены, но и возвысятся, укрепятся и придут в соразмерную зрелость. А как это благодетельно!

Если вести в таком порядке воспитание человека с первых лет, то мало-помалу будет разоблачаться пред ним характер, какой должна иметь его жизнь, больше будет привыкать он к мысли о том, что на нем лежит обязанность от лица Бога и Спасителя нашего – жить и действовать по Его предписаниям; что все другие дела и занятия ниже их и уместны только в продолжение настоящей жизни; и что есть другое место жительства, другое отечество, к которому и надобно устремлять все свои мысли и все свои желания. В естественном ходе развития сил каждый естественно доходит до сознания, что он человек. Но если к естеству его привито новое начало благодатно-христианское, в самый первый момент пробуждения его сил и их движения (в крещении), и если потом во всех точках развития сих сил это новое начало не только не уступало первенства, а напротив, всегда преобладало, давало как бы форму всему, то, приходя к сознанию, человек вместе с тем найдет себя действующим по началам христианским, найдет себя христианином. А это и есть главная цель христианского воспитания, чтобы человек вследствие этого сказал бы себе, что он христианин. Если же, пришедши в полное сознание себя самого, он скажет: «Я христианин, обязанный от Спасителя и Бога жить так и так, с тем чтобы удостоиться блаженного общения с Ним и избранными Его в жизни будущей», – то, возникши к самостоятельности, или к своеличному разумному учреждению жизни, он поставит для себя первым существенным делом – самостоятельно хранить и возгревать дух благочестия, в котором ходил прежде, по чужому руководству.

Прежде было припоминаемо, что должен быть особый момент, когда надобно намеренно возобновить в сознании все обязательства христианства и наложить на себя иго их, как непреложный закон. В крещении они были приняты не сознательно, потом были хранимы более чужим умом по чужому настроению и в простоте. Теперь сознательно должно положить на себя благое иго Христово, избрать христианское житие; исключительно посвятить себя Богу, чтобы потом все дни жизни служить Ему с одушевлением. Здесь только человек сам собою собственно начинает жизнь христианскую. Она была в нем и прежде, но, можно сказать, исходила не от самостоятельности, как бы не от лица его. Теперь он сам, от своего лица, начнет действовать в духе христианина. Тогда свет Христов был в нем так, как свет первого дня, несцентрированный, разлитый. Но как свету нужно было дать центры, привлекши его к солнцам, средоточиям планет, так и этому свету надобно как бы собраться около исходной точки нашей жизни, нашего сознания. Человек становится вполне человеком, когда приходит к самопознанию и разумной самостоятельности, когда становится полным владыкою и распорядителем своих мыслей и дел, держится каких-либо мыслей не потому, что другие ему передали их, а потому, что он сам находит их верными. Человек и в христианстве остается человеком. Потому ему и здесь должно быть разумным, только сию разумность он должен обратить в пользу святой веры. Пусть разумно убедится, что исповедуемая им святая вера есть единственно верный путь спасения и что все другие пути, не согласные с ним, ведут в пагубу. Не слепым исповедником быть есть честь человеку, а сознающим, что, поступая так, он действует, как должно. Все это он и сделает, когда сознательно наложит на себя благое иго Христово.

Только здесь его личная вера, или добрая по вере жизнь, получает твердость и непоколебимость. Он не соблазнится примером, не увлечется пустыми мыслями, потому что ясно сознает обязательство мыслить и действовать уже определительным образом. Но если он этого не сознал, то как прежде добрый пример настроил его делать так, как он делает, так теперь недобрый пример может расположить его к недоброму, увлечь ко греху; и как добрые мысли других прежде владели его умом легко и без прекословия, так теперь завладеют им злые мысли. И на опыте видно, как шатки исповедание веры и доброта жизни у того, кто раньше не сознал себя христианином. Кто мало встретит соблазнов, тот и дольше будет продолжать зреть в простоте сердца. Но кому нельзя миновать их, тот стоит пред лицом большой опасности. Мы видим в житии всех, сохранивших благодать крещения, что у них была минута, когда они решительно посвящали себя Богу. Это обозначается словами: возгорелся духом, Божественным желанием воспламенился.

Сознавший себя христианином, или сознательно решившийся жить по-христиански, пусть теперь сам хранит, со всем тщанием, принятое от прежнего возраста совершенство и чистоту жизни, как прежде хранили ее другие. Особенных правил в руководство ему предлагать нет нужды. На сей точке он сходится с покаявшимся, который, отстав от греха, приемлет воодушевленную решимость жить по-христиански. Потому отселе он должен руководиться одними с ним правилами, о коих сказано будет в третьем отделе.

Какое отличие есть у него с покаявшимся в восходе к совершенству, это выяснится само собою.

Теперь нужно сделать только некоторые, весьма, впрочем, важные, предостережения для возраста юношеского, исключительно к нему относящиеся. Как хорошо и спасительно не только быть настроену в воспитании по-христиански, но и потом сознать себя и решиться быть христианином, прежде вступления в юношеские лета. Это необходимо, в виду великих опасностей, каким неизбежно подвергается юноша 1) по свойству своего возраста и 2) по великим в продолжение его соблазнам.

Река жизни нашей пресекается волнистою полосою юности. Это время воскипения телесно-духовной жизни. Тихо живет дитя и отрок, мало быстрых порывов у мужа, почтенные седины склоняются к покою; одна юность кипит жизнью. Надобно иметь очень твердую опору, чтобы устоять в это время от напора волн. Самая беспорядочность и порывистость движений опасна. Начинаются первые его собственные движения — начатки пробуждения его сил, и имеют для него всю прелесть: силою своего влияния они вытесняют все, что прежде было положено на мысль и сердце. Прежнее для него станет мечтой, предрассудком. Только настоящие чувства истинны, только они имеют действительность и значение. Но если он, прежде пробуждения сих сил, связал себя обязательством исповедания и жизни христианской, тогда все возбуждения, как уже вторичные, будут слабее и легче уступят требованию первых, уже потому, что те старее, прежде испытаны и избраны сердцем, а главное — скреплены обетом. Юноша решительно хочет держать всегда свое слово. Что сказать о том, кто не только не любил христианской жизни и истины, но даже никогда не слышал о них?

В этом случае он — дом без ограды, преданный разграблению, или сухой хворост, преданный горению в огне. Когда своеволие юношеской мысли на все кидает тень сомнения, когда сильно тревожат его возбуждения страстей, когда вся душа наполняется искусительными помыслами и движениями, — юноша в огне. Кто даст ему каплю росы для прохлады или подаст руку помощи, если из сердца не выйдет голос за истину, за добро и чистоту? А он не выйдет, если любовь к ним не поселена прежде. Даже советы в этом случае не помогут. Их тогда не к чему привить. Силен совет и убеждение, если, сходя чрез слух в сердце, они пробудят там чувства, кои есть и имеют для нас цену, но только в настоящий момент отстранены другими, а сами мы не найдемся, как их высвободить и сообщить им свойственную силу. В этом случае совет – драгоценный дар юноше от советника. Но если в сердце нет начатков чистой жизни, он бесполезен.

Юноша живет сам по себе, и кто исследует все движения и уклонения его сердца? Это то же, что исследовать путь птицы в воздухе или бег корабля в воде!! Что брожение вскисающей жидкости, что движение стихий при разнородной их смеси, то сердце юноши. Все потребности так называемой природы в живом возбуждении, каждая подает голос, ищет удовлетворения. Как в природе нашей качествует расстройство, так и совокупность этих голосов то же, что беспорядочные крики шумной толпы. Что ж будет с юношею, если он наперед не приучен влагать в некоторый строй свои движения и не наложил на себя обязательства хранить их в строгом подчинении некоторым высшим требованиям. Если сии начала глубоко напечатлены в сердце в первоначальном воспитании и потом сознательно приняты в правило, то все волнения будут происходить как бы на поверхности, переходно, не сдвигая основания, не колебля души.

Какими мы выходим из лет юношеских, очень много зависит от того, какими вступаем в них. Вода, падающая с утеса, кипит внизу и клубится, а потом идет уже тихо разными протоками. Это – образ юности, в которую каждый ввергается, как вода в водопад. Из ней выходят два порядка людей: одни сияют добротою и благородством, другие омрачены нечестием и развратом; а третьи – средний класс, смесь добра со злом, коим подобие – головня из огня, кои склоняются то на добро, то на зло, как испорченные часы то идут верно, то бегут или отстают.

Кто заранее скрепил себя обязательством, тот как бы укрылся в крепком, не пропускающем в себя воды кораблике или провел по водовороту покойный желоб. Без этого же и доброе воспитание не всегда спасет. Пусть иной и не впадет в грубые пороки, но все же, если он не сомкнут в себе, то сердце его, не отрешенное от всего обетом, будет изорвано увлечениями, и он неминуемо выйдет из лет юности охлажденным, ни туда, ни сюда.

Так спасительно прежде лет юности не только получить доброе настроение, но и скрепить себя обетом – быть истинным христианином. Решившийся пусть боится самой юности, как огня, и потому бегает всех случаев, в коих юность легко развязывается и делается неукротимою.

И сама по себе юность опасна; но к этому присоединяются еще два, свойственные этому возрасту, влечения, от которых юношеские возбуждения сильнее разгораются и приобретают большую силу и опасность. Это: а) жажда впечатлений и б) склонность к общению. Поэтому как средство к избежанию опасности юношеского возраста, можно советовать – подчинить правилам эти влечения, чтобы вместо добра они не принесли зла. Добрые расположения, возбужденные прежде, останутся во всей силе, если их не погашать и не утеснять.

Жажда впечатлений сообщает некоторую стремительность, непрерывность и разнообразие действиям юноши. Ему хочется все испытать самому, все видеть, все слышать, везде побывать. Ищите его там, где есть блеск для очей, гармония для слуха, простор для движения. Он хочет быть под беспрерывным потоком впечатлений, всегда новых и потому разнообразных. Ему не сидится дома, не стоится на одном месте, не внимается одному предмету. Его стихия – развлечения. Но этого для него мало; он не довольствуется действительным, личным испытанием, а хочет усвоить и как бы перенести на себя впечатления других, изведать, что чувствовали, как действовали другие сами по себе или в подобных ему обстоятельствах. Затем он кидается на книги и начинает читать; перебирает одну книгу за другою, часто не разбирая содержания их; у него главное – найти так называемый эффект, из какого бы рода вещей он ни был и чего бы ни касался. Ново, изобразительно, остро – самая лучшая для него рекомендация книге. Здесь обнаруживается и образуется склонность к легкому чтению – та же жажда впечатлений, только в другом виде. Но и здесь еще не все. Юноша часто наскучивает действительным, тем, что как бы навязывают ему со стороны: это связывает его и заключает слишком в определенных границах, а он ищет некоторой свободы. Затем он часто отрывается от действительного, уходит в свой созданный мир и там начинает действовать на славу. Фантазия строит ему целые истории, где большею частью герой – его собственное лицо. Юноша только вступает в жизнь. Пред ним обольстительное, заманчивое будущее. Со временем и ему там надобно быть: что же он будет? Нельзя ли как приподнять эту завесу и посмотреть? Фантазия, очень подвижная в эти лета, не медлит удовлетворением. Здесь обнаруживается и в таком роде действия воспитывается мечтательность.

Мечты, легкое чтение, развлечения, все это одно почти по духу – дети жаждут впечатлений, жаждут нового, разнообразного. И вред от них одинаков. Ничем нельзя лучше заморить добрых семян, положенных прежде на сердце юноши, как ими. Молодой цвет, посаженный на таком месте, где со всех сторон дуют на него ветры, немного потерпит и засохнет; трава, по которой часто ходят, не растет; часть тела, которую подвергают долгому трению, немеет. То же бывает и с сердцем, и с добрыми в нем расположениями, если предаться мечтам или пустому чтению, или развлечениям. Кто долго стоял на ветре, особенно сыром, тот, зашедши в затишье, чувствует, что все в нем будто как не на своем месте, то же бывает и в душе, развлекшейся каким бы ни было образом. Возвратившись из рассеяния в себя, юноша находит в душе своей все в извращенном порядке; а главное – некоторым покрывалом забвения задергивается все доброе, и на первом плане стоят одни прелести, оставленные впечатлением; следовательно, уже не то, что было и чему всегда следует быть: расположения поменялись главенством. Отчего, возвратившись в себя после какого-нибудь рассеяния душа начинает тосковать? Оттого, что находит себя окраденною. Рассеянный сделал душу свою большою дорóгою, по которой, чрез воображение, как тени, проходят соблазнительные предметы и манят за собою душу. Но тогда, как она таким образом оторвется как бы от себя, тайно подходит диавол, уносит доброе семя и полагает злое. Так учит Спаситель, когда объясняет, кто похищает посеянное при пути, и кто есть всеявый плевелы. То и другое враг человеч творит.

Итак, юноша! Желательно тебе сохранить чистоту и невинность детства или обет христианского жития без укоров? Сколько есть сил и благоразумия, удерживайся от развлечений, беспорядочного чтения соблазнительных книг и мечтаний! Как хорошо подчинить себя в этом случае строгой и престрогой дисциплине и быть во все время юношества под руководством. Тех юношей, коим не позволяют распоряжаться самим своим поведением до возмужалости, можно назвать счастливыми. И всякому юноше надобно радоваться, если он поставлен в таких обстоятельствах. Сам юноша, очевидно, дойти до этого едва ли может; но он покажет много ума, если поверит совету быть больше дома за делом, не мечтать и не читать пустого. Развлечение пусть отклонит трудолюбием, мечтательность — серьезными занятиями под руководством, которому особенно должно быть подчинено чтение, и в выборе книг, и в образе чтения. Как бы, впрочем, это кто ни сделал, пусть только сделает. Страсти, сомнения, увлечения разгораются именно в этом, так сказать, шатком брожении ума юноши.

Вторая, столь же опасная, склонность у юноши есть склонность к общению. Она обнаруживается в потребности товарищества, дружбы и любви. Все они в истинном порядке хороши, но вставить их в этот порядок должно не юноше.

Юношеский возраст есть время живых чувств. Они у его сердца — как прилив и отлив у берегов моря. Его все занимает, все удивляет. Природа и общество открыли пред ним свои сокровища. Но чувства не любят быть скрытыми в себе, и юноша хочет делиться ими. Затем имеет нужду в лице, которое бы могло разделять его чувства, то есть в товарище и друге. Потребность благородная, но она может быть и опасною! Кому вверяешь свои чувства, тому даешь некоторым образом власть над собою. Как же надобно быть осторожным в выборе близкого лица! Встретишь такого, который далеко-далеко может завести от прямого пути. Само собою разумеется, что добрый естественно стремится к доброму, а отклоняется от недоброго. Есть на это некоторый вкус у сердца. Но, опять, как часто случается простосердечию быть завлеченным хитростью! Затем справедливо всякому юноше советуют быть осторожным в выборе друга. Хорошо не заключать дружбы, пока не испытаешь друга. Еще лучше иметь первым другом отца или того, кто во многом заменяет отца, или кого из родных опытного и доброго. Для положившего жить по-христиански первый Богом данный друг – это духовный отец; с ним беседуй, ему поверяй тайны, взвешивай и поучайся. Под его руководством, при молитве, Бог пошлет, если нужно, и другого друга. Не столько, впрочем, опасности в дружбе, сколько в товариществе. Редко видим друзей, но больше знакомых и приятелей. А здесь сколько возможно и сколько бывает зла! Есть кружки приятельские с очень недобрыми правилами. Склонившись к ним, не заметишь, как объединишься с ними в духе, подобно тому, как незаметно напоишься смрадом в смрадном месте. Они сами часто теряют сознание непотребства своего поведения и спокойно грубеют в нем. Если и пробуждается в ком это сознание, он не имеет сил отстать. Каждый опасается объявить о том, ожидая, что его после всюду будут преследовать колкостями, и говорит: «Так и быть, может быть, пройдет». «Тлят обычаи благи беседы злы» (1Кор. 15, 33). Избави, Господи, всякого от этих глубин сатаниных. Для решившегося работать Господу одно товарищество с благочестивыми, ищущими Господа; от других же надо удаляться и искренно с ними не обращаться, последуя примеру святых Божиих.

Самый верх опасностей для юноши – от обращения с другим полом. Тогда как в первых соблазнах юноша только сбивается с прямого пути, здесь он, кроме того, теряет себя. В первом своем пробуждении дело это смешивается с потребностью прекрасного, которая со времени пробуждения своего заставляет юношу искать себе удовлетворения. Между тем прекрасное мало-помалу начинает в душе его принимать образ, и обыкновенно человеческий, потому что мы не находим ничего краше его... Созданный образ носится в голове юноши. С этого времени он ищет будто прекрасного, то есть идеального, не земного, а между тем встречается с дщерью человеческою и ею уязвляется. Этого-то уязвления больше всего надлежит избегать юноше, потому что это есть болезнь тем опаснейшая, что больному хочется болеть до безумия.

Как отвратить эту язву? Не ходи тем путем, которым доходят до уязвления.

Этот путь вот как изображен в одной психологии. Он имеет три поворота.

Сначала пробуждается у юноши какое-то горестное чувство неизвестно о чем и от чего, отзывающееся, однако ж, тем особенно, что он будто один. Это – чувство одиночества. Из этого чувства тотчас отрождается другое – некоторая жалость, нежность и внимание к себе. Прежде он жил, как бы не замечая сам себя. Теперь он обращается к себе, осматривает себя и всегда находит, что он не худ, не из последних, есть лицо сто́ящее: начинает чувствовать свою красоту, приятность форм своего тела, или – нравиться себе. Этим оканчивается первое движение соблазна к себе. С сих пор юноша обращается к внешнему миру.

Это вступление в внешний мир воодушевляется уверенностью, что он должен нравиться другим. В сей уверенности он смело и как бы победительно выходит на поприще действия и, может быть, впервые поставляет себе законом опрятность, чистоту, нарядность до щегольства; начинает бродить, или искать знакомств, как будто без определенной цели, по тайному, однако ж, влечению чего-то ищущего сердца, и при этом старается блистать умом, приятностию в обращении, предупредительным вниманием, вообще всем, чем надеется нравиться. Вместе с тем он дает всю волю преимущественному органу душеобщения – глазу.

В этом настроении он похож на порох, подставленный под искры и скоро встречается со своею болезнью. Взором очей или голосом особенно приятным, как стрелою пораженный или подстреленный, стоит он сначала несколько в исступлении и остолбенении, от которого пришедши в себя и опомнившись, находит, что его внимание и сердце обращены к одному предмету и влекутся к нему с непреодолимою силою. С сей поры сердце начинает снедаться тоскою; юноша уныл, погружен в себя, занят чем-то важным, ищет, как будто что потерял, и что ни делает, делает для одного лица и как бы в присутствии его. Он точно потерянный, сон и еда нейдут ему на ум, обычные дела забыты и приходят в расстройство; ему ничто не дорого. Он болен лютою болезнию, которая щемит сердце, стесняет дыхание, сушит самые источники жизни. Вот постепенный ход уязвлений! И само собою видно, чего должно опасаться юноше, чтобы не впасть в эту беду. Не ходи этою дорогою! Прогоняй предвестников — неопределенную грусть и чувство одиночества. Делай им наперекор: стало грустно — не мечтай, а начни делать что-нибудь серьезное со вниманием и пройдет. Стала зарождаться жалость к себе или чувство своего хорошества — поспеши отрезвить себя и отогнать эту блажь какою-нибудь суровостию и жестокостью к себе, особенно выяснением здравого понятия о ничтожности того, что лезет в голову. Случайное или намеренное унижение в этом случае было как вода на огонь... Подавить и прогнать это чувство надобно озаботиться особенно потому, что тут начало движения. Остановись тут — дальше не пойдешь: не родится ни желание нравиться, ни искание нарядов и щегольства, ни охоты на посещения. Прорвутся эти — и с ними борись. Какая надежная в сем случае ограда — строгая дисциплина во всем, труд телесный и еще более головной! Усиль занятия, сиди дома, не развлекайся. Нужно выйти — храни чувства, бегай другого пола, главное же — молись.

Кроме этих опасностей, вытекающих из свойств юношеского возраста, есть еще две: во-первых — настроение, по которому до небес возносится знание рассудочное, или своеличное постижение. Юноша считает преимуществом – на все налагать тень сомнения, и все то ставит в стороне, что не совпадает с меркою его понимания. Этим одним он отсекает от сердца все настроение веры и Церкви, следовательно, отпадает от нее и остается один. Ища замены оставленному, кидается на теории, построенные без соображения с откровенной[5] истиной, опутывает себя ими и изгоняет из своего ума все истины веры. Еще больше беды, если повод к тому подаст преподавание наук в училищах и если подобный дух становится там преобладающим. Думают обладать истиною, а набираются туманных идей, пустых, мечтательных, большею частью противных даже здравому смыслу, которые, однако же, увлекают неопытных и становятся идолом для юноши любознательного. Во-вторых – светскость. Пусть она может представлять нечто полезное, но преобладание ее в юноше пагубно. Она знаменуется жизнью по впечатлениям чувств, таким состоянием, в коем человек мало бывает в себе, а все почти вовне, или делом, или мечтою. С таким настроением ненавидят внутреннюю жизнь и тех, кои говорят о ней и живут ею. Истинные христиане для них мистики, запутавшиеся в понятиях, или лицемеры и прочее. Разуметь истину мешает им дух мира, качествующий в кругу светской жизни, соприкасаться которой невозбранно позволяют и даже советуют юношам. Этим соприкосновением мир, со всеми своими растленными понятиями и обычаями, набивается в восприимчивую душу юноши, не предваренного, не настроенного противно тому, а еще только принимающего настроение, и отпечатлевается на ней, как на воске, – и он невольно становится чадом его. А это чадство противно чадству Божию во Христе Иисусе.

Вот опасности для юношей от юности! И как трудно устоять! Но хорошо воспитанному и решившемуся посвятить себя Богу прежде лет юности она не так опасна; немного потерпеть, а там настанет покой чистейший и блаженнейший. Сохрани только обет христианской чистой жизни и в это время; а после будешь жить с некоторою святою непоколебимостию. Кто прошел безопасно юношеские лета, тот как будто переплыл бурную реку и, оглянувшись назад, благословляет Бога. А иной со слезами на глазах, в раскаянии, обращается назад и окаявает себя. Того никогда не воротишь, что потеряешь в юности. Кто падал, тот достигнет ли еще того, чем обладает не падавший?

Из сказанного доселе легко дойти до уразумения того, где причина того, что так редки хранящие благодать крещения? Воспитание всему причиною, и доброму и злому.

Оттого не сохраняется благодать крещения, что не соблюдается порядок, правила и законы примененного к тому воспитания. Главнейшие причины суть:

Отдаление от Церкви и благодатных ее средств. Это заморяет росток христианской жизни, разобщая ее с источниками, и она увядает, как увядает цвет, поставленный в темном месте.

Невнимание к отправлениям телесным. Думают, что тело может всячески развиться без вреда для души: между тем в его отправлениях седалища страстей, кои вместе с его развитием развиваются, коренятся и овладевают душою. Проникая телесные отправления, страсти получают в них себе оседлость, или устрояют из них неприступную некоторую крепость и тем упрочивают за собою власть на все последующее время.

Безразборное, не направленное к одной цели развитие сил души. Не видят цели спереди – не видят пути к ней. Отсюда, при всей заботе о современнейшем образовании, ничего более не делают, как только раздувают пытливость, своеволие и жажду наслаждений.

Совершенное забвение о духе. Молитва, страх Божий, совесть редко берутся во внимание. Была бы исправность видимая, а те внутреннейшие состояния всегда предполагаются и всегда потому оставляются себе.

Во время обучения – закрытие главнейшего дела побочными, заслонение его единого – множеством других.

Наконец, вступление в юность без предварительного положения добрых начал и решимости жить по-христиански, и далее, неудерживание влечений юношеской жизни в должном порядке, предание себя всей жажде впечатлений, чрез развлечение, легкое чтение, разгорячение воображения мечтами, неразборчивое общение с подобными себе и особенно с другим полом, исключительная научность и преданность духу мира, ходячим мыслям, правилам и обычаям, кои никогда не бывают благоприятны благодатной жизни, но всегда враждебно вооружаются против нее и стремятся подавить ее.

Каждой из этих причин и одной достаточно к тому, чтобы погасить в человеке благодатную жизнь. Но бывает большею частью, что они действуют совместно, и одна неминуемо привлекает другую; все же в совокупности они так забивают духовную жизнь, что и малейших следов ее не бывает иногда заметно, как будто человек и не имеет духа, создан не для общения с Богом, не имеет к тому предназначенных сил и не получал благодати, оживляющей их.

Почему не соблюдается целесообразный порядок воспитания, – причина этому или в неведении такого порядка, или в небрежении о нем. Воспитание, оставленное без внимания самому себе, по необходимости принимает направления превратные, ложные и вредные, сначала в домашнем быту, а потом во время обучения. Но и там, где, по-видимому, воспитание совершается не без внимания и подчиняется известным правилам, оно оказывается нередко бесплодным и уклоняющим от цели, по причине ложных идей и начал, на которых построивается порядок его. Не то имеется в виду, не то поставляется главным, что должно; именно не богоугождение, не спасение души, а совсем другое: или усовершенствование сил только естественных, или приспособление к должностям, или годность к жизни в свете и прочее. Но когда не чисто и ложно начало, по необходимости и утверждающееся на нем не может вести к добру.

Как на главные уклонения можно указать:

На отстранение благодатных средств. Оно есть естественное следствие забвения того, что воспитываемый есть христианин и обладает не естественными только, но и благодатными силами. А без этих средств христианин есть разгороженный сад, который топчут рыщущие бесы, ломает буря греха и мира, которых некому и нечем остепенять и прогонять.

На преимущественное приготовление к счастию в жизни временной, с заглушением памяти о вечной. Об этом говорят до́ма, об этом толкуют в классах, это главным выставляется в простых беседах.

На преобладание внешности во всем, не исключая даже священнослужения.

Не подготовленный дома, прошедши так воспитание, неизбежно отуманен в голове, на все смотрит не теми глазами, какими должно; все представляет в извращенном виде, как сквозь разбитые или ложные очки. Поэтому и слушать не хочет ни о последней истинной своей цели, ни о средствах к тому. Все это у него дело стороннее, как бы шуточное.

После этого нетрудно определить, что же именно нужно, чтобы исправить такой худой порядок вещей. Нужно:

Хорошо понять и усвоить начала истинного христианского воспитания и действовать по ним прежде всего дома. Домашнее воспитание есть корень и основание всему последующему. Хорошо воспитанного и заправленного дома превратное школьное воспитание не так легко собьет с прямого пути.

Вслед за тем перестроить по новым, истинным началам школьное воспитание, внести в него христианские элементы, неисправное исправить; главное – держать во все время воспитания воспитываемого под обильнейшим влиянием Святой Церкви, которая всем своим устроением спасительно действует на созидание духа. Это не давало бы разгораться греховным возбудителям, отвевало бы дух мира и отгоняло дух из бездны. Вместе с этим надо направлять все от временного к вечному, от внешнего к внутреннему, воспитывать чад Церкви, членов Царствия Небесного.

Нужнее всего: воспитывать воспитателей под руководством таких лиц, кои знают истинное воспитание не по теории, а по опыту. Образуясь под надзором опытнейших воспитателей, они опять передадут свое искусство другим, последующим и т. п. Воспитатель должен пройти все степени христианского совершенства, чтобы впоследствии в деятельности уметь держать себя, быть способным замечать направления воспитываемых, и потом действовать на них с терпением, успешно, сильно, плодотворно. Это должно быть сословие лиц чистейших, богоизбранных и святых. Воспитание из всех святых дел самое святое.

Плод доброго воспитания есть сохранение благодати святого крещения. Последнее вознаграждает с избытком все труды по первому. Ибо некоторые высокие преимущества принадлежат тому, кто сохранил благодать крещения и с первых лет посвятил себя Богу.

Первое преимущество, как бы основание всех других преимуществ, есть целость естественно благодатного состава. Человек назначен быть вместилищем необыкновенно высоких сил, готовых излиться на него из источника всех благ, только пусть не расстраивает себя. И кающийся может быть исцелен совершенно; но ему, кажется, не дается то знать и чувствовать, что не падавшему, или он не может услаждаться тою целостию и обладать тем дерзновением, которое бывает ее следствием.

Отсюда сами собою вытекают живость, легкость, непринужденность доброделания. Он ходит в добре, как в единственно сродном себе мире. Кающемуся надобно долго напрягать и приучать себя к этому добру, чтобы совершать его легко, но и достигши этого, постоянно держать себя в напряжении и страхе. Напротив, тот живет в простоте сердца, в некоторой ублажающей его уверенности спасения, уверенности необманчивой.

Затем в его жизни устрояется некоторая ровность и безостановочность. В нем нет ни порывов, ни ослабления; и как дыхание у нас совершается большею частью ровно, так и у него хождение в добре. Бывает то же и у покаявшегося, но не скоро приобретается и не в таком совершенстве является. Колесо починенное нередко дает знать о своем пороке; и часы починенные уже не так исправны, как нечиненные и новые.

Не падавший всегда юн. В чертах нравственного его характера отражаются чувства дитяти, пока оно еще не сделалось виноватым пред отцом. Здесь первое чувство невинности, детство во Христе, как бы неведение зла. Сколько оно отсекает у него помыслов и томительных волнений сердца! Затем необыкновенное радушие, искренняя доброта, тихость нрава. В нем во всей силе обнаруживаются указанные Апостолом плоды Духа: «любы, радость, мир, долготерпение, благость, милосердие, вера, кротость, воздержание» (Гал. 5, 22–23). Он как будто облечен «во утробы щедрот, благость, смиреномудрие, кротость, долготерпение» (Кол. 3, 12). Затем он сохраняет непритворное веселонравие, или радость духовную; ибо в нем Царствие Божие, которое есть мир и радость о Дусе Святе. Затем ему свойственна некоторая прозорливость и мудрость, видящая все в себе и около себя и умеющая распоряжаться собою и делами своими. Сердце его принимает такое настроение, что тотчас говорит ему, что́ и как надо сделать. Наконец, можно сказать, ему свойственна небоязнь падений, чувство безопасности в Боге. «Кто ны разлучит от любве Божия?» (Рим. 8, 35). Все это в совокупности делает его и достоуважаемым, и достолюбезным. Он невольно влечет к себе. Существование в мире подобных лиц есть великая благодать Божия. Они заменяют апостольские мрежи. Как около сильного магнита собирается множество опилок или как сильный характер увлекает слабых, так обитающая в них сила Духа влечет к себе всех, особенно же тех, у коих есть начатки духа.

Главнейшее же нравственное совершенство, принадлежащее сохранившемуся целым в лета юности, есть некоторая непоколебимость добродетели во всю жизнь.

Самуил остается твердым при всех искушениях соблазна в доме Илии и среди волнений народных в обществе. Иосиф среди недобрых братьев, в доме Пентефрия, в темнице и в славе равно сохранил свою душу непорочною. Поистине, «благо есть мужу, егда возмет ярем в юности своей» (Плач. 3, 27). «Чадо, от юности твоея избери наказание, и» тогда «до седин обрящеши премудрость. В делании ея мало потрудишися и скоро ясти будеши плоды ея» (Сир. 6, 18, 20). Правое настроение обращается как бы в природу, и если иногда несколько нарушается, скоро приходит в первый строй. Потому в Четь-Минеях святыми находим большею частью тех, кои сохранили нравственную чистоту и благодать крещения в юности.

Сверх того, кто, сохранив чистоту, посвящает себя Богу с ранних лет, тот делает дело самое угодное Богу, приносит Ему жертву самую приятную – потому что Богу вообще, по закону оправданий, угоднее всего первое: начатки плодов, первенцы людей, животных и, следовательно, первые лета юности; потому что приносится жертва чистая – непорочная юность, что, главным образом, и требовалось от всякой жертвы; потому что совершают это с преодолением немалых препятствий и в себе, и извне, с отречением от удовольствий, к каким особенно в это время чувствуют позыв; совершает дело самое благоразумное. Надобно же посвятить себя Богу, ибо в этом одном спасение. Разве только кто предался отчаянию. Но нет лучше и надежнее для сего времени, как первое, в какое мы сознали себя, – ибо кто знает, что будет на завтрашний день? Но если бы и надеялся кто прожить долее, всего не посвящая времени Богу, он будет только затруднять себя, привыкая к противоположной жизни, и Бог знает, одолеет ли себя после. Пусть даже и одолеет: что то за жертва Богу – больная, истощенная, поврежденная в членах, не целая? Впрочем, хотя все это бывает, но как редко! Как редко потерявший невинность успевает возвратить ее! Как трудно обратиться не познавшему доброй жизни с детства, живо изображает, по собственному опыту, блаженный Августин, в своем исповедании.

«Лета отрочества, – говорит он, – провел я в резвости и шалостях, даже непозволительных, в непослушании и невнимании к родителям. Со вступлением в юность началось распутство, и за три года я до того развратился, что после в продолжение 12-ти лет все полагал намерение исправиться и – не находил сил этого выполнить. Даже после того как сделал я поворот к решительному перелому воли, еще медлил два года, отлагая обращение со дня на день. Так расслабла воля от первых страстей! Но, по решительном обращении и принятии благодати в святом крещении, что я должен был претерпеть, борясь со своими страстями, сильно влекшими меня на прежний путь!»

Удивительно ли, что так мало спасающихся из неисправно проведших юность?! Этот пример яснее всего показывает, в какой великой опасности находится лицо, не получившее добрых правил в юности и Богу себя заранее не посвятившее. Какое поэтому счастие получить доброе истинно христианское воспитание, вступить с ним в лета юности, и потом в том же духе вступить в лета мужества.

Отдел II. О начале христианской жизни чрез покаяние или о покаянии и обращении грешника к Богу

Как начинается христианская жизнь в таинстве покаяния?

Начало благодатной христианской жизни полагается в крещении. Но редкие сохраняют благодать сию; большая часть христиан теряет ее. Видим, что одни являются в действительной жизни больше или меньше развращенными, с недобрыми началами, которым попущено развиться в них и укорениться. В иных, может быть, и положены добрые начала, но в ранние лета юноши, по собственному ли влечению или по соблазну от других, забывают их, начинают привыкать к худому и привыкают. Все таковые не имеют уже в себе жизни истинно христианской; им снова надобно начинать ее. Святая вера наша предлагает для сего Таинство покаяния. «Аще кто согрешит, Ходатая имамы ко Отцу, Иисуса Христа Праведника» (1Ин. 2, 1). Согрешил ли, познай грех и покайся. Бог простит грех и опять даст тебе «сердце новое и дух новый» (Иез. 36, 26). Другого пути уже нет: или не греши, или кайся. Даже, судя по многочисленности падающих по крещении, надобно сказать, покаяние стало для нас единственным источником истинно христианской жизни.

Надобно знать, что в Таинстве покаяния у одних возочищается только и возгревается дар благодатной жизни, уже воспринятой и действующей в них; у других полагается только начало сей жизни или жизнь сия снова даруется и приемлется. Мы будем рассматривать его с сей последней стороны.

В сказанном втором отношении оно есть решительное изменение на лучшее, перелом воли, отвращение от греха и обращение к Богу или возгнетение огня ревности об исключительном богоугождении с отвержением себя и всего другого. Больше всего характеризует его болезненный перелом воли. Человек привык к худому; надобно теперь как бы раздирать себя. Он оскорблял Бога; надобно теперь гореть в огне суда неумытного (беспристрастного – Ред.). Кающийся испытывает болезни рождающих и в чувствах сердца некоторым образом прикасается мучениям ада. Плачущему Иеремии заповедал Господь «разорять и паки созидать и насаждать» (Иер. 1, 10). И плачевный дух покаяния послан Господом на землю, чтобы, проходя в приемлющих его «до разделения души же и духа, членов же и мозгов» (Евр. 4, 12), разорял ветхого человека и полагал основы для созидания нового. В кающемся – то страх, то легкая надежда, то болезнование, то легкое утешение, то ужасы почти отчаяния, то веяние отрады милосердия сменяются одни другими и поставляют или держат его в состоянии разлагающегося, или расстающегося с жизнью, в чаянии, однако ж, восприятия новой.

Это болезненно, но спасительно, и так неизбежно, что кто не ощущал такого болезненного перелома, тот не начинал еще жить чрез покаяние. И нет надежды, чтобы человек возмог и стал очищать себя во всем, не прошедши чрез это горнило. Решительное и живое противление греху бывает только от ненависти к нему; ненависть к нему – от чувства зла от него; чувство же зла от него испытывается во всей силе в этом болезненном переломе в покаянии. Тут только всем сердцем ощущает человек, сколь великое зло есть грех; затем после и будет бежать от него, как от огня геенского. Без этого же болезненного испытания, хоть и станет себя очищать иной, но будет очищать только слегка, больше внешне, чем внутренне, больше в делах, чем в расположениях; а потому и сердце его будет все оставаться нечистым, как не переплавленная руда.

Такое изменение производится в человеческом сердце Божественною благодатию. Только одна она может воодушевить человека поднять руку на себя, чтобы заклать себя и принести Богу в жертву. «Никтоже может прийти ко Мне, аще не Отец пославый Мя привлечет его» (Ин. 6, 44). «Сердце новое и дух новый» подает Сам Бог (Иез. 36, 26). Человеку самому жаль себя. Слившись с плотию и грехом, он стал одно с ними. Раздвоить его и вооружить против себя может только сторонняя, высшая сила.

Так, изменение грешника производит благодать, однако ж не без свободного желания. В крещении благодать дается нам в момент совершения над нами сего Таинства; а свободное произволение приходит после и усвояет себе данное. В покаянии же свободное желание должно участвовать в самом акте изменения.

Изменение на лучшее, обращение к Богу, как будто должно быть мгновенным или минутным, как это и бывает. Но приготовительно оно проходит несколько оборотов, означающих сочетание свободы с благодатию, где благодать овладевает свободою, и свобода подчиняется благодати, – оборотов, необходимых у всякого. Одни проходят их скоро, у других же это продолжается целые годы. Все, что здесь происходит, кто может исследить, особенно когда очень разнообразны способы благодатного действования на нас и бесчисленны состояния людей, на коих она начинает действовать? Должно, однако ж, ожидать, что при всем разнообразии есть здесь один общий порядок изменения, которого никто миновать не может. Всякий кающийся есть живущий во грехе – и всякого из таковых перетворяет благодать. Посему, на основании понятия о состоянии грешника вообще и отношения свободы к благодати, и можно теперь изобразить сей порядок и определить правилами.

1. Состояние грешника

Грешника, коему предлежит необходимость обновляться в покаянии, слово Божие большею частью изображает погруженным в глубокий сон. Отличительная черта таких лиц не всегда явная порочность, но собственно отсутствие этой воодушевленной, самоотверженной ревности о богоугождении, с решительным отвращением ко всему греховному, – то, что у них благочестие не составляет главного предмета забот и трудов, что они, заботливые о многом другом, совершенно равнодушны к своему спасению, не чувствуют, в какой опасности находятся, нерадят о доброй жизни и проводят жизнь холодную к вере, хотя иногда исправную и безукоризненную совне.

Это общая черта. В частностях безблагодатный вот каким является.

Отвратившись от Бога, человек останавливается на себе и себя поставляет главною целью всей своей жизни и деятельности. Это уже и потому, что после Бога нет для него ничего выше себя самого; особенно же потому, что, получив прежде от Бога всякую полноту, а теперь опустевши от Него, спешит он и заботится, как бы и чем бы себя наполнить. Образовавшаяся в нем пустота, чрез отпадение от Бога, непрестанно возжигает в нем ничем не удовлетворимую жажду неопределенную, но непрестанную. Человек стал бездонною пропастью; всеусиленно заботится он наполнить сию бездну, но не видит и не чувствует наполнения. Оттого весь свой век он в поте, труде и великих хлопотах: занят разнообразными предметами, в коих чает найти утоление снедающей его жажды. Предметы сии поглощают все внимание, все время и всю деятельность его. Они – первое благо, в коих живет он сердцем. Отсюда понятно, почему человек, поставляя себя исключительною целью, никогда не бывает в себе, а все – вне себя, в вещах сотворенных или изобретенных суетою. От Бога, Который есть полнота всего, отпал; сам пуст; осталось как бы разлиться по бесконечно разнообразным вещам и жить в них. Так грешник жаждет, заботится, суетится о предметах вне себя и Бога, о вещах многих и разнообразных. Почему характеристическая черта греховной жизни есть, при беспечности о спасении, забота о многом, многопопечительность (см.: Лк. 10, 41).

Оттенки и отличия сей многопопечительности зависят от свойства образовавшихся в душе пустот. Пустота ума, забывшего о Едином, Который есть все, рождает заботу о многознании, разведывание, пытание, пытливость. Пустота воли, лишившейся обладания Единым, Который есть все, производит многожелание, стремление к многообладанию или всеобладанию, чтобы все было в нашей воле, в наших руках это любоимание. Пустота сердца, лишившегося наслаждения Единым, Который есть все, образует жажду удовольствий многих и разнообразных, или искание тех бесчисленных предметов, в коих чаем найти услаждение своих чувств, внутренних и внешних. Так, грешник непрестанно в заботах о многознании, многообладании, многонаслаждении, услаждается, овладевает, пытает. Это — круговращение, в коем кружится он весь свой век. Пытливость манит, сердце чает вкусить сласти и увлекает волю. Что это так, всякий может поверить сам, устроив наблюдение над движениями души своей в продолжение хоть одного дня.

В круговращении этом и пребывал бы грешник, если бы его оставить одного: такова уж природа наша, когда состоит в рабстве греху. Но это круговращение в тысячу раз увеличивается и усложняется оттого, что грешник не один. Есть целый мир лиц, кои то и делают, что пытают, услаждаются, стяжают, кои все, в сих видах, приемы привели в порядок, подчинили законам, поставили в необходимость всем, принадлежащим к их области, кои при взаимном союзе, приходя неизбежно в соприкосновение, трут друг друга, и в сем трении только возвышают в десятые, сотые и тысячные степени пытливость, любоимание и самоуслаждение, в их распалении поставляя все счастье, блаженство и жизнь. Это мир суетный, коего занятия, обычаи, правила, связи, язык, увеселения, развлечения, понятия — все, от малого до великого, пропитано духом тех трех исчадий многопопечительности, о которых сказано выше, и составляет безотрадное крушение духа миролюбцев. Состоя в живом союзе со всем этим миром, всякий грешник опутывается тысячесплетенною его сетью, закутывается в нее глубоко-глубоко, так что его самого и не видно. Тяжелое бремя лежит на всем лице грешника-миролюбца и на каждой его части, так что и малым чем пошевельнуться не по-мирски не имеет он сил, потому что тогда необходимо бывает ему поднять как бы тысячепудовую тяжесть. Потому за такое неосиливаемое дело и не берется никто, и не думает никто браться, но все живут, движась по той колее, в какую попали.

К большей еще беде, в мире сем есть свой князь, единственный по лукавству, злобе и опытности в обольщениях. Чрез плоть и вещественность, с коим смесилась душа по падении, имеет он к ней свободный доступ и, подступая, разносторонне разжигает в ней пытливость, любоимание, сластолюбивую самоутешность; разными своими прельщениями держит в них безвыходно, разными подущениями наводит на планы к удовлетворению их и потом или помогает выполнить их, или разоряет указанием других сильнейших планов, все с одною целью – продлить и углубить пребывание в них. Это и составляет смену мирских неудач и удач, Богом неблагословенных. Князь сей имеет целое полчище слуг, подчиненных себе духов злобы. В каждое мгновение быстро носятся они по всем пределам обитаемого мира, чтобы там засеменять одно, в другом месте другое, углублять запутанных в сети греха, подновлять путы, ослабевшие и порвавшиеся, – особенно же блюсти, чтобы никто не вздумал разрешиться от их уз и выйти на свободу. В сем последнем случае они поспешно стекаются вокруг своевольника, сначала по одному, потом отрядами и легионами, а наконец, всем полчищем – и это в разных видах и приемах, чтобы заградить все исходы, починивать нити и сети и, по другому сравнению, опять столкнуть в бездну начавшего выбираться из ней по крутизне. Есть у этого невидимого царства духов особые места – тронные, где составляются планы, получаются распоряжения, принимаются отчеты с одобрением или укором деятелей. Это глубины сатанины, по выражению святого Иоанна Богослова. На земле, в среде царства их из людей, места сии суть союзы злодеев, развратников, особенно неверов-кощунников, кои делом, словом и писанием всюду разливают мрак греховный и заслоняют свет Божий. Орган, коим выражают они здесь свою волю и власть, есть совокупность обычаев мирских, пропитанных греховными стихиями, всегда одуряющих и отвлекающих от Бога.

Вот строй греховной области!

Всякий грешник – весь в ней, но держится преимущественно чем-либо одним. И это одно, может быть, на вид иногда очень сносно, и даже одобрительно.

У сатаны одна забота, чтобы то, чем человек весь занят, где его сознание, внимание, сердце – было не Бог единственно и исключительно, а что-нибудь вне Его, чтобы, прилепившись к сему умом, волею и сердцем, он имел то вместо Бога и о том только заботился, о том разведывал, тем услаждался и обладал. Здесь не только страсти плотские и душевные, но и вещи благовидные, как, например, ученость, художественность, житейскость, – могут служить узами, коими держит сатана ослепленных грешников в своей области, не давая им опомниться.

Если посмотреть на грешника, в его внутреннем настроении и состоянии, то окажется, что он иногда и много знает, но слеп в отношении к делам Божиим и к делу своего спасения; что он хоть непрестанно в хлопотах и заботах, но бездействен и беспечен в отношении к устроению своего спасения; что он хоть непрестанно испытывает тревоги или услады сердца, но совершенно нечувствителен ко всему духовному. В отношении к сему, грехом поражены все силы существа, и в грешнике качествуют ослепление, нерадение и нечувствие. Не видит он своего состояния, а потому не чувствует и опасности своего положения; не чувствует опасности своей, а потому не заботится и избавиться от нее. Ему и на мысль не приходит, что нужно изменяться и спасаться. Он в полной, ничем не колеблемой уверенности, что состоит в своем должном чине, что ему нечего желать, что так всему и должно оставаться, как оно есть. А потому всякое напоминание о другом роде жизни считает лишним для себя, не внимает ему, даже понять не может, к чему оно, чуждается его и бегает.

2. Действие Божией благодати

Мы сказали, что грешник есть то же, что человек, погруженный в глубокий сон. Как крепко спящий, какая бы ни приблизилась опасность, не проснется сам и не встанет, если не подойдет кто сторонний и не разбудит его, – так и тот, кто погружен в греховный сон, не опомнится и не встанет, если не придет к нему на помощь Божественная благодать. По беспредельному милосердию Божию, она и готова для всех, всех обходит и всякому внятно взывает: «востани, спяй, и воскресни от мертвых, и осветит тя Христос» (Еф. 5, 14).

Такое сравнение грешников с спящими дает точки для всестороннего рассмотрения обращения их к Богу. Именно: спящий пробуждается, встает, собирается идти на дело. И грешник, обращающийся и кающийся, возбуждается от греховного усыпления, доходит до решимости измениться (встает) и, наконец, облекается силою на новую жизнь в Таинствах покаяния и причащения (готов на дело). В притче о блудном сыне эти моменты указаны так: «в себе пришед» – опомнился; «восстав иду» – решился оставить прежнюю жизнь; и «востав иде»; причем он говорит отцу: «согреших» – покаяние, а отец облекает его в одежды (оправдание и разрешение от грехов) и уготовляет ему трапезу (святое причащение) (Лк. 15, 11–32).

Таким образом, в обращении грешников к Богу есть три момента: возбуждение от греховного сна; восход до решимости оставить грех и посвятить себя богоугождению; облечение силою свыше на дело сие в Таинствах покаяния и причащения.

3. Пробуждение грешника от греховного сна

Пробуждение грешника есть такое действие благодати Божией в сердце его, вследствие которого он, как от сна пробужденный, *видит* свою греховность, *чувствует* опасность своего положения, начинает страшиться за себя и *заботится* о том, как бы избавиться от своей беды и спастись. Прежде он был в отношении к спасению слеп, нечувствен и беспечен, теперь и видит, и чувствует, и заботится. Но это еще не изменение, а только возможность изменения и призвание к тому. Благодать только говорит здесь грешнику: «Видишь, куда зашел; смотри же, возьми меры ко спасению». Она только изъемлет его из всегдашних его уз, ставит и держит вне их, давая ему таким образом возможность избрать совсем новую жизнь и определить себя на нее. Воспользуется сим – благо ему; не воспользуется – опять будет брошен, опять погрузится в тот же сон и ту же бездну пагубы.

Достигает сего Божия благодать тем, что раскрывает пред сознанием и чувством человека ничтожность и срамоту того, чему он предан и что так ценит. Как слово Божие проходит «до разделения души же и духа, членов же и мозгов» (Евр. 4, 12), так и благодать проходит до разделения сердца и греха и разлагает незаконный их союз и сочетание. Видели мы, что грешник всем своим существом ниспадает в такую область, где начала, понятия, суждения, правила, обычаи, наслаждения, порядки, – и все совершенно противоположное истинной жизни духовной, к коей предназначен человек. Ниспадши же сюда, не пребывает здесь особным, отрезанным, но, проникая всем, срастворяется со всем: есть весь во всем. Отсюда естественно ему не знать и не помышлять о том, что противно сему порядку, и не иметь к тому никакого сочувствия. Область духовная совсем закрыта от него. Очевидно после сего, что дверь к обращению открыться может только под тем условием, если пред сознанием грешника во всей светлости раскрыт будет порядок духовной жизни, и не только раскрыт, но и прикоснут к сердцу; порядок же греховной жизни осрамлен, отвержен и разорен – тоже пред его сознанием и чувством. Только тогда и может родиться забота – покинуть сей и вступить в тот. Все это и совершается в одном акте благодатного возбуждения грешника.

В образе своего действия возбудительная Божия благодать всегда соображается не только с узами, в коих держится грешник, но и с особым состоянием грешника. В сем последнем отношении паче всего надо взять во внимание ту разность в действии благодати, какую являет она, действуя на тех, кои никогда не были возбуждаемы, и на тех, кои испытывали уже сие возбуждение. Тому, кто ни однажды не имел возбуждения, оно дается как бы туне, как всеобщая предваряющая или зовущая благодать. От него самого предварительно нечего и требовать, потому что он весь направлен не туда. Но тому, кто уже был возбуждаем, знал и ощущал, что такое жизнь во Христе, и опять предался греху, возбуждение не дается даром. Нечто требуется и от него самого предварительно. Он как бы должен еще заслужить и вымолить; не только желать, но и делать нечто над собою, чтобы привлечь благодатное возбуждение, такой, воспоминая прежнее пребывание в добром порядке христианском, почасту желает снова его, но не получает власти над собою; хотел бы исправиться, но не может совладать с собою и одолеть себя. Он в бессилии безнадежном, оставлен самому себе за то, что прежде сам оставил дар, «укорил Духа благодати и смерть Сына Божия попрал» (Евр. 10, 29). Теперь дается ему ощутить, как велика благодатная сила эта тем уже, что она не скоро подается. Поищи и потрудись, и трудностью приобретения научись ценить ее. Такой человек бывает в томительном некотором состоянии: жаждет и не напояется, алчет и не питается, ищет и не обретает, напрягается и не приемлет. Иной оставляется в сем состоянии очень-очень долго, до того, что чувствует как бы отвержение Божие, будто Бог забыл и отверг его, предал клятве, как землю, которая напоялась многократно сходившим на нее дождем и осталась бесплодною (см.: Евр. 6, 7–8). Но это медление прикосновения благодати к сердцу ищущего есть только испытательное. Проходит срок испытания, нисходит и на него снова возбудительный дух, труда ради его и потового искания, как на иных сходит он туне[6]. Такой образ действия спасительной благодати указывает нам: а) на чрезвычайные действия благодати Божией в возбуждении грешника и б) на обыкновенный порядок стяжания дара возбудительной благодати.

4. Чрезвычайные действия благодати Божией в возбуждении грешников от сна греховного

Живущим благодатною жизнью душеспасительно знать сии действия, чтобы, видя многопопечительность Божию о грешниках, прославлять неизреченную благодать Божию и воодушевляться благонадежием помощи свыше на всякое благое дело. Ищущим же Божественной благости того ради особенно нужно знать их, что в них яснее, чем где-либо, выражаются свойства благодатного возбуждения, которые нам надо хорошо сознавать и уяснить, чтобы определить – благодатное ли возбуждение есть то, что испытываем мы, – и если уже действует кто, то по благодатному ли возбуждению действует или по самодельному воодушевлению. Истинно христианская жизнь есть жизнь благодатная. Самодельная жизнь, как бы она ни была красна на вид и как бы ни держалась форм христианской жизни, никогда не будет христианскою. Начало ее полагается в благодатном возбуждении, которому внявший не лишается потом благодатного руководства и общения во все время, как пребывает верным ее внушениям. Вот почему надо хорошо себе уяснить, есть ли или было ли в нас благодатное возбуждение. Можно в удовлетворение сего требования сказать: суди себя по свойствам благодатного возбуждения, открывающимся в чрезвычайных случаях, ибо они одинаковы как в чрезвычайных случаях, так и в обыкновенном порядке, только в первых открывается ярче, определеннее и различительнее.

При благодатном возбуждении, как было уже указано, совершается мгновенно разорение в сознании всего установившегося там порядка самоугодливой греховной жизни и раскрытие пред ним иного, лучшего Божественного порядка, единого истинного и ублажающего. Сокращенно сей порядок можно изобразить так: Бог, во Святой Троице покланяемый, мир сотворивший и о нем промышляющий, спасает нас, падших, в Господе Иисусе Христе, благодатию Святаго Духа, под руководством и блюстительством Святой Церкви, чрез крестную, испытательную здесь жизнь, преводя к вечному, нескончаемому блаженству в будущей жизни. Он совмещает и лица, и события, и учреждения, и самые начала, по которым все движется. Весь сей порядок действием благодати живо печатлеется в духе человека-грешника и, разительно представляя противоположность ему и самого человека с его настроениями, и всего, чем он прежде жил и услаждался, тогда как обязан быть в совершенном с ним согласии и подобонастроении, – поражает его. Всякая черта его издает обличенье и укор человеку в неразумии и недобросовестности прежней, которые тем бывают впечатлительнее, что в то же время в духе видится достойная презрения ничтожность прежнего грешного порядка. Под сим действием сердце разрешается от прежних уз и стоит свободно, и потому свободно избрать новый род жизни. Это предел действия благодатного возбуждения. Оно разоряет в сознании и чувстве все прежнее – худшее, и живо представляет лишь новое лучшее, оставляя в сем положении человека, пораженного, свободным избрать новое или обратиться опять на старое. Замечательно, что благодатное возбуждение всегда сопровождается поражением и некоторого рода испугом; потому ли, что оно вдруг, как бы врасплох, схватывает грешника на распутиях жизни, как преступника, и представляет неотклонимому судилищу Божию, или потому, что новый порядок, раскрываемый в сознании, совершенно нов для него и разительно противоположен прежнему, – и не нов только, но и совершен во всех частях, и блаженствоподателен, тогда как в первом, ничтожном, одна туга сердца и крушение духа.

Все же исходная точка всех благих действий благодатного возбуждения есть это живое сознание нового Божественного порядка. Исходя из сего понятия, приведем на память все бывшие опыты благодатного сего действия. Сознание нового порядка бытия и жизни производится двояким образом: аа) иногда тот самый порядок, весь или в частях, видимо, ощутительно, самым делом представляется взыскиваемому грешнику; бб) иногда же дух человека вводится в него и ощущает его внутренне. аа) Милосердый Господь различным образом раскрывает пред сознанием обращаемого Свой Божественный мир, в котором определено жить духу нашему.

Нередко для сего Он является Сам, видимо, под каким-либо образом, при бодрственном состоянии человека или во сне. Так явился Он Апостолу Павлу на пути его в Дамаск, Константину Великому (мая 21), Евстафию Плакиде (20 сентября), Неанию, шедшему мучить христиан (это Прокопий великомученик; июля 8), Патермуфию во сне (9 июля) и многим другим.

Иногда благоволит посылать из того мира разные лица, тоже въяве или в сновидениях, в своем виде или под каким-либо другим образом. Так многократно являлась Матерь Божия, одна, или с Предвечным Младенцем, или в сопровождении святых — одного, двух и многих: великомученица Екатерина (24 ноября), например, обращена явлением ей Божией Матери во сне с Предвечным Младенцем, обручившим ее Себе в невесту. Многократно являлись Ангелы, по одному и целыми сонмами: например, святому Андрею юродивому (2 октября) во сне представился весь мир святых Ангелов в противоположность полчищу темных сил; многократно являлись святые: например, святитель Митрофан — врачу-лютеранину, девице больной и многим другим.

Иногда самый мир тот и особенно его чин и как бы основные начала живописуются пред неведущим сознанием в поразительном каком-либо образе, как это видно из приведенного уже случая со святым Андреем юродивым и из многих других примеров, в которых лицам обращенным были представлены или блаженные селения праведных, как царю индийскому и брату его, после того как святой Апостол Фома (6 октября) раздал бедным данные ему на построение дома деньги; или страшные мучения грешников, как Исихию Хоривиту (3 октября, Пролог), или производство посмертного суда, как Петру булочнику, бросившему булку в лицо нищему; или была напечатлеваема глубокая мысль о смерти и участи после нее, как Иоасафу царевичу (19 ноября), святому Клименту (25 ноября) и одному юноше развратному, которому умирающий отец завещал непременно каждый вечер заходить в комнату, где он умирает.

Иногда дается осязательно ощутить невидимую некоторую силу, среди видимых сил и явлений действующую, но разительно отличную от них и исходящую из иного мира. Сюда относятся все вообще чудеса, помощью которых бывшие обращения исчислить и возможности нет. И Спаситель сказал, что неверующие и не уверуют, если не увидят знамений. Большая часть их явлена после Христа Спасителя, в первые времена христианства Апостолами, а за ними святыми мучениками. Разительность присутствия здесь силы невидимой Божией часто обращала целые села и города, но никогда не оставалась совсем бесплодною. Кровь мучеников действительно лежит в основании Церкви...

Бывали и такие случаи, что сила Божия являлась сама, без посредства лица человеческого, как при обращении Марии Египетской (апреля 1), или при посредстве святых вещей, икон, мощей и др. Так, обращение евреев в Вирите совершилось от чудных явлений на иконе Распятия Господня. При всех таких явлениях сознание, запутанное разными предметами и обольщениями мира и держимое безвыходно в порядке видимом, чувственном, внешнем, – разительным, нечаянным и мгновенным представлением ему высших лиц и сил из невидимой некоторой области мгновенно исторгается из своих уз и втесняется в иной чин бытия и жизни и, пораженное, стоит в нем. Здесь происходит то же, что при возбуждении электричества в каком-либо теле электричеством другого тела. Это последнее исторгает то из уз вещества, и, привлекши к поверхности, держит пред собою. бб) Дух наш, как мы видели, закрыт и заглушен многими покровами. Но по природе своей он есть зритель Божественного порядка. Способность к тому тотчас бывает готова явить и действительно являет силу свою, коль скоро устраняются вяжущие ее препятствия. Посему для возбуждения дремлющего в человеке духа и введения его в созерцание Божественного порядка благодать Божия или а) непосредственно действует на него и, исполняя его силою, дает возможность разорвать обдержащие его узы, или b) посредственно, стряся с него покровы и сети и давая чрез то свободу быть в своем чине.

Непосредственно наитствует дух человека Божественная, вездесущая и всепроникающая благодать, напечатлевая в нем мысли и чувства, отревающие от всех вещей конечных и обращающие к другому, лучшему, хотя незримому и неведомому, миру. Общая черта сих возбуждений есть недовольство собою и всем своим и туга о чем-то. Становится человек не удовлетворяющимся ничем, что окружает его, – ни своими совершенствами, ни тем, что имеет, хотя бы то были несметные сокровища, и ходит, как будто горем убитый. Не находя отрады ни в чем видимом, обращается он к невидимому и приемлет его с готовностью, и искренно присвояет его себе, и себя – ему. Многие с вопросом: чем все это кончится и к чему приведет, оставляли все и изменяли не только чувства и поведение, но и род жизни. Бывали случаи, что такое недовольство выражалось преимущественно в части знательной, как у Иустина Философа (июня 1), который преимущественно искал света ве́дения Божественного Существа; иногда в части сердечной, как у Августина[7], который преимущественно искал покоя своему мятущемуся сердцу; а иногда, большею, впрочем, частию, – в части деятельной, в совести, как у разбойников Моисея[8] и Давида[9]. Множество бывало случаев, что вдруг озарялась внутренняя храмина духа, засеменялось влечение и устремляло дух инуды[10]. «Не веси, откуду приходит и камо идет», сказал о сем Господь (Ин. 3, 8). Часто дух пробуждается напоминанием прошедшего. Так обращена Мария, племянница Авраамия Затворника (октября 29), погибавший в разбойничестве ученик святого Иоанна Богослова Феофил, эконом церковный. Откуда-то входит внутрь и внятно совести произносится речь: «Помяни, откуду ниспал еси!» – и сильно поражает забывшегося. Сюда можно отнести все обращения после юношеских падений. Нет сомнения, что и такие изменения промышлением Божиим издали подготовляются разными случаями, располагающими к восприятию благодатного воздействия; потому и здесь непосредственность только относительная. Но, с другой стороны, и то надо ведать, что и всякое благодатное возбуждение обнаруживается в подобных сим влечениях и пробуждениях духа нашего. Благодать, хотя чрез видимое посредство, всегда, однако ж, невидимо и непосредственно прикасается к духу и извлекает его из томящих его уз во свет Божий, в область жизни Божественной.

Все посредства, относящиеся сюда, направлены на разорение уз духа. Разреши дух, дай ему свободу, и он сам собою потечет туда, откуда взят – к Богу. Узы духа, как мы видели, треплетены[11], составляемы будучи: aa) самоугодием, bb) миром, cc) диаволом. Против них и направляются разрушительные действия возбуждающей дух благодати.

aa) Ближайшие на духе узы суть узы самоугодия всестороннего, качествующего в нашей животно-душевности. Они – точка соприкосновения и других уз, тех, кои идут от мира и диавола. Потому разорвание их очень важно, хотя очень трудно и многосложно. Ибо, так как необращенный весь живет животно-душевностию, то узы с сей стороны расширяются, много и разно сплетаются на такое пространство, как далеко расходится жизнь животно-душевная. Чтобы понять, как разоряются эти узы, надо взять во внимание, что здесь то, к чему примыкает сия жизнь, чем питается, в чем преимущественно выражается, составляет твердую для нее опору, на которой утверждаясь, она стоит и не боится поражения, не думает о нем и не чает его. Когда кто, например, пристрастился к художественности, или житейскости, или даже учености и весь живет в какой-нибудь из них, то на нее он опирается и в ней почивает всеми силами, помышлениями и надеждами. Так как отсюда исходит вся затем самоугодная жизнь, вяжущая дух, то сия опора самоугодия естественно становится основанием твердости и крепости уз, от него налагаемых на дух, как бы точкою, к коей прикрепляются сии узы. Посему, обратно, чтобы освободить дух от уз самоугодия, Божественная возбуждающая благодать обыкновенно разоряет опоры, на коих почивает самоугодливая самость. Поколебав сии опоры в основании, она ослабляет узы и дает возможность приподнять главу умученному и истомленному духу.

Опор у нашего самоугодия много; они есть и в нашем существе, то есть в теле и душе, и во внешней жизни нашей и вообще во всем порядке быта нашего. Таково плотоугодие в разных видах, то есть сластолюбие, роскошь, похотность, празднолюбие, страсть к развлечениям, житейская многопопечительность, честолюбие, властолюбие, видимая в делах успешность, зажиточность, лестный внешний быт, ценность связей, мирность внешних отношений, пристрастие к художественности, учености, предприятиям. Все это, в многоразличнейших видах, составляет твердую опору нашей самости, которая, с уверенностью в ее надежности и прочности, спокойно почивает на том и, пространно питаясь, возрастает день ото дня, у одного преимущественно в одном роде, у другого — в другом.

Спасительная Божественная благодать для пробуждения грешника от усыпления, направляя свою силу на разорение той опоры, на которой кто утверждается и почивает своею самостию, вот что делает.

Кто связан плотоугодием, того ввергает в болезни и, ослабляя плоть, дает духу свободу и силу прийти в себя и отрезвиться. Кто прельщен своею красотою и силою, того лишает красоты и держит в постоянном изнеможении. Кто упокоевается на своей власти и силе, того подвергает рабству и унижению. Кто много полагается на богатство, у того отнимается оно. Кто высокоумничает, тот посрамляется, как маловедущий. Кто опирается на прочность связей, у того они разрываются. Кто положился на вечность установившегося вокруг него порядка, у того он разоряется смертью лиц или потерею вещей нужных. Держимых в узах беспечности внешним счастием чем иным отрезвить, как не скорбями и несчастиями? И не для сего ли вся жизнь наша преисполнена бедствий, чтобы она споспешествовала намерению Божию держать нас в трезвенности?..

Все такого рода разорения опор беспечного самоугодия составляют повороты жизни, кои, потому что они бывают всегда нечаянны, действуют поразительно и спасительно. Сильнее всего в сем отношении действует чувство опасности за жизнь. Это чувство расслабляет все узы и убивает самость в самом корне; человек не знает, куда деваться. Такого же свойства и теснота обстоятельств или чувство всеобщего оставления. То и другое оставляет человека одного с самим собою, и от себя, ничтожнейшего, тотчас препосылает к Богу, или обращает.

bb) Вторые узы духа налагаются от мира и лежат поверхностнее тех. Мир, со своими понятиями, началами, правилами, вообще со всем своим порядком, возведенным в неизменный закон, налагает тяжелую, владычественную руку на всех своих чад; вследствие чего никто из них не смеет и подумать о восстании против него или отвержении его власти. Перед ним все благоговеют, с какою-то робостию держатся его правил и нарушение их считают как бы уголовным преступлением. Мира нет как лица, но дух его каким-то образом держится в свете, влияет на нас и связывает как узами. Очевидно, что власть его мысленная, воображаемая, а не действительная, не физическая. Следовательно, стоит только развеять сию воображаемую силу мира – и к нам близка будет возможность отрезвления от его обаяния. Так и действует Божие спасительное промышление о нас. С сею целью, оно:

Постоянно пред лицом мира и нами держит два других мира, святых, Божественных, и в них и чрез них представляя вниманию и даже давая ощутить лучшее, непрестанно твердит о пустоте мирской жизни и мирских надежд. Эти Божии миры суть: видимая природа и Церковь Божия. Опыт показывает, как нередко ум, отуманенный чадом мирским, отрезвляется созерцанием творений Божиих или вступлением в Церковь. Один зимою смотрел на дерево, стоявшее пред окном, и очнулся; другой, после шумной беседы, ощутив сладость душевного покоя в храме, оставил прежние обычаи и посвятил себя служению Богу. Природа видимая и храм Божий не только вразумляли и отрезвляли часто христиан, беспечных и грешных, но обращали даже язычников к истинному боговедению и богоугождению. Одной женщине пало на сердце слово осанна и сделало ее христианкою. Обращение наших предков окончательно утвердилось воздействием на них храма. Великомученицу Варвару (6 декабря) обратило от идолов к Богу созерцание красот видимых творений Божиих. Сила их и влиятельность зависят от того, что они утомленному, изможденному, обессиленному, умученному суетою мира духу живо и ощутительно представляют лучший, блаженнейший порядок жизни и, мгновенно изливая в него отраду сей жизни, вразумляют человека тем, что, предаваясь владычеству мира, он только терзает и мучит себя, что счастье сокрыто совсем в другом мире и что если теперь так мучительно содружество с миром, то чего должно ожидать после? Этим зарождается призыв к миру Божию и отрывание от мира суетного, кои, иногда в виде сильного порыва, а иногда постепенно, и совсем наконец исторгают дух человека из уз мира. Таким образом, природа и Церковь суть отгнатели, развеватели, оттиратели обаяний суетного и многопрелестного мира. Они того ради Господом и поставлены в такой с нами связи, чтобы тем чаще и непрерывнее действовать на нас, разительнейше представляя противоположность одной жизни с другою.

Второй способ благодатного исторжения из уз мира состоит в том, что благодатию Бога Всепромыслителя иному пред очи представляется на деле жизнь, совершенно противоположная той, в которой он движется. Сюда относятся особенно все обращения посредством мученичества, и примеров тому было бесчисленное множество. Иногда мученический подвиг одного обращал целые веси и города. Тут очевидно присутствие нравственной силы из другого, не нашего мира. Иногда, кажется, надлежало бы быть верному поражению, а нет его; мучимый остается непобежденным, благодушествующим, не знает, отчего и как. Мгновенное соображение сего и ударяет в ум и разгоняет в нем обаяние прежних порядков жизни. Сюда же относится обращение разбойника царем Маврикием, который, вместо казни ему, обошелся с ним милостиво, как с заслуженным человеком; обращение блудницы, которую одна мать просила помолиться и возвратить к жизни умершего единственного сына ее, и еще другой блудницы, пришедшей в раскаяние от одного воззрения на иноков, смиренно занявшихся молитвою и богомыслием, когда она в том же доме предавалась роскоши и разврату. И все обращения примерами жизни принадлежат сюда же. Сила действия их в том, что лицом к лицу видятся лица довольные и покойные, без удовольствий и успокоительных предметов, коими обильно обладая, другой не находит, однако ж, ни довольства, ни покоя. Отсюда разочарование и изменение жизни.

Третий способ отвлечения от мира есть посрамление его в лице чад своих. Иулиан[12] превозносится над всеми, свирепо восстает против христиан и грозит подавить их своею силою, но потом неожиданно падает. Это не только утвердило веровавших, но много и неверовавших обратило к Богу истинному. На святого Макария[13], по лжесвидетельству, восстает целое селение, бьет, терзает, налагает наказание: мир восторжествовал; но потом истина открывается, посрамляет всех и всех возвращает к благоговеинству и страху Божию. Сюда относятся все вразумления падениями и нечаемою смертью сильных и великих мира. Посрамление мира здесь унижает его пред лицом своих приверженцев, обличает его бессилие и тем, с одной стороны, отвращает от него, с другой – дает смелость противостать ему.

Нередко, наконец, мир сам теснит и гонит из себя как бы самим собою, именно тем, что не удовлетворяет или постыжает ожидания. Ищем счастья; в мире и есть только слава, честь, власть, богатство, утехи, – но ничто такое не удовлетворяет искателя. Рассудительный скоро замечает обман и берется за ум. В святых Божиих видим, что многие из них, рассмотрев суету и мятежность мира, удалялись от него и решительно посвящали себя Богу. Блудный сын, в притче, говорил: «аз же гладом гиблю» (Лк. 15,17). сс) Третьи узы духа идут от сатаны и духов его. Они невидимы и большею частью совпадают с узами самоугодия и мира, которые сатана своим влиянием укрепляет и чрез них держит ум в омрачении. Но есть нечто и непосредственно исходящее от сатаны. От него некоторая неопределенная робость и боязнь, мятущая душу грешника во всякое время, а тем более тогда, когда задумает он о добре. Это почти то же, что господин грозит слуге, когда тот начинает что-либо делать не по его воле и планам. От него разные лести духовные, как-то: у одних чрезмерная, без верных оснований, надежда на милосердие Божие, не отрезвляющая, а все более и более углубляющая в греховлюбие; у других, напротив того, отчаяние; у этого – сомнение и неверие; у того – самоуверенность и самооправдание, заглушающее всякое чувство раскаяния. Да, многое, многое прямо зависит от сатаны, хотя определить это трудно. Но и все греховное надо относить к нему, как к источнику, ибо он царь грешного мира. Одна из хитрых его уловок – скрывать себя, то есть наводить на грешников уверенность, что его нет, вследствие чего он и самовольничает с свирепостью в грешной душе, слагая греховные стремления, им внушаемые, на природу и располагая к ропоту на Бога, запрещающего будто бы естественное и повелевающего то, что выносить у них сил недостает. Вразумляющая

Божественная благодать нередко исхищала грешников из челюстей ада посрамлением сатаны. Она выводила его на позор и предавала посмеянию, обнажая его бессилие и глупость и разоблачая хитрости. Так постыжен он в лице Симона Волхва, в лице Киприана Антиохийского и многих других. Все такие случаи сопровождались обращением и вразумлением немалого числа ослепленных. Во дни Господа на земле бесы, источник неверия и сомнения, становились проповедниками веры. И святые мученики, силою всемогущего Бога, часто заставляли и отца и детей лжи говорить истину чрез кумиры в капищах. Такое раскрытие козней лукавого приводит грешника к уверенности, что он в злобных и вражеских руках, что его дурачат на зло ему самому, что обманно ведут каким-то мрачным путем к погибели и хотят порадоваться ею. Это неминуемо рождает чувство опасения за свое собственное благо, осторожность, подозрение, отвращение и к хитрецу, и к его изобретениям – порокам и страстям, и ко всей прежней жизни. Отсюда уже не далек переход к источнику истины, добра и блаженства – Богу.

Вот пути и способы, коими воздействует Божия благодать на дух человека, исторгает его из уз несвойственной ему жизни и лицом к лицу показывает другую, лучшую, ту, в которой его радость и покой. Но очевидно, что все они, сами по себе, неполны, будто не договаривают всего. Например, родилась жажда лучшего: но где это лучшее и как его достигнуть? Или потряс страх смерти и суда – что же делать, чтобы избыть[14] от беды? Так и во всех других случаях. Они немы: ко всем им должен быть приложен еще способ дополнительный и совершительный. Это слово, или проповедь. Слово Божие, в разных его видах, действительно и сопровождает все показанные способы, поясняя их и указывая последнюю их цель. Без него они оставляют еще человека в неопределенном некотором состоянии и, следовательно, не производят всего, что должно. Так Апостол Павел вразумлен небесным явлением. Но Господь не все совершил в нем здесь, а сказал: «Поди к Анании и он скажет, что делать» (см.:

Деян. 9, 6). Иустин Философ, Варвара великомученица, Иоасаф-царевич увидели ложь, но, чтобы познать истину, имели нужду в особых руководителях и истолкователях. Потому и поставлено у Господа Промыслителя законом: «всем всюду проповедывать, да покаются» (ср.: Деян. 17, 30). Вера от слуха, следовательно, «глаголом Божиим» (Рим. 10, 17). И сей глагол от Апостолов чрез их преемников возглашается теперь во всех концах земли. И вот существенная нужда оглашения – сказания общего, спасительного порядка Божия, необходимость общеизвестности лиц и места, куда должен обратиться за истолкованием возбужденный, чтобы не потерять напрасно возбуждения или чтобы не блуждать с ним по распутиям, истощая бесплодно силы и время. Катехизическое учение непрестанно должно быть слышимо (и, действительно, слышится) в Церкви. Верные стоящие будут чрез то более и более созидаться; падшие же и возбужденные тотчас будут иметь нелестного путеуказателя. Как многоценен долг священников благовременно и безвременно возвещать спасительные пути Божии, не полагаясь на общеизвестность, большею частию, предполагаемую!..

Но слово Божие не только восполняет все показанные способы, но и заменяет их. Оно возбуждает полнее и внятнее. По сродству его с духом нашим, также исходящим от Бога, оно проходит внутрь, до разделения души и духа, оживляет последний и осеменяет его к плодоношению дел жизни духовной (отчего слово и называется семенем). Возбудительная сила его тем значительнее, что оно действует разом на всего человека, на весь его состав – тело, душу и дух. Звук, или членосостав слова, поражает слух, мысль занимает душу, а невидимая, сокровенная в нем энергия касается духа, который, если вонмет, после того как слово благополучно пройдет и тело, и душу – эти грубые заставы, – возбуждается и, приходя в напряжение, разрывает держащие его узы.

Слово Божие показанными же способами и возбуждает; именно: или живейшим представлением сознанию Божественного порядка, или введением в него нашего духа, чрез разорение держащих его преград. Например, один старый слуга сказал в простоте больному своему господину: «Сколько ни бейся, батюшка, а придется умереть», – и тем возбудил его к покаянию. Другой прочитал под изображением распятого Господа: «Вот что Я для тебя сделал; ты же что для Меня?» и пробудился от усыпления. Святая Пелагия слышала о смерти, суде и горькой участи грешных и отстала от грешной жизни. Равноапостольный князь Владимир обращен описанием всего Божественного порядка, начиная с сотворения мира до конца всех вещей, Страшного Суда и вечной участи добрых и злых. Да и вообще проповедь святых Апостолов, а по их следам и всех проповедников Евангелия, состояла в простом, без умствований, представлении истины. Святой Апостол Павел говорит о себе, что его слово и проповедь были не в убедительных человеческой мудрости словах, а в простом сказании о деле спасения чрез Господа нашего Иисуса Христа, на кресте распятого (см.: 1Кор. 2,2–4). И это, можно сказать, естественнейший способ действования чрез слово изображать истину, как она есть, не заграждая ее умственными соображениями и особенно предположениями о вероятностях. Истина сродна духу. Просто и искренно высказанная, она найдет его; обставленная же образами, офигуренная и разукрашенная, останется в фантазии; загроможденная соображениями и доказательствами, задержится в рассудке или душе, не достигая духа и оставляя его праздным. Можно сказать, что вся неплодность проповедания зависит от умствований, которыми набивают его. Но разъясни истину просто, раскрой, в чем она, – и дух будет побежден. Еврей читал Евангелие – и обратился, ибо узрел истину в простом Евангельском сказании. Вообще, множество вольнодумцев обратилось живым сознанием Божественных вещей, по указанию слова Божия – живого или писанного. Истина рассеивает мрак суетных помышлений, освежает душу, освещает дух. Можно бы с великою пользою употреблять почасту, в общих разговорах, краткий пересмотр того, как все началось, чем кончится и почему.

С другой стороны, силою слова нередко разоряются преграды духа и дается ему свобода. Так, святой Антоний Великий услышал слово о ничтожности благ земных – и все оставил. Один юноша прослушал проповедь о блудном сыне – и покаялся. Изображением суетности житейской и мирской многие святые, уже на брачном ложе, склоняли своих супругов к беспорочной, чистой жизни. Вообще, представление Божественного порядка – с одной стороны, и раскрытие разных очарований – с другой, исполняют душу полнотою спасительного ве́дения, или ясным и убедительным знанием спасительного пути, против которого редко может устоять упорство сердца. Очень многие, если не действуют, как должно, с напряжением, а остаются в усыплении и беспечности, то потому, что не знают спасительных истин или неполно знают. Полнота знания победительна, ибо тогда некуда укрыться лукавому сердцу.

В силу сей всеобъемлющей общегодности к пробуждению грешников слово Божие на земле ходит и до слуха нашего доходит многообразно. Оно неумолчно слышится в храмах, на всяком богослужении, и вне храмов, во всяком чине церковном; оно в пениях и песнях церковных; оно в проповедях отеческих и во всякой душеполезной книге; оно в душеспасительных беседах и ходячих изречениях назидательных; оно в школах, картинах и всяком видимом предмете, представляющем духовные истины. Судя по сему, мы объяты словом Божиим, оглашаемся им со всех сторон. Отовсюду идут к нам гласы трубные на разорение твердынь греха, как стен иерихонских. Во всех сих видах своих слово Божие уже показало и постоянно показывает свою победоносную над сердцем человеческим силу. Надлежит только заботиться, чтобы пути, коими расходится слово Божие, были хранимы и непресекаемы, – чтобы не умолкала проповедь искренняя, чтобы богослужение совершалось по чину и в назидание, чтобы иконописание было здраво и свято, пение трезвенно, просто и благоговейно. Исполнение сего лежит на служителях алтарей. Они потому суть в руках Промысла Божия самые необходимые и самые могущественные орудия к обращению грешников. Надобно им сознать сие и не молчать не только в храмах, но и в домах, всяким случаем пользуясь – то изобразить в слове мир Божий, то раскрыть обольщения нашего духа призраками душевно-телесности[15].

5. Обыкновенный порядок стяжания дара возбудительной благодати

Замечено уже было, что в разнообразии действий благодатных возбуждений особенного достоин замечания тот образ действия ее[16], какой употребляет она в отношении к грешнику, уже испытавшему сии возбуждения и опять отпавшему в грех, решительным падением в обычные свои смертные грехи. Чем чаще повторяются сии отпадения, тем слабее становится возбуждение, потому что к нему сердце как бы привыкает, и оно переходит в ряд обычных явлений душевной жизни. Вместе с таким умалением оно из чувства энергического, каким характеризуется в настоящем своем виде, все более и более приближается к мысли и наконец переходит в одно простое помышление и воспоминание. Это помышление до поры до времени принимается с согласием, потом только терпится, хотя без неудовольствия, но холодно, без особого внимания, а затем уже становится докучливым, его спешат поскорее сбыть и, наконец, от него чувствуют неприятность и отвращение; его уже не любят, а ненавидят, преследуют, гонят. Соответственно сему падает убеждение в необходимости лучшей духовной жизни; сначала необходимость сия представляется только вероятною; далее закрывается сомнениями, в виде вопросов о разных сторонах своих; еще далее ненужность и излишность ее становится более чем вероятною; наконец, внутри полагается решение: «Живи, как живется, и так можно прожить; все другое – излишние хлопоты». Здесь человек приходит в глубину зол и нерадит, – состояние, сходное с состоянием и того, кто ни однажды не принимал возбуждения.

Очевидно, что спасение последнего в крайней опасности. Велико Божие милосердие, но и оно, может быть, не возможет уже сделать с ним ничего, как с землею, многократно пившею сходящий на нее дождь и неплодоносною, которая стала «клятвы близ» (Евр. 6, 8). И вот это-то последствие от неустояния в порядке жизни, требуемом благодатными возбуждениями, особенно надобно напечатлеть в памяти тем, кои нуждаются в нем. Правда, Божественная благодать не связывается в своих действиях подобными измерениями и определениями, но бывает, что и согласуется с ними. Потому, хотя не должно отчаиваться в возможности обращения и спасения, сколько бы слабо ни было призывание на возврат к доброй жизни, однако же всегда с робостью и боязнию должно помышлять о своем положении при такой слабости. Не ниспали ль мы до последней возможности принимать благодатные возбуждения? Не преградили ль все пути всежелательной нашего спасения Божественной благодати действовать на нас? Не последние ли это приближения ее к нам с целью образумить нас и положить конец безобразию жизни нашей? Посему, коль скоро подобные призывания слабы, надобно спешить воспользоваться ими со всею твердостию намерения, хотя более рассудочного, и усилить их, сколько это дано свободе человека. Очевидно, такое усилие будет не что иное, как разверстие себя для призываемой и искомой благодати, разверстие, ибо в прежние падения более и более ожестевали мы и закрывались для благодати то в той, то в другой части. Оно будет совершаться преданием себя благодати тем путем, какой будет сейчас указан к восхождению до энергии первовозбужденного, ибо должно думать, что последняя будет расти вместе с тем, как будет приниматься тот или другой предмет к раздражению усыпленных духовных движений. Таким образом, тогда, как у первовозбужденного все совершается ретиво, быстро, огненно, – у последнего дело идет холодно, неспешно, многотрудно. Его будто оставляет благодать себе самому, чтобы дать почувствовать, как драгоценно неизменное послушание Богу зовущему, и поселить расположение дорожить Божиими пособиями. Желание при сем хранит Господь, отрешение же не вдруг подает, а держит человека посреди, в томлении, не склоняя будто ни туда, ни сюда, чтобы испытать усердие и образовать желание и обещание постоянства. Затем испытанного уже и отрешает.

Этими немногими чертами имели мы в мысли различить два образа действий Божией благодати, из которых об одном Господь говорит: «Се, стою при дверех и толку» (Апок. 3, 20), а о другом: «...ищите, и обрящете; толцыте, и отверзется вам» (Лк. 11, 9). Первый образ нами описан; относительно второго предлежит вопрос: как искать и во что толкать?

В чрезвычайных случаях благодать Божия оказывает свое действие быстро и решительно, как видим, например, на Апостоле Павле, Марии Египетской и прочих, но в обыкновенном порядке обращений большею частию бывает так, что приходит человеку только мысль – переменить жизнь и стать лучше в своих делах и внутренних расположениях. Приходит мысль – но как много надо придать ей, чтобы она возобладала над душою! Большею частию такого рода благие помышления остаются бесплодными, не по своей, однако ж, вине, а по недолжному отношению к ним тех, чью душу посещают они.

Первая и главная в отношении к ним погрешность та, что их оставляют неисполненными, отлагают день ото дня. Отлагательство – общий недуг и первая причина неисправимости. Всякий говорит: «Еще успею», – и остается в старых порядках привычной недоброй жизни. Итак, пришла благая мысль исправиться – ухватись за нее, займись тем, чего ради она послана к тебе, и с сею целью прежде всего гони отлагательство.

1) Гони отлагательство. Не позволь себе сказать: завтра или когда-нибудь после, займусь этим, а сейчас же приступи к делу. Возьми в орудие себе здравое рассуждение и помощию его:

Живее вообрази неразумие, безобразие и опасность отлагательства. Говоришь: «после», но после будет труднее это сделать, потому что сам больше привыкнешь к греху и больше сделаются запутанными обстоятельства и связи твои греховные. Но какой смысл опутанному больше и больше себя опутывать и держать на уме, что и при этом после распутаться ему будет так же легко, как и теперь? Уж если сознаешь, таким оставаться тебе нельзя, каков ты теперь, что мешкаешь? Ведь, наконец, Бог может сказать: «Был ты мне в сытость» (ср.: Ис. 1, 14), и сам можешь зайти за черту, из-за которой нет возврата. А это такого рода беда, для избежания которой нет труда, которого основательно можно было бы пожалеть. Если добросовестная мысль озаботится представить все это отчетливо и живо, то все главные деятели души отвратятся от отлагательства, внутри не будет за него заступника. Увидишь, что оно вражески относится к тебе, и сам взглянешь на него неприязненно.

Отлагаем оттого, что благая мысль, посетившая нас, стоит в нас еще только как мысль, еще не привлекла сочувствие, не движет желания. Она, среди других наших интересов, явилась, чуждая гостья, манит издали, действует не впечатлительно. Провесть ее дальше в глубь души и указать ее цену и привлекательность – твое уже дело. Итак, поставь ее на первом плане, вообрази ее правоту, покажи радость и высоту, какие она обещает, уверь себя в легкости ее исполнения. Благая мысль действует слабо и не привлекает сердца оттого, что есть другие планы в голове, есть предметы интереснее, по указанию предзанявших тебя влечений. Так вызови же на среду и сличи беспристрастно. В сравнении с тем, что представляет благая мысль, ничто устоять не может; все отодвинется на задний далекий-далекий план. Указуемое благою мыслию останется одно и, как единственно ценное и прекрасное, привлечет.

Недугуем отлагательством наиболее оттого, что в эту пору позволяем ослабеть в себе энергии, поблажаем лености, вялости, сонливости, нерешительности и в мысли, и в деятельных силах; так можно взять себя и с этой стороны, поживее представив себе, как унизительно попускать это в обыкновенных делах, тем паче в самонужнейшем деле спасения, – что во всем должно оказывать себя живым и быстродеятельным, стыдно допускать противное, стыдно отлагать до завтра то, что можно и должно сделать сегодня.

Такими и подобными приемами гони отлагательство. Как кто сумеет это сделать, только сделай. Пришла благая мысль – уговори себя не отлагать исполнение ее, расположи и заставь себя сейчас же начать действовать по указанию ее. Кто отложил дело до следующих дней, тому сегодня нечего предлагать дальнейших советов.

Но полагаем, что благая мысль принята и заняла внимание. Теперь надобно поспешить довесть ее до такой меры возбужденности, на которой она сильна будет стать рычагом, легко и сильно приводящим в движение все внутреннее наше. Для сего надо дать ей простор пройти внутрь, а для этого надлежит делать над собою, скажем так, некоторые операции, как самое нужное и самое действенное приготовление к возбуждению.

Операции сии должны быть противоположны тем тонким сетям, или тому порядку расположений, коими задерживается человек в грехе. Грех опутывает душу многими сетями или скрывает себя от ней многими покровами, потому что и по себе он безобразен и с первого раза мог бы оттолкнуть от себя. Самый глубокий и ближайший к сердцу покров составлен из самообольщения, нечувствия и беспечности; выше над ним, ближе к поверхности, лежат рассеянность и многозаботливость главнейшие деятели, скрывающие и питающие грех и греховные обычаи и порядки; самый верхний покров – это преобладание плоти, покров, более других видный, не менее, однако ж, их сильный и значительный.

Первый покров есть существенный покров. Он производит то, что человек не видит опасности своего положения и не желает переменить его. Последние два суть только орудия; ими лишь обнаруживается и поддерживается то греховное состояние. Когда приходит Божественная благодать, она, проходя «до разделения души и духа», прямо ударяет в первый покров и разрывает его. Под ее действием человек грешный тотчас становится обнаженным и стоит пред своим сознанием во всем безобразии. Но когда человек только еще сам ищет благодатного возбуждения, ему надобно начать действовать совне и простираться внутрь.

Итак, хочешь ли как следует заняться объявшим тебя помышлением о перемене недоброй жизни, – начинай снимать с себя греховные покровы, как снимают слои земли, чтобы открыть сокрытое там.

Прежде всего возьмись за тело. Откажи ему в наслаждениях и удовольствиях, стесни удовлетворение самых естественных потребностей; продли час бдения, умали обычную меру пищи, приложи к трудам новый труд. Главное, как хочешь и как можешь, облегчи плоть, утончи ее дебелость. Этим душа высвободится из связности веществом, станет подвижной, легче, приимчивее для впечатлений добрых. Вещественное тело, преобладая над душою, сообщает свою неподвижность и холодность. Подвиги телесные ослабляют эти узы и устраняют следствия их. Правда, не всякий грешник живет невоздержно и поблажает телу, но едва ли найдется лицо из обычно живущих, которое не имело бы в чем отказать телу, когда на сердце западает желание спасения. А цель много значит: она совсем изменяет действия. Что прежде делал ты по обычаю или в пользу своих занятий, начни то делать теперь, с некоторыми, конечно, переменами и прибавками строгости, спасения ради, и осязательно ощутишь разность.

Тело обременяет душу совне; заботы и расхищение мыслей томят ее внутри. Допустим, что смирена уже плоть, – этим сделан первый шаг; но две заставы отделяют душу от себя самой.

Заботы не оставляют времени заняться собою. При них одно дело в руках, а десятки в голове. Оттого они гонят человека все вперед и вперед, не давая ему возможности осмотреться и взглянуть на себя. Итак, отложи на время заботы, все без исключения, отложи только на время; после опять возьмешься за обычные дела, только теперь прекрати их, выкинь их из рук, выбрось их и из мысли.

Но и тогда, как заботливые дела прекращены, смятение еще надолго остается в голове: мысль за мыслию, то в согласии, то одна другой наперекор; душа рассеяна, ум шатается в разные стороны и тем самым не дает установиться в себе чему-либо постоянному и твердому. Собери же рассеянных чад своих воедино, как пастырь собирает стадо или как стекло рассеянные лучи, и обрати их на себя.

Желание углубиться в себя и заняться собою, пресечением рассеяния мыслей и заботливости, потребует, конечно, как неизбежного средства, с одной стороны, уединения, с другой – прекращения обычных занятий, и житейских и должностных; прежде же указанное смирение плоти потребует изменения в порядке удовлетворения естественных потребностей. Судя по сему, самым удобным временем к тому, чтобы устроить перемену своей жизни, должно счесть время поста какого-нибудь, особенно же Великого. Тут все к тому преднастроено – и дома, и в церкви, и даже в обществе. На это время все и смотрят, как на приготовление к покаянию. Однако ж из этого не следует, что, когда пришла благая мысль о перемене жизни, исполнение ее надо отлагать до наступления поста. Все требуемое при сем может быть исполнено и во всякое другое время кроме поста. Но уж, конечно, когда пришел святой пост, грех пропустить его, не позаботясь о спасении души, как пропускается другое время. Кому придет спасительное помышление о перемене жизни не во время поста и кто находит к приведению его в исполнение какие-либо помехи в своем быту, тому лучше всего удалиться на время в какую-либо обитель. Там удобнее совладать с собою.

Вот ты стоишь теперь у своего сердца. Пред тобой твой внутренний человек, погруженный в глубокий сон беспечности, нечувствия и ослепления. Начинай будить его. Пришедшая благая мысль уже потревожила его немного. Приступи же тем с большею благонадежностью и сильнейшим напряжением мысли, собрав все свое внимание, начинай наводить на себя разного рода представления, более или менее сильные и поразительные, применяя, однако ж, их к внутреннему своему состоянию.

Прежде всего снимай с очей ума твоего покровы, содержащие его в ослеплении. Если человек не отстает от греха и не бежит от него, то это наиболее оттого, что не знает себя и той опасности, в какой находится ради греха. Если бы ему открылись очи, то он побежал бы от греха, как бежит из дома, объятого огнем. Такое ослепление происходит и от невнимания к себе: человек не знает себя потому, что никогда не входил в себя и не думал о себе и своем нравственном состоянии; но большею частью ослепление поддерживается некоторыми определенными предубеждениями относительно себя. Человек сам по себе составляет некоторую сеть помышлений, систематически закрывающих его от себя самого. Пусть сии помышления – сеть паутинная, только самые легкие вероятности, – но уму некогда с отчетливостью разобрать их; а тут за их действительность и истину так громко говорит сердце. Это собственно наши нравственные заблуждения или предрассудки, происходящие от вмешательства сердца в дела разума. Вот почему к глубокому вниманию надобно присоединить с сей минуты еще некоторую трезвенность, отстраняющую всякую лесть сердца лукавого. Пусть с этой минуты, если что нужно чувствовать сердцу, оно чувствует под влиянием представлений ума, а не само по себе, как бы забегая вперед, иначе оно опять заставит разум представлять вещи по-своему, опять подчинит его себе, опять внесет беспорядок в понятия и, вместо просветления, еще в большее повергнет ослепление.

Поставив теперь себя в такое положение, начинай изводить на средину разные помышления, держащие тебя в ослеплении, и подвергай их строгому и нелицемерному суду.

«Я христианин», – говоришь ты и успокаиваешься на этом. Вот первая лесть – перенесение на себя преимуществ и обетований христианских, без заботы об укоренении в себе истинного христианства, или усвоение имени того, что может лежать и держаться только на силе и внутреннем достоинстве. Объясни же себе, что обманчива надежда на имя, что Бог может и из камений воздвигнуть чад Аврааму и во всякое время отменит Свои обетования, коль скоро не исполняются условия к участию в них. Главное, уясни себе, что значит быть христианином, сличи себя с сим идеалом, – увидишь, насколько основательна эта опора твоего ослепления.

«Да ведь мы не из последних; знаем кое-что, и если обсудить что возьмемся, сумеем обсудить, и дела свои ведем не наобум и не без такту, как другие». Так иные прельщаются душевными своими совершенствами. Другим, напротив, лезут в глаза телесные совершенства – сила, красота, род. Те и другие тем резче ослепляются, чем выше мы стоим над всеми в окружающей нас среде. Уверь же себя:

Что естественные совершенства и вообще не имеют цены нравственной, потому что они не наше приобретение, а дарованы нам Богом; тем паче в христианстве все естественное не ценно по причине порчи естества в падении. Освяти свое добро верою во Христа Спасителя и жизнию по сей вере, тогда и посмотри на него, как на добро.

Опять – все ли сделано тобою, что можешь и должен ты сделать по твоим дарованиям? Ты большему подлежишь ответу, потому что тебе больше дано. Не о способностях дело, а об их употреблении. Укажи, что приобрел ты ими? Соответствует ли прибыток употребленному расходу?

Про телесные или какие-либо случайные преимущества нечего и говорить. Святой Златоуст в одном месте выставляет человека, который хвалит другого за то, что он хорош собою, статен, богат, имеет хороший дом, ездит на отлично убранных лошадях и прочее, и потом обращается к нему с такою речью: «Что ж ты мне ничего не сказал про него самого? Все, что ты говорил, не есть он».

А на других смотреть нечего; пусть они сами по себе. Всякий за себя будет давать отчет. Ты на себя посмотри и, отрезав себя от других, себя только одного суди без сравнения с другими. Или если уж сравниться хочешь с кем-нибудь, то сравни себя со святыми угодниками. Они суть живой закон христианский, или живой образец спасающихся. По ним, если станешь судить себя, не ошибешься.

«Мы не так еще худы: кажется, не безобразничаем, и другие смотрят на нас не как на худых, не лишают своего уважения и внимания, – и притом не простые только, но и из важных особ». Самого густого мрака покров ослепления благовидностью внешнего поведения и внешних отношений! Уясни себе повпечатлительнее, что внешнее не ценно без внутреннего. Внешняя исправность поведения – листья; внутренние добрые расположения – плод. Смоковница листьями обещала плоды, но Спаситель, не нашедши их на ней, проклял ее. Таков же пред лицем Его и всякий внешне исправный, без искренне доброго и богобоязненного сердца. «Сыне, даждь ми сердце», – говорит Господь у Премудрого (Притч. 23, 26). Из сердца как все доброе, так и все злое. Каков ты в сердце, таков ты пред лицем Господа. Если ты горд в сердце, то как ни смиренничай наружно, все Господь видит тебя гордым. Так и во всем прочем. А суд других – обманчивая лесть. Другие не знают нас, а относятся к нам хорошо, или предполагая нас добрыми, или подчиняясь закону приличия. Не бывает ли так, что те, кои около нас и видят худо в нас, но не намекают нам о том по своим причинам? Не бывает ли и таких опытов, что иные, видя худо в других, похваляют их за то и тем возбуждают некоторый дух молодечества в художелании; и неразумный вниматель их пошел без остановки все глубже и глубже во зло и худобу, ибо когда видит человек в окружающих улыбку удовольствия от дел своих, то остается во зле с некоторым самодовольством. Не потерпеть бы и нам чего подобного, если так чутко будем прилагать ухо только к суждениям о нас других!..

«Но пусть и худо есть во мне – будто я один таков? Таков же и тот-то, и тот-то, даже и вот кто. Да мало ли можно найти таких, которые худы, еще хуже меня...» Ослепляем себя обычностью греха вокруг нас. Уясни же себе, что множество грешащих не изменяет закона правды и не избавляет никого от ответственности. Бог не смотрит на число. Хоть все согрешили, всех и накажет. Сколько народилось людей до потопа, а все погибли, кроме осьми душ, а с Содомом и Гоморрой пять городов пожрал огнь с неба, и никто не спасся, кроме Лота с дочерьми. И в аде мучения не легче будут оттого, что много там окажется мучимых; напротив даже, не усилятся ли там вместе с тем страдания каждого? Такими и подобными рассуждениями спеши разогнать мрак предрассудочных помышлений, держащих тебя в ослеплении и не дающих тебе взглянуть на себя как следует. Целью сей первой работы над собою поставь – привести себя в сомнение и колебание относительно безопасности своего состояния. Ты дойдешь до сего естественно, когда одну за другою начнешь отнимать опоры, на которых ложно утверждается наше ослепление, мало-помалу начнешь разрушать пустые надежды на себя и что-либо свое, мало-помалу станешь разбивать «непщевания вины о гресех», то есть склонность всегда и во всем себя оправдывать. Уверь себя, что христианство твое ни во что, если ты худ, что совершенства твои больше обличают, чем оправдывают тебя, что исправность твоя внешняя есть лицедейство богоненавистное, при неисправности сердца, что ни похвалы других, ни широкость товарищества в художестве не укроют тебя от Божия суда и гнева. Мало-помалу будешь обособляться в мысли и становиться одним – один пред взором ума и совести, которая подаст сильный голос против тебя, особенно после того как, сличив себя с тем, каким тебе подобает быть во Христе, найдешь, что ты далеко отстал от своего первообраза. Вследствие сего, если сознание твое не будет лукавить пред собою, естественно тебе оробеть за себя. Отрезанный как бы от всех и всех опор лишенный, ты должен будешь поразиться чувством безнадежности и опасения за себя. Всячески до сего именно предела должен ты доводить помянутую работу над своим ослеплением. Возрождение сего чувства есть всегда преддверие бегства греховного, как на войне колебание рядов вражеских есть знак скорого их обращения в бегство.

Коль скоро произойдет таким образом хоть легкое движение чувства своей греховности и опасности оставаться в ней, углубись еще больше в себя и еще с большим напряжением мысли поражай себя какими-либо грозными и отрезвляющими представлениями; потрясай и умягчай ими нечувственное сердце свое, как тяжелый молот умягчает жесткий камень.

Помяни последняя твоя. Говори себе: «Увы, скоро смерть». Один, другой умирает около тебя; вот-вот ударит и твой час. Не отдаляя от себя часа смертного, внуши себе, что уже послан Ангел смерти, идет, приблизился. Или вообрази себя человеком, над головою которого меч, готовый поразить его. Затем живее представь, что будет с тобою в смерти и после смерти. «Суд при дверех». Тайная твоя обличатся пред Ангелами и всеми святыми. Там, пред лицом всех, будешь ты один с делами твоими. От них или осудишься, или оправдишься. А что – рай, и что – ад?.. В раю – блаженство, которого описать нельзя; в аде – мука без отрады и конца; на нем печать решительного отвержения Божия. Восприими все это в чувство и понудь себя побыть в нем, пока не исполнит тебя страх и ужас.

Обратись потом к Богу и поставь себя, оскверненного и обремененного многими грехами, пред лицем Его, вездесущего, всеведущего, всещедрого, долготерпеливого!.. Еще ли будешь оскорблять око Божие мерзким видом своим греховным? Еще ли будешь обращать неблагородно хребет к ущедряющему тебя всесторонне? Еще ли будешь затыкать уши пред отеческим гласом, милостиво призывающим тебя? Еще ли будешь отвращать руку, простираемую к приятию тебя?.. Восприими в чувство эту несообразность и поспеши возбудить и укрепить в себе жалость и печаль по Боге.

Помни притом, что ты христианин, искуплен Кровию Христовою, омыт водою крещения, приял Духа Святаго, бываешь на Трапезе у Господа и питаешься Плотию и Кровию Его. И все сие попрано тобою греха ради, разрушающего тебя!.. Взойди мысленно на Голгофу и пойми, чего стоят грехи твои... Ужели и еще будешь уязвлять главу Господа терниями грехов твоих? Еще ли будешь пригвождать Его ко кресту, прободать ребра Его и издеваться над долготерпением Его? Или ты не ведаешь, что, греша, участвуешь в мучении Спасителя и разделишь за то участь мучителей, а если бросишь грех и покаешься, то причастишься силы смерти Его? Избирай одно из двух: или распинать и вечно гибнуть, или сраспинаться и живот с Ним вечный наследовать.

Рассуди далее, что такое грех, к которому ты так льнешь. Это зло, бедственнейшее из всех зол, оно отдаляет нас от Бога, расстраивает душу и тело, предает мучениям совести, подвергает казням Божиим в жизни, в смерти и по смерти, ввергает в ад, заключая рай на веки. Какое чудовище любим!.. Восприими в чувство все злое от греха и напрягись возгнушаться им и отвратиться от него.

Посмотри, наконец, на грех со стороны диавола, первого его производителя и размножителя, и рассмотри, кому работаешь ты грехом. Бог все для тебя и делал, и делает, а ты не хочешь угождать Ему; диавол ничего для тебя не делает и только тиранит тебя грехом, а ты охотно и неутомимо работаешь ему. Ты дружествуешь с ним чрез грех, а он злобствует к тебе чрез него. Манит к греху обещанием сласти от него; впадающих же в грех мучит и терзает им. Здесь внушает, что грехи – ничего, а там будет выставлять их в наше обличение, как важные пункты. Он трясется от злобной радости, когда кто попадается в сети греха и остается в них. Сообрази все сие и возбуди в себе неприязнь к этому человеконенавистнику и делам его.

Когда таким образом будешь втеснять в сердце одно за другим сокрушающие и умягчающие чувства — то ужас и страх, то печаль и жалость, то отвращение и ненависть, — оно будет мало-помалу согревать и приходить в движение, а за ним начнет приходить в движение и напрягаться расслабленная воля. Как струи электричества сообщают телу некоторую напряженность и возбужденность или как утренний, чистый и прохладительный воздух сообщает некоторую свежесть и подвижность, так и чувства сии, исполнив душу, возбудят уснувшую ее энергию, возродят позыв и готовность действовать для выхода из опасного своего положения. Это будут первые начатки деятельного попечения о спасении своем. Спеши же с сей минуты еще решительнее.

2) Гнать сон беспечности. Расслабла воля на добро долгим пребыванием в грехе, — собирай теперь вокруг нее такие помышления, которыми обыкновенно возбуждается энергия: представь на стороне добра спасительность, высоту, общегодность, легкость исполнения и удаления препятствий, отраду, сейчас готовую, и главное — необходимость; на стороне же греха — все противоположное сему; подольше и поискреннее потолкуй это себе, пока расшевелишь себя и приведешь в бодренное напряжение, готовое тотчас приступить к делу. Говори душе своей:

Ведь одно из двух: или вечно погибать, если так останешься, или, если не хочешь этого, то покайся и обратись ко Господу и заповедям Его. А медлить чего ради? Чем дальше, тем хуже. Блюдись при том, ведь смерть при дверях.

Много ли труда? Только начни, только подвигнись. Господь близ, и всякая помощь от Него готова тебе.

А благо какое!.. Сбросишь это бремя и эти узы, вступишь в свободу чад Божиих.

Что мучишь ты себя, как враг какой? Ни днем ни ночью не видишь покоя. Всюду смятение и тревога. Только один сделай поворот внутри, и все это исчезнет, увидишь отраду жизни.

Посмотри, все уже пошли ко Господу... и тот обратился, и другой, и третий. Ты что стоишь? Иди! Разве ты хуже других?

Все вокруг тебя живет и все призывает тебя к жизни. Бог несть Бог мертвых, но Бог живых. Приобщись и ты к живущим Его жизнью. Иди, пей из источников воды живой.

Энергия расслабевшей воли всегда возбуждается, когда поставит себя человек между крайностями – или гибнуть, или изменить жизнь. Чувство самосохранения тотчас начнет возбуждать на дело. Укажи после сего, сколь великое благо ожидается от перемены жизни на лучшее, как легко это сделать и как ты способен к тому и призван, и все средства имеешь под руками; как все добрые, и на земле и на небе, будут обрадованы, вступят в общение с тобою, на руки тебя возьмут, и пойдет радость в общей жизни со всеми живущими о Христе Иисусе Господе нашем, – укажи все это, и воспрянет ослабшая воля, исправятся расслабленные колена твои.

Так трудясь над собою, больше будешь прогонять свое ослепление, нечувствие и беспечность. Но трудись, и трудись не ослабевая. Есть лукавство в грешной душе, что она всячески уклоняется от труда по делу спасения. Приди, возьми и понеси ее; поперечить не станет – ей лишь самой потрудиться не хочется. В твоем внутреннем никто господином быть не может, кроме тебя самого. Сам войди в себя и сам себя ломай, поражай, вразумляй; сам с собою веди дело пред лицем Бога; сам себя уговаривай и убеждай. Посему-то в деле обращения рассуждение с самим собою, можно сказать, единственная к тому дверь. Уж если сам собою не рассудишь и не обдумаешь, как быть, кто за тебя это сделает? Оттого и говорится тебе: «О том рассуди, то представь, в то и то вникни».

Судить по сему можно, какое великое благо для грешника, если развращение его не успело еще погасить в нем совсем света ве́дения истины. Пусть нрав испортился, пусть чувства нечисты, но если держатся в душе здравые понятия, – все еще есть за что взяться тому, кто стал думать о спасении. Когда же и их не станет, когда развратится и ум – или падет в сомнение, потеряет убеждение, или примет совсем превратные учения, – тогда нечем уже действовать человеку на себя, тогда надо уже признать, что от ног до главы нет в нем целости. До такого, впрочем, состояния редкие доходят. И те, кои доходят, если есть для них возможность обращения, обращаемы бывают чрезвычайными и поразительными действиями благодати Божией. Большая же часть грешников не теряют веры, или образа здравых, по Апостолу, словес, а только нравственно развращаются. Таковым достаточно возочистить забвением потемненные понятия и восставить ослабевшее убеждение в них – от невнимания и небрежения о всяком вообще добре. Сядь и сам все просмотри, чему должен ты веровать, как жить и чего надеяться, по Символу веры и заповедям Господним. Если затрудняешься, просмотри в катихизисе; если и этого не можешь, переговори с кем-либо, ближе же всего с духовным отцом твоим. Когда это сделаешь, победоносно восстанет в тебе царственная истина – и начнет со властию теснить овладевшую тобою неправду дел, расположений и чувств. Легко тогда будет твоему рассуждению – и ослепление свое разоблачать, и нечувствие поражать, и беспечность прогонять.

Когда столько указывается предметов, о коих надо рассудить с самим собою, то не следует думать, будто это могут выполнить только ученые. Рассуждение с самим собою о спасении всякий может вести, даже дитя. Это не то, что ученое рассуждение. Всякая приведенная на мысль истина сама тотчас внушает, чего она требует. Будь только добросовестен и возроди искреннее желание добра себе, с готовностью последовать указаниям истины[17].

Но всячески рассуждение свое надо так вести, чтобы оно было приспособлено к цели – действовать на душу и возбуждать. Для сего:

Когда рассуждаешь, то не умствуй, задаваясь разными вопросами, но, уяснив себе предмет, поставь его к сердцу тою стороною, какая, чаешь, будет впечатлительнее, и созерцай его так.

Не перебегай скоро от одной мысли к другой – это скорее рассеет, чем соберет и окажет какое-либо действие на душу. И солнце не согрело бы ни одной твари на земле, если бы пробегало по лицу ее мгновенно. Мерою рассуждения о том или другом да будет сочувствие. Всякую мысль доводи до чувства и до тех пор не отступай от нее, пока не проникнет она в сердце.

Если можно, не оставляй мысль голою, в одной, так сказать, рассудочной форме, а облеки ее в какой-либо образ и носи его потом в голове, как постоянного возбудителя. Всего лучше, если можно в одном образе сосредоточить несколько поразительных представлений. Так, святитель Тихон, чтобы напечатлеть в уме грешника мысль об опасности его положения, вот что говорит: «Над тобою – меч правды, под тобою – ад, готовый пожрать тебя, впереди – смерть, сзади – множество грехов, по правую и левую стороны – толпы злобных врагов: тебе ли быть в беспечности?..» Образ легче вспоминается и держится в уме, действует сильнее и впечатлительнее.

Прибери краткие, но сильные изречения, применительно к твоему состоянию, и потом чаще повторяй их в себе умственно или внешним словом. Например: «Позна вол стяжавшею, и осел ясли господина, а ты? Или о богатстве благости и долготерпения нерадиши?.. По жестокости твоей и нераскаянному сердцу собираешь себе гнев в день гнева и праведного суда Божия. Бди, не веси бо, когда Господь приидет. Се ми гроб предлежит, се ми смерть предстоит. Камо пойду от Духа Твоего и от лица Твоего камо бегу? – Оброцы греха смерть. Враг, яко лев, рыкая, ходит. Дай отчет о приставлении домовне; емуже дано много, много взыщется от него; раб, ведевый волю господина, биен будет много; помяни, откуда ниспал еси» и прочее. Собери и запомни такие изречения и бей ими твое сердце. Может быть, какое-либо из них станет огненною стрелою, которая поразит и разжжет.

С одним рассуждением, однако ж, не оставайся, а перемежай его молитвою. Ведь мы то же теперь делаем, как и тогда, когда хотим вырвать дерево, вросшее в землю. Подходим и колышем, напрягая силу рассуждения с самим собою, себяуговаривания, себяубеждения. Колышем, а вытащить не можем – глубоко вросли корни. Нет в нас потому силы, нет силы и подрезать эти корни. Вот и ищи помощи!

Во время ли рассуждения падет какое чувство на сердце или так возбудится какое умиление – встань и молись. Молись, чтобы Бог освятил твой труд над своим окаменелым сердцем, чтобы какой-нибудь твоей мысли дал силу, разрушающую и созидающую, или Сам пришел бы и умягчил, пробудил, уязвил.

В молитве сей сам молись; изреки то, что на душе, и свою кровную нужду открой благонадежно словом простым, детским, кратким, а лучше и без слов, так припадай к Богу в болезненном к Нему обращении.

Не умствуй, не сочиняй молитв. Приступи в простоте, с одною нуждою своею, как больной к врачу, как связанный к освободителю, расслабленный к восстановителю, с искреннею исповедью немощи своей и бессилия одолеть себя и с преданием себя Божию вседействию.

Падай ниц, клади поклоны – многие, многие, бей в перси. И не отходи от молитвы, пока движется молитва. Охладеет молитва, берись опять за размышление, а от сего опять переходи к молитве.

И для молитвы, как для рассуждения, прибери краткие к Богу воззвания и повторяй их чаще: «Пощади Твое создание, Владыко! – Боже, милостив буди мне грешному! – О, Господи, спаси же! О, Господи, благопоспеши же!» Припоминай церковные возбудительные песни и пой их: «Се жених грядет... Множество содеянных мною лютых, помышляя, окаянный, трепещу страшнаго дне суднаго. Душе моя, душе моя, востани, что спиши!» – и подобные...

Так трудя себя, бей непрерывно в двери милосердия Божия.

Чего ищем, трудясь? Благодати Божией возбуждающей. Благодать Божия обыкла для воздействия на нас избирать известные посредства, как сказано в описании чрезвычайных действий благодати. Итак, приложи к себе сии посредства и ходи под их осенением и влиянием. Не падет ли и на тебя из какого-нибудь луч благодати, как падал на других, подобных тебе, грешников?

Избирала Божия благодать для действия своего храмы Божии и церковный чин. Ходи и ты в церковь и терпеливо, внимательно и благоговейно выстаивай священнодействия. И вид церкви с устройством ее, и чин последования служб, и пение с чтением – все может подействовать. И не дивно, что, вошедши в церковь праздным, выйдешь оттуда зачавшим дух спасения.

Действовала благодать чрез слово Божие. И себе возьми его и читай. Может быть, встретишь такое место, которое поразит и тебя, как поразило Августина место, на которое пали глаза его, по раскрытии Нового Завета.

Умягчалось сердце иных грешников от бесед с людьми благочестивыми. Поди и ты побеседуй. Слово за слово в беседе – не выпадет ли и такое, которое и у тебя пройдет до разделения души и духа, судительно помышлениям и мыслям сердечным? Может быть, живое слово, согретое любовию, пройдет до глубины сердца твоего и потрясет составившиеся там твердыни греха.

Сильною являлась молитва бедных. Поди и ты умножь милостыню, отри слезы несчастных, устрой, если можешь, разорившихся. Молитвенный вопль нищего доходит до неба и проходит небеса небес. Не изведет ли он и к тебе Ангела-руководителя как к Корнилию сотнику?

Ходя среди сих и подобных дел, будешь касаться сосудов и носителей благодати. Уканет[18], может быть, и на тебя откуда-нибудь живительная роса ее и оживотворит замерзшие в тебе ростки духовной жизни.

Итак, пришла мысль об исправлении своей жизни и своего нрава, – отгнавши отлагательство, утесни и облегчи плоть свою подвигами телесными, отстрани заботы и развлечения прекращением на время обычных дел и уединением, и затем, сосредоточившись в себе вниманием, разными спасительными помышлениями напрягайся разогнать ослепление, нечувствие и беспечность посредством рассуждения с самим собою или разглагольствия с душою своею, перемежая его молитвою и постановлением себя под влияние таких случаев, кои Божественная благодать избирала уже в посредство к своему воздействию на души грешников.

Трудись, напрягайся, ищи – и обрящешь; толцы – и отверзется тебе. Не ослабевай и не отчаивайся. Но при всем том помни, что труды сии составляют только опыты усилий с нашей стороны к привлечению благодати, а не самое дело, которого еще мы ищем. Недостает главного – благодатного возбуждения. Очень заметно, что, рассуждаем ли, молимся ли или другое что делаем, втесняем как бы нечто чуждое в свое сердце, совне. Бывает, что соответственно силе напряжения некое воздействие от сих трудов низойдет до известной глубины в сердце, но потом опять оттуда извергается, по какой-то упругости непокоривого и непривычного к тому сердца, подобно тому как извергается из воды палка, вертикально погруженная в воду. Тотчас же после сего опять начинается холодность и дебелость на душе – явный знак, что тут не было благодатного воздействия, а один наш труд и наше усилие. Потому не успокаивайся на одних этих делах и не почивай на них, как будто они-то и были то, что тебе следует сыскать. Опасное заблуждение! Равно опасно думать, что в этих трудах заключается заслуга, за которую необходимо должна быть ниспослана благодать. Совсем нет! Это только приготовление к принятию, самое же дарование совершенно зависит от воли Раздателя. Итак, при рачительном употреблении всех предуказанных средств, ищущему следует еще ходить, ожидая посещения Божия, которое, впрочем, не приходит с усмотрением, и никто не знает, откуда оно приходит.

Когда придет сия возбуждающая благодать, только тогда начнется настоящее внутри дело перемены жизни и нрава. Без того успеха и ожидать нельзя – будут одни попытки неудачные. Свидетель тому блаженный Августин, который долго маялся сам над собою, а одолел себя уже тогда, когда осенила его благодать. Трудись, ожидая, в верной надежде. Придет – и все устроит.

Естествен после этого вопрос: что же такое благодатное возбуждение? В какое состояние оно поставляет человека-грешника? И как состояние это разнится от других подобных состояний? Надо знать характеристические черты возбуждения, чтобы не пропустить его бесплодно и чтобы вместо него не принять какого-либо естественного состояния. Состояние души, возбужденной благодатию, определяется по противоположности состоянию души, усыпленной грехом:

Грех разлучает Бога и человека. Человек, отходя от Бога ко греху, не ощущает своей зависимости от Него, живет себе, как будто он не Божий и Бог не его, как своевольный раб, бежавший от своего господина. Теперь это средостение разоряется.

Чувство зависимости от Бога возвращается. Человек живо сознает свою всецелую подчиненность Богу и полную пред Ним ответственность. Прежде небо было для него медяно и словно густым покровом простиралось над его главою, а теперь некоторый луч проходит сквозь сей мрачный покров и указывает ему Бога, Владыку и вместе Судию. В нем возбуждается с силою чувство Божества, со всеми Его совершенствами, и неотразимо стоит в душе, исполняя ее всю. Тут основание и возможность будущей благодатной духовной жизни.

Грех окутывал прежде человека слепотою, нечувствием, беспечностью. В момент воздействия благодати спадает эта трехслойная окаменелая чешуя с окованной ею души. Человек теперь хорошо видит все безобразие свое внутри и не только видит, но и чувствует. Вместе с тем сознает опасность своего положения, начинает робеть за себя и заботиться о своей участи. И не только западает в душу робость, но, при чувстве ответственности своей пред Богом, страх, томление, досада, стыд начинают сильно поражать его сердце. Его грызет совесть.

Но тут же дается ему некоторое ощущение и сладости жизни по Боге. Чувствуя всю непотребность греховной жизни и питая отвращение к ней, как морю зла, он вместе предощущает, что в открывшейся теперь для его душевного ока области добра сокрыты отрада и утешение. Она созерцается им, как земля обетованная, как место блаженнейшее и безопаснейшее от всех треволнений. Сие-то предощущение и есть преимущественно такое явление в душе грешной, которого человек сам собою произвести никак не может. То – блага Божии и состоят в Его власти. Думать о них – не значит ощущать их. Бог Сам вводит дух человека в Свою сокровищницу и дает вкусить от благ ее.

Заметь, сколь необходимо сие действие благости Божией на пути освобождения души из области греха. Цель возбуждения благодатного и сила его – в том, что оно извлекает человека из уз греха и поставляет на точке безразличия между добром и злом. Весы воли нашей, в которых она склоняется то на ту, то на другую сторону, должны теперь стоять в уровень. Но этого не будет, если не дать грешнику вкусить хоть в предощущении сладость добра. Если не дать сего, то сладость греха, как уже изведанная, сильнее влекла бы его к себе, нежели добро, и выбор все падал бы на сторону сего последнего, как и бывает в задумываниях переменить жизнь без благодатного возбуждения. Ибо то общий закон; ignoti nulla cupido, то есть чего не знаешь, того не желаешь. Но когда, в благодатном возбуждении, дается ему вкусить сладость добра, то и оно начинает привлекать его к себе, как уже изведанное, ве́домое и ощущаемое. Весы равны. В руках человека полная свобода действия.

Таким образом, как блеском молнии, освещается все и в человеке, и вокруг него при благодатном возбуждении. Он вводится теперь сердцем, на одно мгновение, в тот порядок, из которого изгнан грехом, вставляется в цепи творения в ту связь, из которой самовольно исторгся грехом. Оттого это действие благодати всегда почти обозначается испугом и мгновенным потрясением, как спешно идущего в задумчивости потрясает внезапно услышанное «стой!». Если смотреть на это состояние по понятиям психологическим, то оно есть не иное, как пробуждение духа. Собственно, духу нашему свойственно сознавать Божество и высший некоторый мир или порядок вещей, возвышать человека над всем чувственным и уносить в чисто духовную область. Но в греховном состоянии дух наш теряет свою силу и сорастворяется с душевностью, а чрез нее с чувственностью до того, что будто исчезает в них. Вот теперь благодатию он извлекается оттуда, поставляется, как на свещнице, во внутренней нашей храмине и светит всему там сущему и оттуда зримому.

То состояние, в какое поставляется душа в благодатном возбуждении, сходно со многими естественными состояниями, с которыми его, однако ж, смешивать не должно.

При благодатном состоянии человек находится в некотором томительном, скорбном состоянии недовольства собою и своим положением: однако ж это не то, что скука. В скуке нет определенного предмета: тут человек крушится и грустит, не зная сам, отчего и о чем; напротив, в благодатном возбуждении есть определительный предмет скорби, именно: оскорбление Бога и осквернение себя. Та душевна, а это духовно; та мучительна, мрачна, убивающа, отчего и говорят: «Душит тоска», а это оживляет и возбуждает. В обыкновенном нашем быту этих неопределенных тоскований бывает немало, и каждое со своими оттенками. Между ними достойно особенного замечания тоскование о родине небесной, чувство недовольства ничем тварным, чувство глада духовного. И это одно из естественных движений нашего духа. Когда мало-помалу умолкнут страсти, он поднимает свой, внятно отзывающийся в сердце, вопль о стеснительном и униженном состоянии, в котором его держат, почему его не питают тем, чем должно, а томят голодом. Это – тоска по отчизне, воздыхание, которое Апостол слышал и во всей твари (см.: Рим. 8, 22). Однако ж и это не то, что благодатное возбуждение. Оно есть одно из естественных движений или отправлений нашего духа и одно само по себе немо и бесплодно. Благодатное возбуждение на него нисходит и сообщает ему светлость и оживленность.

При благодатном возбуждении есть крушение духа, пробуждение тревог совести; однако ж это совсем не то, что обыкновенное досадование на себя за промахи в нашем быту, более или менее значительные. Мы терзаемся, когда не то скажем, не так что сделаем, и вообще во всех случаях, где, как говорится, пришлось осрамить себя, говорим даже при этом: «Ах, как совестно!» Но это совсем не то, что голос совести в духе, теперь слышимый. Там человек имеет в виду только себя и свои временные отношения, а здесь, напротив, себя и все временное совсем забывает и видит только одного Бога оскорбленного и свои вечные отношения расстроенными. Там он стоит за себя и человеческие правила, а здесь – за волю Божию и славу Его. Там скорбит о том, что осрамился пред людьми, а здесь о том, что постыдил себя пред Богом, до людей же и даже до целого света ему и дела нет. Затем там скорбь безотрадная, а здесь она растворяется некоторою отрадою. Ибо там вся опора его на себе и других, и когда эта основа расстроилась, то ему некуда уже обратиться, а здесь все от Бога, Которым он не чает быть отверженным, но уповает на Него. И обыкновенные наши совестности подражают действиям совести истинной: можно сказать, что они суть тоже действия совести, только искаженной, низведенной из своего чина. Вместе с духом и она ниспала со свойственной ей высоты, из области духовной, и впала в руки и власть душевно-телесности, стала служить одним земным целям, стала, так сказать, светскою совестью, которая сильнее чувствует оскорбления человека, нежели Бога.

При возбуждении благодатном дается сердцу ощутить иную некую лучшую, совершеннейшую, отраднейшую жизнь; однако ж это совсем не то, что бывает у тех, кои чувствуют пробуждение светлых порывов и благороднейших стремлений (назвать бы – движение идей). Эти явления сходны тем, что возвышают над обыкновенным порядком вещей и стремят к осуществлению внушаемого; но они далеко расходятся в направлениях и целях. Последние упирают в какую-то туманную область, а первое обращает к Богу, в Нем указывает успокоение и дает предвкусить его. Цель первого – жизнь в Боге с вечным блаженством, а у последних имеется в виду нечто, конечно, всегда великое, особенное, но о чем ничего более нельзя сказать, кроме «нечто». Разительнейшая же разность их в том, что последние прерываются и действуют поодиночке: дух пробуждается здесь у одного – одною, у другого – другою стороною; первое же обнимает весь дух всесторонне и, ставя его у цели, удовлетворяет его или дает предвкусить полное в сем порядке удовлетворение. Порывы высших стремлений духа суть остатки образа Божия в человеке – образа разбитого, посему и обнаруживаются подобно тому, как лучи раздробленные и рассеянные. Надобно собрать эти лучи в одно, как бы сконцентрировать, и тогда в фокусе образуется луч зажигающий. Сие то, так сказать, сконцентрирование лучей духа, единичного в себе, но раздробившегося в многочастной душе, и производит возбуждающая его благодать и возжигает огнь жизни духовной, не в холодное созерцание поставляя человека, а в некое горение живительное. Такое собрание духа воедино сходится в чувстве Божества: тут и зародыш жизни. Так и в природе: до тех пор не является жизнь, пока силы ее действуют раздробленно, но как скоро высшая сила собирает их воедино, тотчас является живое существо, например растение. Так и в духе. Пока стремления его прорываются раздробленно – то одно, то другое, и одно в одну сторону, а другое в другую, – нет в нем жизни. Когда же высшая, Божественная сила благодати, одновременно наитствуя дух, сводит все его стремления воедино и держит их в сем едином, – тогда и огнь жизни духовной.

По таким признакам легко отличить благодатное возбуждение от обыкновенных явлений духовной жизни в человеке, чтобы не смешать и, главное, не пропустить воспользоваться им к своему спасению. Это особенно надобно знать тем, на коих благодать Божия воздействует без предварительных трудов их и не с особенною силою. Возбужденного состояния пропустить без внимания нельзя, но можно не обратить на него внимания должного и, побывши в нем, опять низойти в обычное круговращение движений души и тела. Возбуждение не завершает дела обращения грешника, а только зачинает, и после него предлежит труд над собою, и труд очень сложный. Все, впрочем, относящееся сюда совершается в двух поворотах свободы: сначала в движении к себе, а потом от себя к Богу. В первом человек возвращает себе потерянную над собою власть, а во втором себя приносит в жертву Богу – жертву всесожжения свободы. В первом доходит он до решимости оставить грех, а во втором, приближаясь к Богу, дает обет принадлежать Ему единому во все дни жизни своей.

6. Восход до решимости оставить грех и посвятить себя богоугождению

А. Восход до решимости оставить грех

Сама ли собою посетит кого благодать или взыщет кто ее и обрящет – состояние, в которое поставляет она человека, в первом своем действии на него, в том и другом случае одинаково. Возбужденный поставляется благодатию в среднее между грехом и добродетелью состояние. Она извлекает его из уз греха, лишив сей последний власти определять его к действованию, как бы против воли, но не переводит его на сторону добра, а только дает ощутить его превосходство и отрадность с чувством обязательства быть на его стороне. Человек стоит теперь точно между двумя распутиями, и ему предлежит решительный выбор. Святой Макарий Египетский говорит, что и приходящая к нему (человеку) благодать нимало «не связывает его воли принуждающею силою и не делает его неизменным в добре, хотя бы он хотел или не хотел сего. Напротив того, и присущая в человеке Божия сила дает место свободе, чтобы обнаружилась воля человека, согласуется ли, или не согласуется она с благодатию» (Слово 1. О хранении сердца, гл.12). С сей минуты начинается сочетание свободы с благодатию. Совне воздействовала благодать – и состоит совне. Входит она внутрь и начинает обладать частями духа не иначе, как когда желанием своим открывает ей человек вход в себя, или отверзает уста к принятию ее. Возжелает человек – и она готова с помощью. Сделать или утвердить в себе доброе сам человек не может, но желает его и напрягается; ради же сего делания благодать укрепляет за человеком желаемое добро. Все так и будет идти до окончательного возобладания человека над собою в видах добра и богоугождения.

Все, что должен сделать человек в сем труде над собою или как дойти до решимости, есть то же, что обыкновенно бывает, когда решаемся на какое-либо дело или предприятие. Обыкновенно после того, как родится мысль что-либо сделать, мы склоняемся на эту мысль желанием, удаляем препятствия и решаемся. То же и в решимости на христианскую жизнь, надо: а) склониться желанием на нее, б) удалить препятствие внутри образованию решимости и в) решиться. Хотя действие благодати поставляет дух в возбужденное состояние, но все же внушение ее переменить жизнь есть только помышление, хотя более или менее живое: «Не оставить ли грех», или: «Надо оставить». Пробудившийся от сна видит, что пора и надо встать, но, чтобы встать, должен употреблять особые усилия, делать особые движения разными частями тела. Он напрягает мышцы, сбрасывает то, чем прикрыт, и встает.

Итак, восчувствовав в себе благодатное возбуждение, спеши склонить на его требования свою волю, согласись на его внушение, что тебе, безответному пред Богом и нечистому, необходимо надо исправиться и приступить к этому сейчас же.

У того, кто искал благодатной помощи и теперь чувствует посещение ее, такое желание должно быть присуще, – оно уже и руководило его во всех указанных трудах; но в состав его, или к его совершенству, и здесь прибавляется нечто. Есть желание мысленное: ум требует, и человек себя нудит; такое желание заправляет приготовительными трудами. Есть желание сочувственное; оно зарождается под действием благодатного возбуждения. Есть, наконец, желание деятельное – согласие воли сейчас приступить к делу восстания от падений; ему должно образоваться теперь, по благодатном возбуждении. И вот первое дело возбужденного по возбуждении.

Что не всякий возбужденный приступает к делу перемены жизни на лучшее, это всякому известно, как и не всякий проснувшийся тотчас встает, а бывает, что несколько раз снова засыпает.

Благодатное возбуждение, с одной стороны, поставляет человека в льготное и живое состояние, а с другой предъявляет требования довольно стеснительные. Кто теперь более приляжет к первой стороне, тот может позволить себе парение мыслей и преждевременно предаться радости жизни, как будто уже все имеется, что следует иметь. Эта льготность, себе данная, не дает обратить должного внимания на происшедшее, а сопряженное с тем рассеяние внутреннее скоро охладит – и благоприятное время, и состояние пропущено. Опять настает обычная дебелость, при которой не совладаешь с собою. Кто, напротив, прилегает более ко второй стороне, тот может позволить себе несколько поосвободить себя из этого стеснения, как дитя сбрасывает повязку с раны с целительным пластырем потому только, что она теснит. При этом иной, чтобы развеять мрачные, как ему кажется, мысли, берется за невинные будто бы развлечения, беседы, чтения, а иной подвергает исследованию родившееся томительное чувство, чтобы доискаться, отчего и как могло оно образоваться. Там – сторонние впечатления, а здесь разлагающее действие исследования изглаживают спасительное изменение, происшедшее внутри. От сего и этот ниспадает наконец в обычную, неподвижную дебелость.

Кажется, и не следовало бы этому быть, а бывает, потому что и благодатные возбуждения находятся в разных степенях и обстоятельствах, в которых они приходят, могут быть таковы, что заслонят важность и цену явления их внутри. Премудрая благодать попускает это, искушая свободное произволение человека. Вот почему и говорим: коль скоро восчувствовал ты благодать возбуждения, сознал, что это – оно, а не другое что, то спеши склонить на его внушения волю твою. А для сего:

Поверь в простоте сердца, что это от Бога, что Сам Бог зовет тебя к Себе, Сам приблизился к тебе, чтобы произвесть в тебе спасительное изменение.

Поверив, не позволь себе пропустить и это действие милости Божией бесплодно. Только возбуждение сие дает силу преодолеть себя. Отойдет – сам себя не одолеешь. А придет ли еще – сказать не можешь. Может быть, в последний раз является тебе это снисхождение. После него впадешь в состояние ожесточения, а из него – в нечаяние и отчаяние.

Употреби старание и усилие, сколько можно, удержать себя в том спасительном состоянии, в котором ты поставлен. Как горючее вещество, если его долго держать перед огнем, не только согревается, но и загореться может, так естественно может возгореться желание благодатной жизни, если подольше продержать себя под действием благодати.

Посему отстрани все, могущее погасить этот зачинающийся огонек, и окружи себя всем, что может питать его и довесть до пламени. Уединись, молись и с самим собою поразмысли, как быть. Тот порядок жизни, занятий и трудов, какой указан уже и который проходить принуждал ты себя, ища благодати, есть самый благоприятный и для продления в себе ее начавшегося действия. Лучшие же из них в этом случае уединение, молитва и размышление. Уединение будет собраннее, молитва глубже и размышление действеннее. Рассуждай с собою, проходи все мысли, какие и прежде собирал ты, пытаясь прогнать ослепление, нечувствие и нерадение. Пусть теперь этих трех нет уже, но тебе предлежит разжечь желание, начать дело сейчас. На это и обрати все действие. Теперь рассуждение твое с собою будет не то, что было прежде. Без возбуждения оно обычно уклоняется в общность; теперь, напротив, подражая благодати и под руководством ее, оно все будет относить прямо к тебе самому, без всяких извинений и уклонений, будет обращать к тебе предметы сторонами, наиболее могущими действовать на тебя. Потому, собственно, ты в сем случае не столько размышлять будешь, сколько переходить от ощущения к ощущению.

Вот в этом-то труде твоем над собою при помощи благодати и произнесется наконец в сердце единому Богу и тебе слышное слово: «Надобно же наконец; итак, сейчас начну». Видимо, что это есть заключение; но по каким законам и из каких положений оно выводится, никакая наука определить не может. Все предметы рассуждений предыдущих могут быть ведомы ясно, а заключения того может и не быть. Бывает даже так, что иной все те предметы так сильно излагает в слове, что от действия их десятки и сотни доходят до того заключения, а у него самого оно не произносится в сердце. И того никто не может сказать, кто тут действующий — благодать или свобода, ибо бывает, что благодатное действие туне проходит и все усилия свободы остаются бесплодными. И та, и другая сочетаются непостижимым для нас образом, сохраняя, однако ж, каждая свою природу. Можно так сказать: свобода предает[19] себя, благодать приемлет и проникает ее. Отсюда — сила желания: «Итак, сейчас за дело».

Вот, наконец, склонился человек на сторону добра, готов вступить на этот святой путь, готов ходить в добрых делах богоугождения; но в это мгновение вся бездна зла, крывшаяся в сердце, возметается, как прах, и стремится опять покрыть всю душу. В минуту возбуждения и склонения грех молчит, как будто не до него касается то, что происходит у человека; но теперь, когда хотят его попрать, он, тысячеглавый, как называет его святой Лествичник, тысячи воплей испускает на человека, замышляющего сие. Подобно тому как пробудившийся, пока думает еще только встать, — все в теле у него спокойно. Но лишь только положит он встать самым делом и мало напряжет мышцы — все боли в теле, которые дотоле не беспокоили, теперь дают о себе знать и поднимают жалобы. Так и у склонившегося на благодатный зов греховные боли молчат, пока он доходит до сего склонения, но как только положит он приступить к делу, все эти немощи поднимают тревогу — сильную и смутительную. Помысл за помыслом, движение за движением поражают бедного человека и влекут назад, нападая без всякого порядка, со всех сторон охватывают душу и погружают ее в волнении своем. Все доброе у человека держится как бы на волоске и сам он поминутно готов оторваться от того, чем держится, и снова погрузиться в ту же среду, из которой восхотел выйти. Одно спасает его — та сладость, льгота и отрада, которые вкусить удостоился он в момент возбуждения, и та крепость, которую ощутил он, когда изрек в сердце: «Итак, сейчас начну». Кто видел, как малая искра туда и сюда носится в дыме, но все еще как бы стоит за себя или как малая частица дерева бросается волнующеюся струею то вверх, то вниз, то вправо, то влево, тот имеет в этом образ того, что бывает в сию минуту с благим желанием человека. Не в душе только смятения, но и кровь вся волнуется, бывает даже шум в ушах и туман в глазах. Нетрудно понять, что такое восстание не от греха только, живущего в сердце, но паче от родителя всех грехов — диавола, который не может оставаться покойным, когда появляется такой возмутитель в его царстве. Святитель Тихон говорит: «Когда грешник, благодатию Божиею подвигшись, начинает каятися, то сретает его различное искушение. Начнет человек ко Христу приступать, а сатана вслед его женет[20] и отвлекает от Христа, запинает и различные простирает сети». У нас рассказывают о привидениях – и страшных, и прелестных, какие встречают добыватели какого-то цветка для отыскивания кладов; этот психологический миф лучше всего изображает все хлопоты диавола, чтобы отвлечь человека от доброго намерения купить бисер многоценный или достать сокровище, сокрытое на селе.

Здесь-то предлежит человеку сильная борьба с собою, как бы генеральная битва с грехом. Здесь он должен решительно пленить и поразить врага своего, наступить на сего змия, связать и всю его силу истощить. На успешном одолении греха здесь основывается надежда и действительность всех последующих его одолений в его восстаниях частных. Все, что здесь происходит, определить нет возможности, по разнообразию действующих лиц. Главные, впрочем, пункты, или обороты, сей брани, указать нетрудно, больше, однако ж, в пособие борющимся, нежели в интересах знания.

Видимо, что в душе нет точки опоры: она влается[21], хотя еще цела, не разбита в своем добром намерении, вспомоществуемая благодатию Божиею. И кто другой поддержит, кто установит ее? Вот почему теперь наипаче предлежит ей вопиять к Богу усиленно, как вопиет утопающий. Враг схватил и поглотить хочет – вопий, как Иона во чреве китове или утопающий Петр. Видит Господь нужду твою и труд – и подаст руку помощи, поддержит и установит тебя так, как следует быть воину, выступающему на брань.

Вот где опора! Всего опаснее, если душа вздумает обрести ее в себе самой; тогда она все потеряет. Зло опять одолеет ее, затмит этот слабый еще в ней свет, погасит сей едва зажегшийся огонек. Душа знает, сколько она бессильна одна; потому, ничего не ожидая от себя, пусть падает в уничижении пред Богом, пусть в сердце своем обратит себя в ничто. Тогда вседействующая благодать из сего ничто сотворит в ней все. Кто, в конечном самоуничижении, полагает себя в руку Божию, тот привлекает к себе Его, сердобольного, и сильным становится Его силою.

При всем том, однако ж, от самоуничижения не должно ниспадать до расслабления душевного и, предав себя Богу, вместе с тем предаваться бездействию. Нет, всего ожидая от Бога и ничего от себя, должно и самому напрягаться к действованию и по силе действовать, чтобы было к чему прийти Божественной помощи, было что осенить Божественной силе. Благодать уже присуща, но она будет действовать вслед за своеличными движениями, восполняя бессилие их своею силою. Итак, став твердою ногою в самоуничиженном молитвенном предании себя в волю Божию, и сам действуй, не расслабляясь.

Действуй против греха вообще, но особенно против коренных его возбудителей. Когда все мятется в душе, и помыслы, как привидения какие, стоят и объемлют ее, со всех сторон устремляя стрелы в самое сердце, — нетрудно заметить главных, так сказать, поджигателей зла. За множеством частных воителей стоят там, на самом заду, воители главные, отдающие приказания, заведывающие всеми распоряжениями, всем ходом войны. Это и суть коренные возбудители греха. На них и надо устремить все внимание, против них прямо вооружиться, их побороть и уничтожить. Когда они будут побеждены, мелкие воители рассеются сами собою.

Какие это главные возбудители греха и главные воители в защиту его, это указал Спаситель, когда призвал идти вслед Себя (см.: Мк. 8, 34–38). Кто хочет идти вслед Меня, говорил Он, «да отвержется себе», — отворотится от себя, сочтет себя будто чужим для себя, не стоящим внимания и сочувствия, за которого стоять не стоит. Это предполагает, что в сердце грехолюбивом постоянно живет и качествует противоположное сему расположение саможаление, как оно и есть на самом деле. Человек-грешник обходится с собою, как мать с нежно любимым детищем: жаль в чем-нибудь отказать себе, в чем-нибудь поперечить; не может одолеть себя, чтобы в чем-нибудь поднять на себя руку. Далее Спаситель обязует отказаться от всего, что в мире, для спасения души: «Кая бо польза человеку, аще приобрящет мир весь, и отщетит душу свою?» (Мк. 8, 36). Мир есть совокупность вещей вне нас, видимое, осязаемое, чувственное. Следовательно, приведенное обязательство предполагает в сердце человека склонность к вещественному, падкость на осязаемое, некоторую страсть питать себя и услаждать только видимым, чувственным. И действительно, в грехолюбце качествует чувственность: не имеет он вкуса к невидимому и духовному, а все чувственное так известно и так переиспытано. Потом внушает Господь, чтобы не стыдились Его в роде сем прелюбодейном и грешном. Это заставляет предполагать в грехолюбивом сердце стыдение людей в ущерб добру и правде. Так оно и есть. Живет обычно человек этою ненарушимостью заведенного вокруг порядка или установившихся отношений, оттого робеет поколебать их и для поддержания их готов бывает скорее покривить душою, нежели сделать кому-либо что наперекор, не уважить, войти в неприятности. Это – человекоугодие: «Что скажут и как быть, если придется разорвать связи?» Должно быть, это самая чувствительная уза греха, если для того, чтобы разорвать ее, он угрожается за сей стыд пристыжением на всеобщем суде: «Иже аще постыдится Мене и Моих словес в роде сем прелюбодейнем и грешнем, и Сын Человеческий постыдится его, егда приидет во славе Отца Своего со Ангелы святыми» (Мк. 8, 38). Это заключительное обращение к веку грядущему указывает в грехолюбивом сердце отсутствие чувства будущей жизни, заставляет предполагать, что той жизни для него будто нет, а оно все погружено в жизнь настоящую. Так это и есть. Живет обычно человек на земле, будто тут вечно жить, а о будущем забывает; знает счастие только земное, и все цели сходятся у него в одном, как бы здесь хорошо прожить, а что дальше будет, о том и думки нет. Итак, сожаление, чувственность, человекоугодие и земность (что только и жизни, что на земле) суть характеристические черты грехолюбивого сердца, – следовательно, и коренные возбудители греха и главные за него воители. Самим нам, грешным, и не открыть бы их, и если бы не указал их Спаситель, конечно, мы и не знали бы их. Теперь же, когда они открыты, видно, что так, кажется, и быть должно. Человек, падший от Бога, обратился к себе – и наказан саможалением: это выходит из главного свойства грехопадения. Падший расстроился в себе, из духа ниспал в плоть – и томится в чувственности. Главное поприще, на котором раскрывается и свирепствует грех – это общество человеков грешащих, с такими порядками и соотношениями между ними, кои питают и поддерживают грех. Когда во всех сих оброках греха все идет благополучно – вот и счастие. Но как такого рода течение дел может быть только в сем веке, будущий же век требует совсем иного, то о нем и помышления нет, – оно не вмещается в голове и тем более не находит сочувствия в сердце.

Так вот эти-то корни грехов и являются возбудителями всех помыслов, восстающих на человека, когда он готов сделать движение из области греха на сторону добра, поднимают весь рой искусительных помышлений, смущающих, ужасающих, пресекающих. Саможаление вопит: «Что это за жизнь? Впереди видится один труд, тяготы, скорби, лишения, которым конца не видно; иди, как среди терний по колючкам голыми ногами, – поминутные уязвления!» Чувственность подает голос: «И ту вещь оставь, и другую, и то перестань делать, и другое – словом, все, в чем я находила вкус, а занимайся только духовным! Это отвлеченно, сухо, непитательно, безжизненно». «Что скажут? Сочтут странным и чуждаться станут; между тем, надо порвать и ту, и ту связь, – как же быть после? А вот с этой стороны и вражды еще жди». Это вопль человекоугодия. А вот вопль земляности: «Будущее, конечно, будет – кто против этого спорит, – но ведь далеко еще, а тут-то как прожить? Живали же другие... Земное мы знаем, а там что? Это – в руках, а то – где оно?»

Да, приступит человек работать Господу, все это и завопит на него. И добро бы это были легкие какие-нибудь помышления, а то нет: они проходят до глубины души, поражают и влекут на свою сторону так, как если бы кто зацепил удою за живое тело и тянул к себе. Что тут делать человеку?

Помощь близ... Ты только усилия употребляй – и одолеешь, но употребляй усилия целесообразно. Молитвенно утвердившись, как сказано, в самоуничиженном предании себя воле Божией и вседействию благодати:

Спеши прогнать все эти помыслы из души, вытесни их из сознания особым напряжением самодеятельности, втесни их опять в то сокровенное место, из которого они вышли и возврати покой сердцу, потому что, пока не успокоится сердце, ничего нельзя будет делать дальше. Для сего, на первый раз, не занимайся с ними нисколько и не вступай в беседу, хоть бы и не мирную. Толпа необразованных скоро разбегается, если поступить с ними сурово с первого раза; если же скажешь снисходительное слово одному, другому, третьему – они набираются смелости и делаются настойчивее в своих требованиях. Так и толпа искусительных помыслов становится безотвязнее, если позволить им сколько-нибудь замедлить в душе, а тем более, если войти с ними еще и в переговоры. Но если их с первого раза оттолкнуть сильным напряжением воли, отвержением и обращением к Богу, то они тотчас удалятся и оставят атмосферу души чистою.

Но пусть прогнано это мрачное полчище злых помыслов, пусть сердце опять спокойно и стало на душе светло, помнить надобно, что тут для дела своего собственно ничего еще не сделано. Эти враги все еще живы. Они только вытеснены из внимания и, может быть, намеренно скрылись, чтобы в нечаянном нападении в благоприятное время тем вернее возвратить себе победу. Нет, на этом никак не следует останавливаться, иначе ни покоя, ни успеха не будет. Их надо умертвить, выманить и заклать на жертвеннике самоотвержения.

Итак, снова утвердившись в молитвенном предании себя Богу и благодати Его, вызывай каждого из возбудителей греха и старайся отвратить от них сердце и обратить его на противоположное, – этим они будут отрезаны от сердца и должны будут замереть. Для сего дай свободу здравому рассуждению, а по следам его веди и сердце. Просветленное истиною и вспомоществуемое сокровенно действующею благодатию, рассуждение твое: пусть сначала представит все безобразие сих, можно сказать, исчадий ада; ты же понудь сердце свое восчувствовать отвращение к ним; потом пусть живее изобразит опасность, в какую они ввергают, пусть укажет в них самых злых врагов; ты же подвигни сердце свое возыметь к ним ненависть; затем пусть полнее изобразит перед тобою всю красоту и сладость жизни, в которую вступить они мешают, всю прелесть свободы от сих тиранов; ты же сердце свое, уже возымевшее отвращение и ненависть к ним, напряги устремиться от сих к тем, как елень на источники водные. Этим будет достигнуто требуемое. Коротка программа, но дело совершится, может быть, и не так скоро. Тут означены только стороны, на какие должно обратиться рассуждению, нить же самого рассуждения – вести и довести до цели надо всякому самому; своеличному рассуждению видна действенная и сильная мысль в том или другом отношении. Ведать, впрочем, надо, что рассуждение – рычаг, все же дело – в поворотах сердца. Можно сказать, что коль скоро произойдут в сердце указанные повороты, то мы – у цели.

Этот труд есть самый существенный в деле перелома воли. Надо и энергично производить его, и не отступать, пока сердце не дойдет, в сих поворотах своих, до последних пределов; последние же пределы суть противочувствия греховным возбуждениям – расположения, противоположные коренным требованиям греха. Таким образом, все надо трудиться над собою, пока вместо саможаления не возродится безжалостность к себе и непощадение, не восчувствуется жажда страдания, желание умучить себя, истомить и тело свое, и душу; пока вместо человекоугодия не образуется, с одной стороны, отвращение от всех недобрых обычаев и связей, некоторое враждебное, с раздражением, противление им, а с другой – обречение себя на все неправды и все поношения людские; пока, вместо вкуса только в одном вещественном, чувственном, видимом, придет безвкусие к ним и омерзение и зачнется искание и жаждание одного духовного, чистого, Божественного; пока, вместо земности, ограничения жизни и счастия только землею, не исполнит сердца чувство странничества на земле, с единственным стремлением к отечеству небесному.

Когда образуются такие расположения, тогда все опоры греха будут подорваны. Он потеряет стойкость и власть определяющую, которая переходит теперь к самому человеку. Грех извергнут вон, стал вне. С сей минуты он уже будет искушающим, а не определяющим. И всякий раз стóит только привести в движение стяжанные теперь противочувствия ему, чтобы прогнать его. Из сего видно, какой великой важности есть описываемый теперь труд: им образуется внутрь нас из нас новое лицо, с решительным отвращением от зла и направлением к добру, – совершается перелом воли, вследствие которого все в нас должно принять новый порядок.

Вот человек стоит уже на самом краю области греховной, ничто не отделяет его от страны света, свободы и блаженства. Узы спали, легко и отрадно на душе; она готова воспарить к Богу. Но коварство врага еще не истощилось. Еще есть у него стрела, которую приберег он к последней минуте. Только что душа напряжет свои силы, чтобы сделать последний шаг из области самоугодливого греха, как поражает ее внимание жалобный вопль: «Еще денек, и довольно, завтра переступишь сию границу». Потому ли, что в предыдущей борьбе душа утомляется и требует отдохновения, или потому, что уж таков закон у греха, только голос сей слышится. Тут нет противления добру, а только прошение – несколько поослабить приобретенное напряжение. Это вопль самый обольстительный: враг стоит будто за нас, умоляет, чтобы мы сжалились над собою, но склонись только мало на сей вопль, на это внушение, и все потеряешь, что приобрел. Тайными какими-то путями те прогнанные возбудители греха прокрадутся к сердцу, без нашего ведома совершат с ним прелюбодейство – и все расслабят и расстроят, что было задумано, так что, пришед в себя, человек видит себя на старой линии, как будто ничего и не предпринимал делать над собою. Холодность, дебелость и неподвижность опять одолевают его, хоть начинай сначала все, что, казалось, уже было пройдено. Поэтому не презирай сего малого будто бы требования: оно мало и ничтожно на вид, но на деле есть сокращение всего зла, есть прелестное представление рабства в виде свободы, льстивое дружество, скрывающее непримиримого врага. Возненавидь его всею ненавистию и, как только заметишь, – а он пролетает быстро, как молния, спеши изгладить след его так, чтобы и знака его не оставалось. Поставь себя опять в то же состояние, в каком был пред сим, и в том же напряжении внутреннем и внешнем решись держать себя навсегда. Поразив и сего врага, ты останешься решительным победителем, взявшим себя в руки, станешь сам себе полным владыкою.

Таким образом, вслед за возбуждением благодати, первое предлежит свободе человека – движение к себе, которое она совершает тремя актами: склоняется на сторону добра – избирает его; устраняет препятствия, разрывает узы, державшие человека в грехе, изгоняя из сердца саможаление, человекоугодие, склонность к чувственному и земность и на место их возбуждая безжалостность к себе, безвкусие к чувственному, предание себя позору всякому и переселение сердцем в будущий век с чувством странничества здесь; наконец, воодушевляется сейчас же вступить на добрый путь, нисколько не послабляя себе, а содержа себя в постоянном некотором напряжении. Таким образом все стихает в душе. Возбужденный, освободившись от всех уз, с полною готовностию говори себе: «востав, иду».

С этой минуты начинается другое движение души к Богу. Одолев себя, овладев всеми исходами своих движений, возвратив себе свободу, он должен теперь всего себя принесть в жертву Богу. Значит, дело сделано еще только наполовину.

Б. Восход до обета посвятить себя Богу

Казалось бы, что все уже сделано, если принята решимость оставить грех и остается только действовать. И точно, можно действовать; но что это будет за деятельность и что за дух в ней? Человек остановился только еще на себе. Если он станет действовать, отправляясь от сей точки, то будет действовать от себя и для себя, хоть и в нравственном порядке. Это будет нравственность эгоистическая, языческая. Есть люди, которые говорят, что делают добро, как добро, делают это потому, что достоинство человека того требует, или потому, что действовать иначе было бы неблагородно, неблагоразумно. Все такие делатели обличают, что образование в них внутреннего, нравственного человека не доведено до конца: они возвратились к себе, но от себя к Богу не подвиглись и себя Ему в жертву не принесли, остановились, значит, на полдороге. Цель свободы человека не в ней самой и не в человеке, а в Боге. В свободе Бог уступил человеку как некую часть Своей Божественной власти, но с тем, чтобы он сам произвольно принес ее в жертву Богу, как совершеннейшее приношение. И потому, если возобладал ты собою, иди, отдай теперь себя Богу. Когда грешил ты, то не себя только терял, но, теряя себя, отдалялся и от Бога. Теперь, возвращаясь из греховного плена, после того как возобладал ты собою, возврати себя и Богу. Казалось бы также, что и обращение от себя к Богу должно быть делом и не трудным, и не многосложным, как, например, обращение с запада на восток. Но ведь грешник, приступающий к Богу, не есть лицо от Него независимое и приближается к Нему не так, чтобы за ним ничего не было. Нет, он тот же, что беглый раб, возвращающийся к своему господину, что виновный, являющийся пред лицом царя-судии. Надо посему приступить так, чтобы быть приняту. В человеческих порядках господин принимает раба и царь возвращает милость виновному, когда, приступая к ним, каждый из них сознает вину свою, раскается в ней и даст искреннее обещание быть вперед совершенно исправным.

То же и в возвращении грешника к Богу. Он будет принят Богом, если а) сознает свои грехи, б) раскается в них и в) положит обет не грешить. Это – необходимые акты в сердечном воссоединении с Богом, от которых зависят твердость в новой жизни, совершенство в ней и благонадежность неизменного действования по ее требованиям. Блудный сын, возвращаясь к отцу, говорил: «реку: согреших» – сознание греха; «несмь достоин» – окаявание себя; «прими, яко единого от наемник» – обет работать. Итак, возвращаясь к Богу:

Познай свои грехи. И в возбуждении решимости оставить грех знал ты, что грешен, ибо иначе какая нужда замышлять перемену жизни? Но эта грешность представлялась тогда в смутном виде. Теперь надобно определительно разузнать, что именно грешно и в какой степени, – ясно, раздельно, как бы численно узнать свои грехи, со всеми обстоятельствами, умаляющими или увеличивающими греховность действий: критически пересмотреть всю свою жизнь, с судом строгим и нелицеприятным.

Для сего поставь, с одной стороны – закон Божий, а с другой – собственную жизнь, и смотри, в чем они сходны и в чем несходны. Бери ты свое дело и подводи его под закон, чтобы видеть, законно ли оно; или бери закон и смотри, осуществлен ли он в твоей жизни. Чтобы ничего не опустить в сем важном деле, держись в нем какого-либо порядка. Сядь и припомни все обязанности твои в отношении к Богу, ближнему и к самому себе и потом просмотри свою жизнь по всем сим отношениям. Или – разбирай заповеди десятисловия и заповеди о блаженствах, одну за другою, со всеми их приложениями, и смотри – такова ли твоя жизнь. Или – читай главы Святого Евангелия от Матфея, где Спаситель излагает закон собственно христианский, также послание святого Апостола Иакова, последние главы посланий святого Апостола Павла, в которых сокращенно излагаются обязательные для христианина дела, например: с Рим.12, с Еф.4, и прочее. Последние особенно важны тем, что изъясняют дух христианского жития. Сей дух ясно и сильно выражается и в Первом послании святого Иоанна Богослова. Читай все это и поверяй жизнь свою, такова ли она. Или, наконец, возьми чин последования исповеди и по нему обсуди свое поведение. Жизнь свою и дела рассматривай не как только дела человека, но как дела человека-христианина, и притом в определенном звании и состоянии.

Вследствие такого пересмотра своей жизни откроется безчисленное множество дел, слов, помышлений, чувствований, желаний беззаконных, коим не следовало быть, а они допущены, – множество таких, кои следовало сделать, а они не сделаны, да немалое число и из деланных по закону окажутся оскверненными, по нечистоте побуждений. Соберется всего этого бесчисленное множество, а может быть, и вся жизнь окажется составленною из одних дел недобрых. Главное, что надобно иметь в виду на сей первой степени познания своей греховности, – это есть точная определенность дел. Как послужной список пишется с численною определительностью, так и список дел своих каждый в уме своем должен вообразить с такою же определенностью – со всеми обстоятельствами времени, места, лиц, препятствий и прочего. Если самоиспытание у нас остается бесплодным, то это потому, что мы делаем только общие обзоры.

При всем том, однако ж, на сих дробностях останавливаться не должно, а надобно проходить далее по пути греха, или глубже входить в греховное сердце. Под делами, словами, частными помышлениями, пожеланиями и чувствами лежат постоянные расположения сердца, составляющие характеристические черты наши. Иные дела наши случайно прорывались, иные же исходили из сердца, и с такою силою, что их остановить не было сил, а иные делались непрестанно, обратились как бы в закон.

Такое рассмотрение даст нам знать, каких дел производители скрываются в сердце и рождают постоянный, оттуда возникающий, позыв на них. Это и суть склонности греховные. Раскрывая их, мы разоблачим строй нашего сердца, число и взаимное сочетание склонностей его.

Когда это будет сделано, не может укрыться и главная, всем заведывающая, страсть. Известно, что корень всех грехов есть самолюбие. Из самолюбия выходят гордость, корыстность, сластолюбие, а от этих – все другие страсти, между которыми главных считают восемь, а прочим, производным, и числа нет. У всякого грешника есть все страсти – иные на деле, другие в зародышах, – потому что у всякого, кто грешит, заправляет делами самолюбие, семя всех страстей или склонностей греховных. Но не у всякого все они раскрываются в равной степени: у одного преобладает гордость, у другого – сластолюбие, у третьего корыстность. И гордый не чужд чувственных удовольствий – но ничего, если и не придется иметь их. И своекорыстный думает о себе высоко – но ничего, если иногда из выгод придется поступить и низко. И сластолюбец любоимателен – но ничего и ущерб, если им покупаются утехи. Так у всякого одна главная страсть. Все другие стоят в тени, в подчинении ей, и ею управляются, не смея властно действовать наперекор главной страсти. Все склонности и порочные привычки, открытые уже человеком в себе, оттеняются одною какою-либо страстию и ею воодушевляются. Она есть то, в чем наиболее качествует и воплощается в его лице корень всех зол – самолюбие. Познанием ее и должно завершиться сознание своей греховности.

Так наконец познаешь и корень своей греховности, и ближайшие его порождения – склонности, и порождения дальнейшие, многочисленные дела, – вообразишь всю историю своей грешности и напишешь ее, как на картине.

Познав свою грешность, не будь холодным ее зрителем, но старайся возбудить и соответственные ей спасительные чувства сердечного раскаяния. Казалось бы, что чувства эти тут в тебе и родятся, как только познаешь грех, а на деле не всегда так бывает. Сердце грубеет от греха. Как чернорабочий грубеет от своей работы, так грубеет и человек-грешник, сам себя продающий в черную работу греха копать рожцы и питаться ими. Потому и здесь надо работать над собою, чтобы раздражить чувства раскаяния.

К сим чувствам переходят чрез чувство виновности в грехах и безответности в них. Чувство виновности стоит на средине между познанием грехов и покаянными чувствами и само посредствуется обличением себя.

Начни же прежде обличать себя – и обличи. Устрани все из внимания и оставь себя одного со своею совестью пред лицем Бога – Судии всевидящего. Раскрой, что ты знал, что не должно, и, однако ж, похотел; мог и похотевши отстать и не употребил в свое благо своего самовластия: и разум, и совесть были против, и совне препятствия были, но все эти вразумления презрены тобою. Так сделай в отношении к каждому греху. Увидишь, что всякий грех делан самоохотно, с сознанием его грешности и еще с усилием в преодолении препятствий, – и совесть заставит тебя беспрекословно сознаться в виновности. Лукавство грешного сердца начнет, может быть, изобретать извинения – то в немощи естества, то в силе темперамента, то в стечении обстоятельств, то в напоре житейских отношений – не слушай. Все это могло усиливать влечение ко греху, но согласия на грех никто никогда вынудить не может – оно всегда есть дело произволения. Сказал бы: «Не хочу», – и всем искушениям конец! Наперекор этим «непщеваниям вины о гресех» (Пс.140:4), раскрой пополнее твои личные отношения: кто ты, где, когда и как грешил, чтобы открыть, сколько грешен грех именно твой, в твоем лице и в твоих обстоятельствах, – и во всем увидишь не поводы к извинениям, а моменты, увеличивающие твою виновность. Предел, до которого должно доводить дело самообличения, есть чувство безответной виновности – состояние, в котором скажется в сердце: «Ничего не имею в оправдание – виноват».

В этом действии обличения совестию человек утвердит за собою один грех за другим, и скажет: «И в том виноват, и в другом, и в третьем, во всем, во всем виноват», – облечется в свои грехи и станет чувствовать, что они лежат на нем всей своею тяжестью. В познании грехов можно еще представлять их вне сущими; в обличении же они зрятся внутрь именно нас самих и тяготят, и тем больше тяготят, что мы безответны в них. Дошедши до сего пункта, что остается сказать грешнику, кроме: «Окаянен аз! И то не хорошо, и это худо, я сам виноват в том, что это не хорошо и что оно во мне есть».

Как только произнесет человек в сердце своем: «Окаянен аз», – тотчас начнут возрождаться в нем, одно за другим, болезненные чувства раскаяния в грехах. Ему и стыдно, что вдался в такие низкие дела, и досадно, что поблажил себе и поддался своему злому произволу, и болезненно, что довел себя до такого нравственного расстройства, и страшно, что оскорбил Бога и поставил себя в такое опасное положение и во времени, и в вечности. Чувства сии сменяются одно другим, и человек горит в них, как в огне. Он зрит себя висящим над бездною и в чувстве нисходит до состояния отверженных. Безотрадное томление дает проход и чувству безнадежности. И вот точка, на которой схватывает иногда человека-грешника бес отчаяния, внушая: «вящшая[22] вина твоя, еже оставитися тебе» (Быт.4:13).

В большей или меньшей степени испытывает эти чувства всякий грешник. Нечего жалеть, что они есть, а надобно желать, чтобы они были, и были посильнее. Чем больше горит в них человек и чем сильнее горение, тем спасительнее. В силе сего горения – основание будущей исправности. Тут узнает сердце, сколь сладок плод греха, и в этом почерпает крепость отвращаться от обаяний его.

Чувства раскаяния, очевидно, имеют разлагающее действие. Слово некое проходит до разделения души же и духа, членов же и мозгов, и судит помышления и мысли сердечные. Но цель, для чего производится сие в человеке благодатию Божиею, не та, чтобы только разорить, но чтобы, чрез разорение старого, создать новое. Это новое засеменяется веянием надежды на возможность все поправить. Есть возможность исправить неисправное и возвратить потерянное, только возьмись за дело. Казалось бы, что от чувств раскаяния – прямой переход к обету: «Итак, отвергаю грех и даю обещание работать единому Богу в исполнении Его заповедей». Но дающему такой обет надо быть уверену, что, с одной стороны, прежняя его неисправность прощена может быть, а с другой – что он может получить силы в помощь к устоянию в обете. Вот почему положение обета работать Господу посредствуется благонадежностию на помилование и на получение помощи свыше; а сия благонадежность производится верою в Господа Спасителя, Коим на кресте рукописание грехов наших разодрано и, по вознесении, поданы нам все «Божественныя силы, яже к животу и благочестию» (2Пет. 1, 3). Без сей веры и порождаемого ею благонадеяния томимый сокрушительными чувствами раскаяния идет путем иудиным. Вот когда для человека Крест Спасителя действительно есть якорь! Влаясь, как над бездною, в болезненном сокрушении о грехах, зрит он его единственным спасителем, за него емлется всею силою веры и упования и из него черпает силу воодушевления на положение обета. Как утопающий крепко берется за дерево, так кающийся – за Крест Христов, и чувствует, что уже не погибнет. Обыкновенно мы знаем силу крестной смерти Господа, а прошедший это болезненное раскаяние во грехах чувствует ее, потому что она становится элементом жизни его.

Итак, томимый чувствами раскаяния и уже колеблемый безнадежностью, подвигаясь к желанному обету:

Прежде поспеши воскресить живую веру в силу крестной смерти Христа Спасителя. Все грехи всех людей пригвождены ко кресту, а следовательно, и твои. Оживи сию уверенность, и на сердце твое повеет отрадою, и возникнет оно к благонадежию тотчас, как согреется сею верою.

К сему приложи крепкую уверенность и в том, что тебе даны будут силы к исполнению обета, как только приступишь к Таинствам. В них никому нет отказа. Затем они и стяжены Господом, чтобы их раздавать. Эта уверенность приведет в напряжение и твои собственные силы и родит готовность усердно работать при такой помощи. Родится ли обет без уверенности в помощи свыше? Но, с другой стороны, придет ли и уверенность эта, если не помышляется об обете? Тут взаимодействие.

И вот когда произойдет у тебя внутри это сочетание уверенности и готовности, давай обет – прочее единому Богу работать все дни живота твоего. Сей сердечный обет, по вере в Господа нашего Иисуса Христа, искренно произнесенный, развеет весь мрак, облегавший душу, и осветит все нити внутренней и все порядки внешней жизни твоей. Здесь заключается завет сердца с Богом во Христе Иисусе. Посему в сем действии прежняя решимость получает истинно христианский характер.

7. Облечение силою свыше на дело богоугождения в таинствах покаяния и причащения

Восходом до обета завершается движение кающегося грешника к Господу. Теперь он делать будет только некоторые шаги к принятию исходящего в сретение его Господа. Блудного сына сретил отец припадением на выю его и облобызанием в знак всепрощения, затем одел его, как следует, и учредил для него трапезу. а) Всепрощение кающемуся Бог изрекает в Таинстве покаяния; б) облекает же его силою и предлагает вечерю – в Таинстве причащения.

А. Кающемуся изрекается всепрощение в Таинстве покаяния

После того как человек-грешник дошел до обета работать отселе единому Богу, он должен спешить к Таинству покаяния. Необходимость сего так велика, что, все, сделанное доселе, без него не только останется недовершенным, но и должно пропасть без цены. Весь свой вес, все значение и силу оно получает только в сем Таинстве. Потому-то там, где нет Таинства покаяния, нет и живущих истинно по-христиански.

Первое, что делает необходимым это Таинство, есть некоторая нетвердость внутреннего делания вообще, некоторая его неопределенность и шаткость. Мысли наши, пока еще они в голове, бывают в ходе своем изменчивы, в порядке нестройны, в движении не установлены – и это не только тогда, когда предмет еще не уяснен, но и тогда, когда мы обсудили его хорошо. Но как скоро изложим их на бумаге, то они не только устанавливаются в порядке, но и окончательно уясняются и утверждаются. Точно таким же образом и перемена жизни, внутри только задуманная, одна бывает нерешительна и не тверда, и формы жизни, предначертанные в это время, шатки и неопределенны. Прочную установленность они получают в Таинстве покаяния, когда грешник в церкви откроет свои неисправности и утвердит обет быть исправным. Растопленный воск разливается неопределенно; но когда его вливают в форму или налагают печать, из него выходит нечто. И на внутреннего нашего человека надо положить свою печать, чтобы он принял определенный образ. Это делается над ним в Таинстве покаяния: тут запечатлевает его Божественная благодать Духа.

Духовную жизнь получает человек от Духа Божия. Благодать Духа сорастворяется с нами, начинает жить и действовать в нас и производить жизнь по духу. В кающемся доселе она действовала совне: совне возбудила его, совне назирала все исправительные движения внутри и содействовала им; но еще не проникла внутрь, не вселилась. Это совершается ею в Таинстве покаяния (а у обратившегося в первый раз к Господу – в крещении). Как томимый жаждою от принятия прохладной воды чувствует прохладу и подкрепление, так и горящий в огне раскаяния получает в Таинстве покаяния окончательно услаждающую его горести и вместе укрепляющую силу.

Что особенно делает необходимым Таинство покаяния, так это, с одной стороны, свойство греха, а с другой свойство нашей совести. Когда мы грешим, то думаем, что не только вне нас, но и в нас самих не остается следов греха. Между тем, он оставляет глубокие следы и в нас, и вне нас на всем, что нас окружает, и особенно на небе, в определениях Божественного правосудия. В час греха решается там, чем стал согрешивший: в книге живота он внесен в список осужденных – и стал связан на небе. Божественная благодать не низойдет в него, пока на небе не изгладится он из списка осужденных, пока там не получит он разрешения. Но Богу угодно было небесное разрешение – небесное изглажение из списка осужденных поставить в зависимость от разрешения связанных грехами на земле. Итак, прими Таинство покаяния, чтобы сподобиться всестороннего разрешения и открыть в себя вход духу благодати. Совесть, теперь возочищенная, возвратившая нежность и чутье к нравственному порядку, не даст покоя, пока решительно не уверимся в прощении. Такова она в обыкновенном порядке нашей жизни: не дает она нам и на глаза показаться к тому, кого оскорбили, пока не уверимся, что он простил нас. В отношении же к Богу она еще разборчивее. Хотя в то время, когда человек возвышается до решительного обета, сходит на него некоторое уверение, что он теперь не противен Богу; но эта уверенность – своя и прочна быть не может, ее скоро поколеблет сомнение: «Да так ли, да не самообольщение ли это», а сомнение внесет тревогу внутрь, от тревоги же – расслабление. При этом жизнь не будет иметь ни твердости, ни стройности. Итак, надобно человеку услышать всепрощение от лица Божия, чтобы, окончательно успокоившись уверенностью в милости Божией, действовать потом решительнее и тверже в этой уверенности. Поди же исповедуйся – и получишь от Бога объявление о прощении.

К спасительной исповеди надо достодолжно приготовиться. Кто прошел все сказанное доселе, тот готов. Приступи же с благоговейною верою!

Твердо убедившись в необходимости сего Таинства, иди к нему – не как к какому-либо придатку в перемене жизни твоей или простому обычаю, а с полною верою, что для тебя, как грешника, это – единственно возможный путь спасения; что, минуя его, ты пребудешь в числе осужденных и, следовательно, вне всяких милостей; что, не вошедши в сию врачебницу, не возвратишь здравия духу своему и останешься, как был, больным и расстроенным; что не увидишь Царствия, если не войдешь в него дверью покаяния.

Такими убеждениями возроди в себе желание сего Таинства. Приступай к нему не как к месту заклания, а как к источнику благ. Кто живо вообразит себе тот плод, который рождается в нас от исповеди, тот не может не стремиться к ней. Идет туда человек весь в ранах, от главы до ног нет целости, а оттуда возвращается здоровым во всех частях, живым, крепким, с чувством безопасности от будущих зараз. Идет туда под тяжелым бременем – вся сумма прошедших грехов на нем, она мучит и отнимает всякий покой у него, а оттуда возвращается облегченный, обрадованный, в отрадном расположении духа, что получил хартию всепрощения.

Будут приражаться стыд и страх – пусть! Тем и вожделенно должно быть сие Таинство, что наводит стыд и страх; и чем больше будет стыда и страха, тем спасительнее. Желая сего Таинства, желай большего устыдения и большего трепета. Кто решается лечиться, разве не знает о болезненности лечения? Знает, но, решаясь на лечение, он вместе с тем определяет себя и на сопряженные с ним страдания в надежде выздоровления. И ты, когда томился в нашедших на тебя чувствах раскаяния и порывался приблизиться к Богу, не говорил ли: «Все готов перенести, только помилуй и прости!» Вот и сталось по твоему желанию. Да не смущают же тебя находящие стыд и страх – они твоего ради блага сопряжены с этим Таинством. Перегоревши в них, больше окрепнешь нравственно. Горел уже ты не раз в огне раскаяния – погори и еще. Тогда один горел ты пред Богом и совестию, а теперь погори при свидетеле, от Бога поставленном, во свидетельство искренности того уединенного горения, а может быть, в восполнение неполноты его. Будет суд и на нем стыд и страх отчаянные. Стыд и страх на исповеди искупают стыд и страх тогдашние. Не хочешь тех, перейди эти. Притом всегда так бывает, что по мере тревоги, какую проходит исповедующийся, избыточествуют в нем и утешения по исповеди. Вот где Спаситель воистину являет Себя Успокоителем труждающихся и обремененных! Искренно покаявшийся и исповедавшийся опытно сердцем ведает сию истину, а не верою одною приемлет.

Затем, припомнив снова все содеянные тобою грехи и возобновив созревший уже в тебе обет не повторять их более, восставь живую веру, что стоишь пред Самим Господом, приемлющим исповедание твое, и рассказывай все, ничего не утаив из того, чем тяготится совесть твоя. Если ты приступил с желанием устыдить себя, то не будешь укрывать себя, а изобразишь, сколько можно полнее, твою срамоту в падкостях на грехи. Это будет служить к насыщению твоего сокрушенного сердца. Надобно быть уверенным, что всякий сказанный грех извергается из сердца, всякий же грех утаенный остается в нем тем в большее осуждение, что с этою раною грешник был близ Врача всеисцеляющего. Утаив грех, он прикрыл рану, не жалея, что он мучит и расстраивает его душу. В повести о блаженной Феодоре, проходившей мытарства, говорится, что злые обвинители ее не находили в хартиях своих записанными те грехи, в которых она исповедовалась. Ангелы потом объяснили ей, что исповедь изглаждает грех из всех мест, где он обозначается. Ни в книге совестной, ни в книге животной, ни у этих злых губителей не числится уже он за тем человеком – исповедь изгладила эти записи. Извергни же без утайки все, тяготящее тебя. Предел, до которого надо довести открывание своих грехов, тот, чтобы духовный отец возымел о тебе точное понятие, чтобы он представлял тебя таким, каков ты есть, и, разрешая, разрешал именно тебя, а не другого, чтобы, когда скажет он: «Прости и разреши кающегося, о нихже содела согрешениях», – в тебе не оставалось ничего, что не подходило бы под эти слова. Хорошо делают те, кои, готовясь к исповеди в первый раз после долгого пребывания во грехах, находят случай предварительно переговорить с духовным отцом и рассказать ему всю историю жизни своей греховной. Таким нет опасности забыть или пропустить что-либо в смятении во время исповеди. Всячески стоит позаботиться о полном открытии грехов своих. Господь дал власть разрешать не безусловно, а под условием раскаяния и исповеди. Если это не выполнено, то может случиться, что тогда, когда духовный отец будет произносить: «Прощаю и разрешаю», – Господь скажет: «А Я осуждаю».

Вот исповедь кончена. Духовный отец поднимает епитрахиль, покрывает им голову кающегося и, держа на ней руку, произносит разрешение во всех грехах, запечатлевая его крестным по главе знамением. Что происходит в это мгновение в душе, известно всякому, искренно каявшемуся. Потоки благодати от главы разливаются в сердце и преисполняют его отрадою. Это не от человеков – ни от кающегося, ни от разрешающего: это тайна Господа Целителя и Успокоителя душ... Бывает при этом, что у иных в сердце внятно слышится какое-либо Божественное слово в укрепление и воодушевление на будущее делание. Это как бы духовное оружие, вручаемое от Христа Спасителя человеку, который теперь вступает в число воинствующих под Его знаменем. Кто сподобился услышать такое слово, пусть хранит его потом как успокоительное и воодушевительное; успокоительное, ибо явно, что исповедь принята, когда Господу угодно было вступить как бы в беседу с кающимся, воодушевительное, потому что в час искушения стоит только припомнить его, и откуда сила возьмется!.. Воины на брани чем воодушевляют себя? – Тем словом из речи полководца, которое сильнее подействовало. Так и тут.

Тем все завершается... Остается припасть к Богу в чувствах благодарения за неизреченные Его милости и поцеловать крест и Евангелие в знак обета – идти неуклонно путем, указуемым в Евангелии, с самораспинанием, идти вслед Христа Спасителя, как описано в Евангелии, под благим игом Его, теперь только взятым на себя. Совершив это, иди с миром в намерении непременно действовать по тому, как обещал, памятуя, что суд с этих пор над тобою будет уже от слов твоих. Положил обет — держи его; запечатлел его Таинством — тем более будь верен ему, чтобы не попасть опять в разряд попирающих благодать.

Духовный отец наложит на тебя епитимию, прими ее с радостью. А если бы духовный отец не наложил, то проси наложить. Это будет не только напутствием тебе в добрый путь, на который вступаешь, но и защитою и прикрытием от сторонних враждебных действий на тебя в новом порядке жизни твоей. Вот что пишет об этом Святейший Патриарх Константинопольский[23] в «Ответе лютеранам»: «Отпущение грехов мы сопровождаем епитимиями по многим уважительным причинам. Во-первых, для того чтобы чрез добровольное злострадание здесь грешнику освободиться от тяжкого невольного наказания там, в другой жизни, ибо Господь ничем столько не умилостивляется, как страданием, и тем более страданием добровольным. Потому и святой Григорий говорит, что за слезы воздается человеколюбием. Во-вторых, для того чтобы истребить в грешнике те страстные вожделения плоти, которые порождают грех, ибо мы знаем, что противное врачуется противным. В-третьих, чтобы епитимия служила как бы узами или уздою для души и не давала ей снова приниматься за те же порочные дела, от которых она еще только очищается. В-четвертых, для того чтобы приучить к трудам и терпению, ибо добродетель есть дело трудов. В-пятых, для того чтобы нам видеть и знать, совершенно ли кающийся возненавидел грех»[24].

Кто проходит весь этот курс врачевания духовного, как должно, и, главное, без утайки исповедует свои грехи, тот возвращается из дома Божия, как возвращаются из судебного места виновные, кои, вместо приговора на смерть, услышали там объявление помилования и забвение их преступлений, возвращаются с глубочайшим чувством благодарения к Спасителю душ наших, с твердою решимостью посвятить Ему и исполнению заповедей Его всю остальную жизнь, с крайним отвращением от всех прежних грехов и неудержимым желанием изгладить все следы прежней недоброй жизни. Получивший разрешение чувствует в себе, что он не празден, что его посетила особая некая сила. Божественная благодать, которая доселе только совне действовала на него в помощь ему в победе над собою, теперь с словами: «Прощаю и разрешаю» вошла внутрь, срастворилась с его духом и исполнила его огненностью и стремительностью, с коими и исходит он теперь на дело и на делание свое до вечера жизни своей.

Б. Кающийся приступает к Таинству святого причащения

В притче о блудном сыне отец, приняв возвращающегося к нему с раскаянием сына, после того как, падши на выю его, облобызал его в знак всепрощения, повелел одеть его и готовить вечерю светлую и отрадную. Родительское сердце не довольно было прощением, оно решительнее хочет уверить сына в своем с ним примирении и сильнее выразить радость свидания с ним по расставании столь горестном. Отеческая любовь дает то, чего и не ожидала сыновняя надежда. Какой грешник мог ожидать большего чего-нибудь после того, как получил всепрощение? И вот, однако ж, он приглашается еще и на вечерю Господню, где Господь Сам дает ему Плоть Свою ясти и Кровь Свою пити. Это — венец щедродательности к обращающемуся грешнику и, однако ж, не избыток, а существенная необходимость в воссоединении с Господом.

Жизнь христианская есть жизнь в Господе Иисусе Христе. Уверовавший облекается во Христа и живет Им. Падший по крещении теряет эту благодать; восставая от падения и возвращаясь к Господу, ему опять надо сподобиться ее – и сподобляется в святом причащении. «Ядый Мою Плоть и пияй Мою Кровь во Мне пребывает, и Аз в нем», – говорит Господь (Ин. 6, 56). Тут в кающемся и начало жизни о Христе Иисусе. Господь сказал, что Он есть лоза, а верующие в Него – ветви (см.: Ин. 15, 5). Ветвь не живет, если она не на лозе; так и верующие не живут, если не в Господе. Нигде нет жизни истинной, как только в этой лозе. Что не на ней, то мертво. Посему кто хочет жить истинно, тот должен привиться к ней, принимать от нее соки жизненные и жить, питаясь ими. Привитие и совершается во святом причащении: здесь христианин становится едино с Господом. Когда Господь руководил только грешника к полному покаянию, то толкал лишь в двери сердца; когда же отверзаются они сокрушением и покаянием, Он входит внутрь и вечеряет с причастником.

Теперь человек рождается вновь. Начинается у него жизнь совершенно в новом роде. Жизнь не может продолжаться без пищи, и притом пищи сродной себе. А такого-то рода пища и есть Тело и Кровь Господа. Сам Он сказал: «Плоть бо Моя истинно есть брашно, и Кровь Моя истинно есть пиво» (Ин. 6, 55). Ими и должно начавшему новую жизнь питать сию жизнь. Тем паче необходимо вкусить сей пищи на первых порах, при первых, так сказать, движениях новой своей жизни. Говорят, что первая пища имеет влияние на характер телесной жизни и после составляет постоянную потребность тела. Какой же должен быть характер жизни у покаявшегося? Жизнь о Христе Иисусе, Господе нашем. Что должно составлять постоянную потребность его? Потребность общения с Господом. Пусть же спешит на первых движениях сей жизни вкусить Тела и Крови Христовых, чтобы положить, так сказать, основу жизни, сообразной с Христом, и зародить живую потребность постоянного с Ним общения посредством сего вкушения. Вкушающий, ощутив сладость сей манны небесной, уже не может потом не алкать и не жаждать больше и больше сего вкушения.

Итак, получив помилование и всепрощение в покаянии, приступи к святому причащению, для полноты оживления внутреннего твоего человека.

Нет нужды прописывать особые правила приготовления к сему. У покаявшегося есть уже все к тому потребное, и он естественно переходит к причащению. Кто оплакал свои грехи и исповедался, тот готов приступить к сему великому Таинству. И Апостол ничего более не предписывает; он говорит только: «Да искушает... себе, и тако от хлеба да яст, и от чаши да пиет» (1Кор. 11, 28). Можно сказать: имей то, что есть, или не потеряй того, что имеешь, — и довольно.

По заведенному у нас порядку, после исповеди до причащения не много проходит времени: большею частию только вечер, утро и Литургия. В эти моменты и позаботиться надобно сохранить благонастроение, принесенное из храма после исповеди, и применить к общению с Господом во святом причащении.

Храни неразвлеченным внимание и сердце безмятежным. Блюдись рассеяния и смятенных забот и, от всего отстранясь, войди в себя и пребудь сам с единою мыслию о Господе, имеющем прийти к тебе. Устрани всякое движение мысли и, созерцая единого Господа, молись Ему неразвлеченною сердечною молитвою.

Если мысль не может пребыть в сем едином, дай ей в занятие размышление о самом причащении, а чтобы она не блуждала много, связывай ее словами Господа и святых Апостолов о сем Таинстве.

Размышляя о каком-либо изречении Господа или святых Апостолов, извлекай из них назидание и располагай себя к сокрушенной молитве. Когда придет молитва, падай пред Господом и не отступай от молитвы, пока есть молитва.

В этих занятиях проведи вечер, пока сон смежит очи. Настанет утро. Как только придешь в себя, проснувшись, прежде всего воскреси сознание о величии наступившего для тебя дня. Но не суетись, не развлекайся многим, имея во внимании только то, что имеет быть с тобою и в тебе. Блюдись! Враг всячески искушать будет, чтобы поставить душу в недоброе состояние, стараясь или мысли рассеять, или заботу о чем породить, или недовольство чем, или неудовольствие на кого возбудить. Внимай себе, молясь ко Господу, и избежишь сих преткновений.

Вошедши в храм, чувствуй себя так, как если бы ты был в Сионской горнице, где Господь причащал святых Апостолов, и внимай более, чем когда, поемому и читаемому, направляя все к тому помышлению, что это для тебя Сам Господь готовит спасительную вечерю.

При сем возгревай веру в действительное присутствие Самого Господа и Спасителя в Святых Тайнах. Исходя от сей веры и созерцая Самого Господа, уже как бы грядущего к тебе, самоуничиженно взывай: «...несмь достоин, да под кров мой внидеши» (Мф. 8, 8). От самоуничижения переходи к сыновнему страху, не отревающему, но приносящему благоговейную трезвость. поскольку же Сам Господь и приглашает, и повелевает приступить, будь готов приступить благонадежно, с желанием и жажданием, как «елень на источники водные» (Пс.41:2), и чая с уверенностью принять Самого Господа, а с Ним и все сокровища жизни, в Нем сокровенные. От сего чаяния, которое не посрамит, опять обращаясь на себя, в готовности сретить Господа, сильнее возгрей сердечное сокрушение и повтори обещание отвращаться от греха, хоть бы для сего и умереть пришлось.

Потрудись всю Литургию простоять, переходя от одного из сих чувств к другому, и в сем благонастроении приступи наконец к Чаше Господней, узрев которую воздай поклонение грядущему к тебе Господу и, отверзши уста и сердце, приими Его, смиренно и благоговейно воззвав с Апостолом Фомою: «Господь мой и Бог мой!» (Ин. 20, 28).

Слава Тебе, Боже! Слава Тебе, Боже! Слава Тебе, Боже!

Приступив с таким расположением к Чаше Господней и отходя от нее, ты будешь чувствовать в сердце своем: «истинно слово... Божественных причащася благодатей, не убо есмь един, но с Тобою, Христе мой, Светом трисолнечным, просвещающим мир». Отселе ты начинаешь носить в себе Христа. Попекись же усердно успокоить Его всячески и удержать в себе. Если Христос в тебе, кто против?.. И все прочее возможешь о укрепляющем тебя Господе.

Этим завершается образование духовной жизни в человеке-христианине, после грехопадения снова обращающемся к богоугождению.

Вот весь порядок обращения! Он представлен здесь в виде долгой истории для того, чтобы яснее видеть все обороты, какие должен желать обращающийся, при взаимодействии свободы и благодати. Все сказанное бывает у всякого обращающегося, но как и в какой мере – это зависит от личностей и обстоятельств каждого. У иного все обращение совершается в несколько минут, а между тем он и возбужден бывает, раскаивается и восходит до решимости. Духовные явления мгновенны. Впрочем, такого рода примеры обращения очень редки; большею же частью все обращение совершается не вдруг, а постепенно. Самые изменения внутренние хотя мгновенны, но доходят до них не всегда вдруг, а иногда после довольно долгого труда над собою. У иного потому обращение полное продолжается годы. Главные точки, на которых делается застой, суть те, где должно страдать самолюбие, при одолении, например, препятствий или возбудителей греха, при исповеди и прочем. Последнее состояние, до которого должно дойти, есть совершенное отрешение от всего и предание себя Господу. С этой минуты и зачинается полная истинно христианская жизнь, потому что тогда человек бывает у цели – сокровен в Боге. Все зависит от ретивости, с какою кто возьмется за себя, и убеждения, что уж что необходимо, то надобно сделать, – теперь ли, после, а надобно: лучше же теперь, – и начинает работать, и скоро устанавливается. А установиться и есть главное дело обращения.

Отдел III. О том, как совершается, зреет и крепнет в нас христианская жизнь, или то же о порядке богоугодной жизни

Как совершается, зреет и крепнет в нас христианская жизнь

Утвердим внимание наше на том, что человек только что обратился от тьмы к свету, из области сатанины к Богу, только что вступил в новый путь, на котором не сделал еще ни одного шага, но горит ревностию все сделать, что окажется нужным для того, чтобы устоять в начатом деле и не поддаться опять прежним своим властителям, отдалявшим его от Бога и Спасителя и увлекавшим в погибель.

Спрашивается теперь: куда ему идти и что должен он делать, дабы прийти куда должно, и прийти верно, прямо, скоро, успешно? Цель, к которой должен все свое внимание и все труды направлять обратившийся, и есть последняя цель человека и домостроительства спасения, именно богообщение, живой союз с Богом, удостоение вселения Его. Тогда только успокоится ищущий и ревнующий дух, когда стяжет Бога, вкусит Его и насытится. Потому для него первый закон: «ищи Бога, взыщи лица Его выну» (ср.: Пс. 104, 4). В чем состоит сие благо – для человека непостижимо. Сам он даже и не подумал бы о такой высоте. Но когда Богу угодно было назначить ему сей чин, дерзко было бы человеку отвергать его неверием, невниманием, опущением из мысли, даже при трудах. «Вселюся в них», говорит Бог, и это всеми Лицами Пресвятыя Троицы (2Кор. 6, 16). О Боге Отце и Себе говорит Господь: «к нему» (верующему и любящему) «приидем, и обитель у него сотворим» (Ин. 14, 23). О Себе Едином: «...вниду к нему и вечеряю с ним» (Апок. 3, 20); и еще яснее: «Аз во Отце Моем, и вы во Мне, и Аз в вас» (Ин.

14, 20). О Духе же Святом говорит Апостол: «Дух Божий живет в вас» (Рим. 8, 9).

Должно заметить, что это вселение Бога не есть только мысленное, какое бывает в богомыслии от лица человека и в благоволении со стороны Бога, а есть живое, жизненное, к коему те должны быть почитаемы только средством. Умное и сердечное устремление к Богу, под благоволением Божиим приготовляет человека к приятию Бога истиною; это такое единение, в коем, не поглощая сил и лица человеческого, Бог является «действующим» в нем «и еже хотети и еже деяти» (Флп. 2, 13); и человек, по Апостолу, «не ктому себе живет, но живет в нем Христос» (ср.: Гал. 2, 20). Это цель не только человека, но и Самого Бога. Все сотворенное в Боге и Богом стоит. Свободные твари уступлены себе самим, но не окончательно и не вконец, а с тем, чтобы и они себя отдали Богу вседействующему, не составляя из себя особого в Царстве Божием царства, независимого от Бога. Может казаться странным, что общения с Богом достигать еще должно, когда уже оно есть или дается в Таинстве крещения или покаяния, ибо говорится: «елицы во Христа крестистеся, во Христа облекостеся» (Гал. 3, 27); или: «Умросте, и живот ваш сокровен есть со Христом в Боге» (Кол. 3, 3). Да и по простому понятию Бог везде есть, «не далече от коегождо нас, да поне осяжем Его» (Деян. 17, 27), и готов вселиться во всякого, готового принять Его. Только одно нехотение, небрежение, грешность отделяют нас от Него. Теперь, когда покаявшийся отверг все и себя предает Богу, – что препятствует вселению Бога в него?

В устранении такого недоумения надобно отличать разные виды богообщения. Оно начинается с минуты возбуждения и обнаруживается, со стороны человека, исканием, стремлением к Богу, со стороны же Бога – благоволением, содействием, покровом. Но Бог еще вне человека и человек вне Бога, не сопроникаются, не взаимновходны. В Таинстве крещения или покаяния Господь благодатию Своею входит внутрь человека, живо сообщается с ним и дает ему вкусить всю сладость Божества, так обильно и ощутительно, как свойственно совершенным, но потом опять сокрывает сие заявление Своего общения, только по временам возобновляя его – и то легко, как в отражении только, а не в подлиннике, оставляя человека в неведении о Себе и Своем в нем пребывании до определенной меры возраста или воспитания по мудрому Своему руководству. После же сего Господь осязательно являет Свое вселение в духе человека, который тогда становится храмом преисполняющего его Триипостасного Божества.

Итак, есть три вида богообщения: одно – мысленное, бывающее в период обращения, а другие два – действительные, но одно из них – сокрытое, невидимое для других и незнаемое самим, другое же – и для других явное. Первый вид общения, самый понятный и общий, не перестает и во второй степени и даже в третьей, потому что жизнь духовная есть жизнь умная; однако ж в сих степенях отличается от первого своего свойства характеристически, чего, впрочем, изъяснить словом нет никакой возможности. Вся жизнь духовная состоит в переходе от мысленного богообщения к действительному, живому, ощущаемому, являемому.

Мы смотрим на человека покаявшегося – следовательно, на такого, который действительно вступил в общение с Богом, но еще скрытное, тайное, не являемое, и имеет целью достигнуть общения полного, ощущаемого, осязаемого. Надобно точнее определить себе все это и увериться, потому что на сих понятиях должна строиться вся деятельность покаявшегося во спасение; именно: что в Таинстве покаяния (или крещения) нисходит благодать ощутительно для духа, но потом скрывается от сознания, хотя не отходит делом, – и это до очищения сердца, когда она вселяется видимо и окончательно. Очевидно, что наставниками нам в сем деле могут быть только святые отцы. Из них никто так хорошо не изобразил сего, как святой Диадох, епископ Фотики, и святой Макарий Египетский. Приведем их свидетельства на наши положения.

Благодать вселяется в человека и бывает при нем с минуты принятия Таинства. «Благодать, – говорит святой Диадох, – с самого того мгновения, в которое получаем крещение (или покаяние), поселяется в самой глубине ума...»[25] Еще: «Божественная благодать чрез святое крещение сочетавает себя с непостижимою некоею любовию, чертами изображения по образу Божию, в залог подобия»[26]. Святой Макарий: «Благодать непрестанно присутствует с человеком, еще с малых лет соединившись и укоренясь, как бы нечто природное и неотделенное в сердце его, соделавшись с ним как бы одно существо»[27].

При первом вселении своем чрез Таинства благодать сия сподобляет человека полного вкушения блаженства от богообщения. «Всесвятый Дух, – говорит святой Диадох, в начале усовершения, если ревностно возлюбим добродетель Божию, дает душе вкусить сладости Божией всем чувством и удовлетворительно, для того чтобы ум имел точное познание о конечной награде богоугодных трудов[28]. Еще: «Благодать сначала обыкновенно озаряет душу своим светом так, что она может обильно ощущать его»[29]. Сие ощутительное осенение благодати вначале изображается белою одеждою, в какую на семь дней одеваются крещаемые. Что это не один обряд, видно из примеров святых обращенных, ибо иных видимо одевал свет, на других нисходил голубь, у иных просветлялось лицо. Вообще же, все, истинно приступавшие ко Господу, ощущали сие некоторым взыгранием духа своего, подобным тому, каким взыгрался Предтеча Господень во чреве Елисаветы при приближении Матери Божией и в Ней Господа. В житии Симеона и Иоанна (21 июля) говорится, что они видели свет около брата, окрещенного и приявшего образ монашеский, – и это семь дней. Ощутив, по приятии образа, и в себе действие Божие особенное, они взыскали сохранить его навсегда, для чего тотчас же и удалились на уединение – способнейший к тому образ подвижничества.

Потом благодать скрывает себя от спасаемого, и хотя пребывает в нем и действует, но так, что тот не замечает сего, и до того не замечает, что нередко считает себя оставленным от Бога и гибнущим, от чего впадает в тугу, сетование и даже легкое нечаяние. Так, святой Диадох, после приведенных пред сим мест, продолжает: «Впрочем, долго потом скрывает драгоценность сего животворного дара, чтобы мы, хотя исполним все добродетели, считали себя совершенно ничем, потому что не обратили еще святой любви как бы в навык себе»[30], «но, в продолжение подвигов, производит в богословствующей душе свои тайные действия неизвестным для нее образом, дабы в первом случае склонить нас, призываемых от неведения к ведению, с радостию вступить на стезю Божественных созерцаний, а во втором, среди подвигов, охранить наше знание от тщеславия»[31]. В другом месте он объясняет, как вообще действует благодать: «Благодать сперва утаевает свое присутствие, выжидая произвола души, и как скоро человек совершенно обратится ко Господу, тогда неизъяснимым каким-то ощущением открывает сердцу свое присутствие и опять ожидает движения души, попуская между тем диавольским стрелам достигать до глубокого чувства ее, дабы она с ревностнейшим произволением и с смиреннейшим расположением взыскала Бога... Впрочем, надлежит знать, что, хотя благодать и утаевает от души свое присутствие, однако же подает ей помощь скрытным образом, дабы показать врагам, что победа принадлежит единственно душе. Посему-то душа бывает тогда в унынии, скорби, уничижении и даже умеренном отчаянии»[32]. И святой Макарий Египетский говорит, что «сила благодати Божией, бываемая в человеке (которая уже есть, дарована), и дар Святаго Духа, коего верная душа прияти сподобляется великим трудом, многим ожиданием, долготерпением, искушениями и испытаниями приобретается», разумея не первое ее получение, а ее полное вселение и действие, как видно из его слов, где говорит он, что благодать, с великим долготерпением, премудростию и таинственным ума испытанием в человеке, уже долгое время в разных случаях подвизавшемся, действовать начинает[33]. Он же объясняет это примерами Авраама, Иакова, Иосифа и Давида, кои, получив великие обетования, потом долгое время должны были страдать в безвестности, пока наконец увидели исполнение обетований[34]. Надобно заметить, что эта сокровенность и неощутимость бывает не сплошная, а по временам растворяется утешениями, хотя утешения сии совсем другие, нежели те, которые бывают после, по вселении Духа.

Наконец, когда кончится сей период сокровенного богообщения и Божия в душе действования, продолжение которого не в руках человека, а в руководительной премудрости спасающей человека благодати, Бог особенным образом вселяется в человека, видимо преисполняет его, соединяется и общается с ним, что и составляет цель всего подвижничества и всех трудов со стороны человека, и всего домостроительства спасения от лица Божия, и всего, что бывает с каждым человеком в жизни настоящей от рождения до гроба. У святого Макария говорится, что дело благодати после долгих испытаний наконец совершенно показывается, и душа приемлет полное всыновление Духа. Бог Сам Себя вверяет сердцу, и человек удостаивается быть един дух с Господом. Испытанный, по Диадоху, делается уже вполне жилищем Святаго Духа. Благодать озаряет все его существо в глубочайшем каком-то чувстве[35]. Действие это открывается или сопровождается разным у разных людей образом.

Эти два способа действительного богообщения прекрасно изобразил и описал премудрый Сирах, говоря о Премудрости, которая и есть спасающая нас Божия благодать: «яко стропотно ходит с ним в первых, боязнь же и страх наведет нань и помучит его в наказании своем, До́ндеже веру имет души его и искусит его во оправданиих своих, и паки возвратится прямо к нему и возвеселит его и открыет ему тайны своя» (Сир. 4, 18–21).

«Яко стропотно ходит с ним в первых» – то есть сурово, строго, немилостиво, с некоторою как бы нелюбовью.

«Боязнь же и страх наведет нань» – страх оставления Божия и готового всегда нападения лютых врагов; причем, по Диадоху, благодать действует подобно матери, скрывающейся от дитяти, которое потому, из боязни, и начинает кричать и искать матери, особенно когда увидит при себе чужие лица[36].

«И помучит его в наказании своем» – долго продержит его в сем сокровенном и строгом своем обучении. По святому Макарию, «благодать многоразличными образами, по своему произволению и сообразуясь с пользою человека, все располагает, держит его во многих искушениях и таинственном ума испытании и прочее[37].

«Дондеже веру имет души его и искусит его в оправданиих своих» – то есть доведет его до того, что на него можно будет положиться вполне, как на испытанного и верного. У святого Макария сказано: «Когда воля, по многом искушении, Святому Духу благоугождающею является и чрез долгое время показывает себя в том терпеливою и непоколебимою; когда душа ни в чем не оскорбляет Духа, но с благодатию во всех заповедях согласна», тогда «И паки возвратится прямо к нему», – то есть открыто, лицом к лицу, явится к нему как бы снова после разлуки и несвидания. Тогда, по святому Макарию, дело благодати в нем совершенно является – он приемлет полное усыновление[38]; или, по Диадоху, благодать озаряет все существо его в глубоком каком-то чувстве, и он делается вполне жилищем Святаго Духа: знаменается на нем свет лица Божия (см.: Пс. 4, 7); Господь и Бог приходит и обитель в нем сотворяет (см.: Ин. 14, 23).

«И возвеселит его». – «Возрадуется сердце ваше, – говорит Господь, – и радости вашея никтоже возмет от вас» (Ин. 16, 22). Царство Божие – «радость о Дусе Святе» (Рим. 14, 17). Свет, сияющий в человеке, говорит святой Макарий, так всю внутренность пронзает, что он весь, погрузясь в сей сладости и приятном чувствии, находится вне себя ради преизобилующей любви и сокровенных Таинств, собою созерцаемых. «Душа пламенеет тогда, – говорит святой Диадох, – и с неизъяснимою какою-то радостию и любовию стремится тогда выйти из тела и отойти ко Господу и как бы не знать временной сей жизни».

«И открыет ему тайны своя» – тайны Божественной премудрости, достопоклоняемыя Троицы, домостроительства спасения, усвоения его, тайны греха и добродетели, промышления о тварях умных и вещественных, и вообще всего Божественного порядка вещей, как это подробно изображается у святого Исаака Сирианина в послании к Симеону. «Когда ум обновится и освятится сердце... тогда ощущается духовное познание творений, воссияет в нем созерцание тайн Святыя Троицы с тайнами достопоклоняемого оной смотрения о нас, и тогда он получает всесовершенное познание надежды будущего. Такой не учится, не исследывает, но созерцает славу Христову, наслаждается удовольствием созерцания тайн нового мира. Такое совершенство познания приходит с приятием Духа, Который вводит дух наш в тот мир, порядок или область созерцаний»[39]. Дух Святый отъемлет от души покрывало, восхищает ее в оный век и вся чудная ей показует[40].

Итак, теперь очевидно, что к обращенному чрез Таинства приходящая благодать единится с ним и сначала дает ему вкусить всю сладость жизни по Богу, а потом скрывает от него свое присутствие, оставляя его действовать как бы одного, среди трудов, потов, недоумения и даже падения; наконец, по прошествии сего периода испытания, вселяется в него явно, действенно, сильно, ощутимо.

Спрашивается: что за причина, что благодать Божия вселяется не вдруг вполне, или, что то же, что не вдруг открывается торжество полного общения души с Богом? Надобно знать эту причину, чтобы действовать против нее, и действовать успешнее, потому что только устранением ее и можно достигнуть полного вселения благодати.

Чтобы понять, почему это так бывает, обратимся к внутреннему строению обратившегося. Грех овладевает человеком и увлекает к себе его внимание, и все стремления, и все силы его. Действуя под влиянием греха, человек всего себя пропитывает им и все части своего существа, и все силы приучает к деятельности по его внушению. Эта пришлая, отвне навязанная деятельность от долгого пребывания до того сродняется с нами, что обращается уже в природную, принимает вид естественной, а потому неизменной и необходимой. Так срастаются, например, кичение с умом, своекорыстие – с пожеланиями, похотливость – с сердцем, со всеми начинаниями – самость и некоторая неприязненность к другим. Таким образом, в своем сознании и произволении, в силах души – уме, воле и чувстве, во всех отправлениях тела, во всех своих делах внешних, в поведении, в сношениях, правилах и обычаях – человек весь проникнут грехом, то есть самостию, страстностию, самоугодием. У святого Макария это изображается так, что грех, по падении вошедший в нас, имеет будто весь образ человека, почему и называется он человеком плотским, душевным, внешним, и потому облек своими частями соответственные части нашей природы: ум умом, волю волею и прочее, и, подавив собою естественную деятельность сил наших, выдавал за них деятельность свою неестественную, содержа между тем человека в той уверенности, что она-то и естественна. В сем мраке, под гнетом греха, в области сатанинской пребывает всякий человек не обращенный, не покаявшийся, не пришедший до решимости служить Богу в духе и истине[41].

Пришедшая Божия благодать – сначала чрез возбуждение, а потом чрез период обращения – рассекает человека на человека, вводит его в сознание сей двойственности, в видение неестественного и того, что должно быть естественно, и доводит до решимости отреять или очистить все неестественное, чтоб явилось в полном свете естество богоподобное. Но очевидно, что такая решимость есть только начало дела. В ней человек только еще сознанием и произволением вышел из области пришлой, качествующей в нем неестественности, отказался от нее и приложился к естественности ожидаемой и желаемой:

но на самом деле во всем своем составе остается еще таким, каким был, то есть пропитанным грехом, и в душе по всем силам, и в теле по всем отправлениям качествует страстность, как и прежде, с тем только различием, что прежде все это желалось, избиралось и действовалось от лица человека, с желанием и услаждением, теперь же оно не желается, не избирается, а ненавидится, попирается, гонится. Человек при этом вышел из себя, как бы из смердящего трупа, и зрит, какую какая часть его источает страстную вонь, и против воли обоняет иногда, до омрачения ума, весь смрад, издаваемый собою.

Таким образом, истинная благодатная жизнь в человеке вначале есть только семя, искра; но семя, всеянное среди терния, искра, отсюду закрываемая пеплом... Это еще свеча слабая, светящая в самом густом тумане. Сознанием и произволением человек прилепился к Богу, и Бог восприял его, соединился с ним в сей самосознающей и произволяющей силе, или уме и духе, как говорится об этом у святых Антония и Макария Великого. И доброго, спасенного, богоугодного в человеке только и есть. Все другие части находятся еще в плену и не хотят и не могут еще покорствовать требованиям новой жизни: ум не умеет мыслить по-новому, а мыслит по-старому; воля не умеет хотеть по-новому, а хочет по-старому; сердце не умеет чувствовать по-новому, а чувствует по-старому. То же и в теле, во всех его отправлениях. Следовательно, он весь еще нечист, кроме единой точки, которую составляет сознающая и свободная сила — ум или дух. Бог чистейший и соединяется с сею единою частию, все же другие части, как нечистые, остаются вне Его, чужды Его, хотя Он готов преисполнить всего человека, но не делает сего потому, что человек нечист... Затем, коль скоро он очистится, Бог тотчас являет полное Свое вселение. Святой Григорий Синаит пишет: «Если естество наше посредством Духа не сохранится от скверны и не сделается так, как было, чистым, то ни в нынешней, ни в будущей жизни не возможет соединиться со Христом в одно тело и дух; ибо всеобъемлющая и соединительная сила Духа не обыкла к новой ризе благодати в восполнение пришивать рубище ветхих страстей»[42]. Нельзя Господу вселиться вполне – жилище еще не приготовлено; нельзя излиться в него благодати вполне – сосуд еще худ. Сделать это значило бы напрасно иждивать[43] и губить сокровища духовные. «Кое общение свету ко тме, или Христу с велиаром?» (2Кор. 6, 14–15). И Господь, обетовая прийти со Отцем и обитель сотворить, поставляет непременным к тому условием исполнение заповедей, – разумеется, заповедей всех, иначе – правую во всем деятельность, которая невозможна без правоты сил, а правота сил без отторжения от них прившедшей неправоты, или отребления[44] греховности и страстности. Сюда можно отнести, некоторым образом, следующее место: «Аще речем, яко общение имамы с Ним, и во тме ходим, лжем и не творим истины; аще же во свете ходим, якоже Сам Той есть во свете, общение имамы друг ко другу» (1Ин.1:6, 7). Тьма эта есть тьма страстей, потому что после святой Иоанн в таких же местах употребляет вместо ее нелюбовь и троякую похоть (см.: 1Ин. 2, 10–11, 16). Свет же, по противоположности, есть свет добродетелей; и опять потому же, что после свет у него заменяется добродетелями. Отсюда видно, что тогда только и можно истинно стоять в совершенстве богообщения, когда прогнан мрак страстей и воссиял свет добродетелей, когда они напечатлелись, срослись как бы с существом нашим, облекли и проникли собою силы наши, изгнав, вытеснив из них страсти так, чтобы быть уже не отсвечиваемыми, а самосветящими. До того же времени богообщение так сокровенно, так безвестно, что может казаться не сущим и в некоторой степени должно быть почитаемо ненадежным, нерешительным, неполным, или не соответствующим себе.

Итак, что Господь, пришедши в союз с духом человека, не вдруг вполне преисполняет или вселяется в него, это зависит не от Него, готового все преисполнить, а от нас, именно от страстей, растворившихся с силами нашей природы, еще не отторженных от них и не замененных противоположными добродетелями. «Греховные страсти, – говорит святой Антоний Великий, – не позволяют Богу сиять в нас»[45]. Если же главная цель, к которой должен стремиться покаянник, есть полное богообщение, светоносное, блаженное, главнейшее же препятствие к сему составляет бытие в нем качествующих и действующих еще страстей, ненапечатление добродетелей и неправота сил, – то очевидно, что главнейшим делом своим, тотчас по обращении и покаянии, он должен поставить искоренение страстей и напечатление добродетелей – одним словом, исправление себя... Удаление всего неправого и приятие или помещение правого, прогнание греховных страстей, привычек, недостатков, даже как будто естественных, и других неправостей, будто извинительных, и приусвоение добродетелей, добрых нравов, правил и вообще всесторонней исправности, не упуская, однако ж, из внимания последней своей цели, но действуя со всем рвением против страстей, очи ума, между тем, иметь обращенными к Богу, – в этом состоит исходное начало, которого должно держаться в построении всего порядка богоугодной жизни, которым должно измерять прямоту и кривость изобретаемых правил и предпринимаемых подвигов. В этом должно убедиться как можно полнее, потому что все, кажется, заблуждения деятельные происходят от незнания сего начала[46]. Не разумея силы сего, иные останавливаются на одной внешности упражнения и подвизания, другие – на одних делах добрых и навыке в них, не простираясь выше, а третьи прямо идут в созерцание. Все сие нужно, но всему своя чреда. Сначала все – в семени, потом развивается не исключительно, но преимущественно в той или другой части, однако ж неизбежна постепенность – восход от внешних подвигов к внутренним, а от тех и других – к созерцанию, а не наоборот.

Уверившись в этом, мы теперь легко можем извлечь руководительные правила для богоугодной жизни, или дух и строй подвижничества.

Воротимся несколько назад и станем опять вниманием своим пред человеком, посвятившим себя Богу и давшим обет действовать всегда и во всем по воле Его, во славу Его, богатеть истинно добрыми делами. Решившись на это, чем другим может он действовать в сем роде, когда, как мы видели, ни та, ни другая наша часть не способна к тому? Грех возненавиден в духе, но тело и душа сочувствуют ему, льнут к нему, потому что облечены страстями. Добро или воля Божия возлюблены в духе, но тело и душа не сочувствуют ему, отвращаются от него, или, если нет сего, не умеют делать его. Потому решившийся, по ревности своей, пребыть верным обету данному и, по сознанной необходимости, пребывать в добре, неизбежно в каждом добром деле (а недобрых у него и не должно быть) должен противиться требованиям своего тела и души и, отказывая им, в этом понуждать их на противное. А так как тело и душа не отходят от его лица, а составляют его же, то это – то же самое, что противиться себе в худом и принуждать себя на добро. Самопротивление и самопринуждение – это два оборота возрожденной в духе ревности, форменные как бы начала подвижничества. То и другое составляет борение человека с собою, или, иначе, подвиг.

Отсюда обратившийся покаянник, с первых минут новой жизни, неизбежно вступает в подвиг, в борение, в труд, и начинает несть тяготу, иго. И это до того существенно, что единственно верным путем добродетели всеми святыми признается его болезненность и притрудность, а противная тому льгота есть признак пути ложного: «Царствие Божие нудится, и нуждницы восхищают е» (Мф. 11, 12). Кто не в борении, не в подвиге, тот – в прелести. У Апостола сказано: кто не терпит, тот не сын (см.: Евр.12:7, 8).

Итак, ревнующий ревнует о подвигах самопринуждения и самопротивления с целью самоисправления, или возведения себя в чистоту первозданную, чтобы тем скорее удостоиться богообщения. Очевидно, что чем он ретивее, тщательнее, стремительнее делает это, тем успешнее достигает своей цели. Это то же, что кто ненавистнее и неприязненнее идет против себя, круче и решительнее действует, тот скорее вступает в чистоту. Оттого видим, что все святые, востекшие на высоту христианского совершенства, вслед за обращением начинали самые строгие подвиги самоумерщвления — посты, бдения, долулегания[47], уединения и прочее. Это была сознательно избранная, благодатию внушенная мера, принятая к скорейшему созрению, и оно действительно скоро подавалось. Напротив, облегчения, остановки, жаления себя, хоть не постоянные, замедляли и замедляют всегда ход духовного спеяния[48].

Итак, дело решившегося: ревнуй, решительнее берись за подвиги, тоже решительнейшие и приспособленнейшие, — ведь и между ними одни более, а другие менее способствуют к умерщвлению страстей и напечатлению добродетелей. Уж если это страдательное состояние неизбежно, хоть и переходно, то что за смысл растягивать это дело по одной оплошности? Нерешительность, оплошность, вялость — великая препона.

Решился, так не стой, а ратуй; это — от лица человека. Но надобно при этом постоянно содержать в мысли, что, хотя безжалостное к себе ревнование спасительно для обратившегося, однако же успех и плоды его трудов и подвигов, то есть воздействие и влияние их на очищение страстей и образование истинного добронравия, — не от него. Плод подвигов засеменяется и зреет под ними, но не ими и не чрез них единственно, а от благодати. «Аз насадих, Аполлос напои, Бог же возрасти» (1Кор. 3, 6). Как жизнь духовная началась Божиею благодатиею, так ею же может только и храниться, и зреть. Силен есть, говорит Апостол, «начный в вас дело и до конца совершит» его (ср.: Флп. 1, 6). Первое семя новой жизни состоит из сочетания свободы и благодати, и спеянием ее будет развитие сих же одних элементов. Как там, полагая обет жить по воле Бога, во славу Его, говорил кающийся: «Только Ты укрепи и утверди», — так и во все последующее время он поминутно должен полагать, так сказать, себя в руку Божию с молитвою: «Ты Сам соверши, что воле Твоей угодно», чтобы таким образом, как в сознании и произволении, так и на самом деле Бог был «действуяй в нас, и еже хотети, и еже деяти о благоволении» (Флп. 2, 13). Минута, в которую человек сам чает что-нибудь произвести над собою и в себе самом, есть минута погашения жизни истинной, духовной, благодатной. В сем состоянии, несмотря на непомерные труды, истинного плода не бывает. Бывают следствия, которых нельзя назвать худыми, если смотреть на них отдельно; но в ходе дела они — остановка и уклонение, а нередко и зло, ибо ведут к кичению, самомнению, кои суть семя диавольское, им всеваемое и с ним сродняющее. При этом к делу Божию в нас примешивается не Божие и портит его, так что вместо того, чтобы возводить опомнившегося человека, благодать предварительно будет еще очищать и отреблять[49], попорченное самодельностию. «Или не весте, что Христос в вас, — учит Апостол, — разве точию чим неискусни есте» (ср.: 2Кор. 13, 5). Соединившись с Господом в Таинстве покаяния или крещения, Ему себя и предать должны, да вошедши в нас Сам, как Господь всяческих, Он, «имиже весть судьбами», устроит наше спасение. Сказал Господь: «без Мене не можете творити ничесоже» (Ин. 15, 5), — надобно поверить и просить, чтобы Он делал в нас, чтобы нас очищал от страстей, напечатлевал в нас добродетели и творил все то, что целительно. Это существенное настроение покаянника: «Имиже веси судьбами, спаси мя, Господи, а я буду трудиться и нелицемерно, без уклонений, перетолков, по чистой совести творить все, что уразумею и смогу!» Кто так настроит себя внутри, того действительно воспринимает Господь и действует в нем, как царь. У него учитель — Бог, молитвенник — Бог, хотетель и деятель — Бог, плодоносец Бог, властитель — Бог. Это — семя и сердце небесного в нем древа жизни. Но для него непременно должна быть вещественно-духовная ограда. Эту ограду составляют руководитель и правила.

Покаявшийся, предав себя Богу, тотчас поступает под Его непосредственное руководство и приемлется Им. Кто успеет сделать это, как должно, вначале, тот спешно, ровно и благонадежно ведется Божиею благодатию к совершенству. Но на самом деле таких очень мало. Это – избранники Божии, кои, неимоверно-быстрым порывом от себя, полагали себя Богу в руки, были Им принимаемы и водимы. Таковы, например, Мария Египетская, Павел Фивейский, Марко Фраческий и другие. Их спасло одно решительное предание себя Богу. У Марии Египетской, во всех ее жестоких бранях со страстями, было правилом – повергать себя в руку Божию, и страсти отходили, известно, по подвиге. То же, без сомнения, делала она и в других случаях: обращалась, например, за вразумлением и получала его.

Но такой путь не был и не мог быть всеобщим. Он принадлежал и принадлежит особенным избранникам Божиим. Другие все зреют под видимым руководством опытных мужей. Стоя в той вере, что только Бог возращает, покаянник, чтоб успеть, непременно должен предаться отцу-руководителю. Необходимость этого представляется потому, что нет полного предания себя Богу, – недостаток, принадлежащий большинству. До него должно зреть и зреть многими опытами, а до образования его нет точки, к коей прикасалась бы руководящая рука Господня, – нет как бы повода, за который весть должно. Следовательно, без этого условия начинающий сам делать дело спасения неизбежно будет идти путем, о коем нельзя решительно сказать, что он есть путь верный, а это и опасно, и томительно для духа. Святой Антоний Великий, когда пришел к мысли, верны ли его правила, тотчас начал вопиять: «Скажи мне, Господи, путь», – и, получив уверение, успокоился. Вступающий в духовную жизнь – то же, что вступивший в обыкновенный путь. Так как путь этот нам неизвестен, то и надобно, чтобы кто-нибудь проводил нас. Самонадеянно было бы остановиться на мысли, что я и сам могу... Нет, тут ни сан, ни ученость – ничего не помогает. Не менее самонадеянно и то, если кто, без крайней нужды, имея возможность снискать руководителя, не избирает его, в той мысли, что Бог непосредственно будет руководить его. Действительно, ведение к совершенству принадлежит Богу, приявшему нас, но под руководством отца. Отец не возносит на степени, а способствует быть возводимыми от Бога. Однако ж, в обыкновенном порядке, Бог ведет нас чрез других, вразумляет, очищает, сказывает волю Свою. Оставшийся один, сам с собою, находится в крайней опасности, уже не говоря о том, что он будет биться и толочься на одном месте почти без всякого плода. Не зная ни подвигов и упражнений духовных, ни порядка в них, он будет делать только и переделывать, как взявшийся за дело не умеючи. Нередко по сей причине многие застаиваются, хладеют и теряют ревность. Но главная опасность оному – от внутренней нестройности и лести сатанинской. У начавшего внутри – туман, как от испарений смрадных, от страстей и неправых изданий из себя, из испорченных сил. Он есть у всякого, более или менее густой, судя по предшествовавшей испорченности. В тумане же этом как хорошо и верно различать предметы? Блуждающему в тумане нередко и малый ряд травников кажется лесом или деревнею – так и начавшему в духовной деятельности неизбежно видится многое там, где ничего нет на самом деле. Вразумить и разъяснить, в чем дело, может уже только глаз опытный. Опять же он – больной: как же он будет врачом себе? Уморит и задушит он себя из одной любви к себе: ведь и тела не врачуют сами врачи. Но главнейшая при этом опасность – от сатаны. Так как он сам преимущественно своеумник, то и между людьми больше любит тех, кто руководится своим умом, – на этом он преимущественно запутывает и губит. И можно сказать, что одно это и дает ему доступ до нас, или возможность ввергать в пагубу. Кто не верит своему разуму и сердцу и, напротив, все, что есть в чувстве и мысли, предлагает на суд другого, тот, хотя бы и всеял диавол что-либо опасное и пагубное, не пострадает, потому что опытность и разум другого разгадают прелесть и предостерегут. Потому-то говорят: кто имеет руководителя и вверится ему, к тому не приступает сатана, чтобы не быть постоянно посрамляемым и не вынаружить всех своих козней. Напротив, он неотходно при том, кто верит одному себе или слагает свой разум и на него полагается. Такого, разными благовидностями, напечатлеваемыми чрез воображение, или силу мечтающую, он водит по разным распутиям, пока наконец погубит совершенно.

Судя по сим причинам, сильно уважительным, начинающий должен согласиться на то, чтобы иметь руководителя, избрать его и предаться ему. Под ним он безопасен, как под кровом и оградою, – тот уже будет ответчик и пред Богом, и пред людьми за неверности. Но то дивно, что ищущему искренно всегда подается истинный руководитель. И руководитель, кто бы он ни был, всегда дает точное и верное руководство, как скоро руководимый предается ему всею душою и верою. Сам Господь уже блюдет такого преданника... Молись – и Господь укажет руководителя; предайся руководителю – и Господь научит его, как руководить тебя[50].

Другое, что неизбежно нужно для решившегося покаянника, – это правила. Правило есть определение или способ, образ и учреждение какой-нибудь деятельности, – внутренняя ли то или внешняя. Им дается направление и определяется весь ход – начало, время, место, обороты, конец действования. Так, например, надобно читать – это есть одно из подвижнических деланий. Правилом должно быть определено: какие читать книги, в какое время, сколько, как приготовиться, как начать, продолжать и кончить, что делать с прочитанным. То же – для молитвы, рассуждения и других деланий. Очевидно, что правила охватывают собою всякое делание, составляют его внешнюю оболочку, как бы тело. Их надобно наложить на все наши силы, на все исходы нашей деятельности так, чтобы никакого движения не было совершаемо без того, чтобы к нему не было приложено свое правило.

Необходимость этого очевидна сама собою. Начинается совершенно новая, необычная жизнь, в коей мы не упражнялись еще, к коей непривычны наши силы. Для приучения себя к тому или другому деланию и укрепления в нем и должно назначить определенные правила, как и что делать, подобно тому, как новобранному воину показывают, как стать, взять ружье и прочее. Без них не образуются силы, не будет и деятельности исправной. Тот не будет уметь молиться, кто не имеет правила для молитвы, или поститься — без правила поста; вообще бесправильный ничего не будет уметь делать, как должно, а следовательно, и жизнь его будет не жизнь, несмотря на труды и поты, ибо жизнь слагается из наших деятельностей. Сверх того, жизнь без правил не может быть ровною, степенно и стройно развивающеюся. Дитя пеленают, чтоб оно не стало уродом или с горбом: так и духовная деятельность вся должна быть повита правилами, целесообразно, чтобы вся жизнь развивалась под ними ровно и стройно, ни одна деятельность не приняла, по неведению, направления, выдающегося из других и вредящего целому строю, или сама по себе не попала бы на ложный путь, как, например, пост. Молодое растение подпирают или привязывают к крепкому, чтобы стояло и росло прямо. Развивающийся без правил, сам собою, есть необученный, неискусный, иное не умеющий сделать, иное не так делающий, а иное и так, но то — не к месту, то не к лицу. Наконец, и опасность немалая: без правил, как без опоры, неизбежно падать и ошибаться. У такого вся деятельность будет висеть на присутствии духа, соображении и желании. Но можно ли положиться на такие начала? Присутствие духа не всегда сохранишь; соображение должно быть обучено и, кроме того, оно не всегда бывает подвижно, остро и тупится; желанием же кто сумеет владеть постоянно? Потому, когда нет правил, неизбежны пропуски, ошибки, остановки. С правилами же одно: хочется или не хочется, а делай, как положено, и сделается; остановки не будет, и пойдется вперед. И еще: как иначе обуздать своенравие и своемыслие – это опаснейшее расположение[51]?

Таким образом, с правилами, под руководством отца, ревнующий, подвизаясь в самопринуждении и самопротивлении или пребывая в неопустительном борении, будет день ото дня преспевать в совершенстве, приближаться к чистоте, чрез искоренение своих страстей и стяжание добродетелей. Но надо знать, что этот восход к совершенству невидим для него: трудится в поте лица, но будто без плода, – благодать строит дело свое под прикрытием. Видение человеческое, глаз, съедает доброе. Человеку самому остается на долю одно – видение своего непотребства. Путь к совершенству есть путь к сознанию, что я и слеп, и нищ, и наг, в непрерывной связи с которым стоит сокрушение духа, или болезнь и печаль о нечистоте своей, изливаемая пред Богом, или, что то же, непрестанное покаяние. Покаянные чувства суть отличительные признаки истинного подвижничества. Кто уклоняется от них и избегает, тот уклонился от пути. В положении начала новой жизни было покаяние; оно же и в возрастании должно быть и зреть вместе с ним. Зреющий созревает в познании своей порчи и греховности и углубляется в сокрушенные чувства покаяния. Слезы – мера преспеяния, а непрестанные слезы признак скорого очищения. Что это так и должно быть, видно из того, что мы – в падении, в изгнании, вне очага дома, и притом за собственную вину. Плачет и жалеет изгнанник о родине; так и начавшим идти к очищению себя должно печаловать и сетовать и в слезах искать возвращения в рай чистоты. Притом подвизающийся – поминутно в борении то с нехотением, то с противохотением; то помысл, то пожелание, то страсть, то грех, хотя ненамеренный, поминутно мутят чистоту его ума и напоминают ему, что он содержит в себе одну нечистоту, греховное, Богу противное. Он зрит себя подобным смердящему трупу, лежащему пред лицом и терзающему обоняние до омрачения головы. «Положи грехи твои пред тобою, – говорит Антоний Великий, – и зри чрез них к Богу[52]. Наконец, частые падения и оступки в новоначальных по неопытности, неведению, неискусству, а иногда и по слабости, тяжким бременем ложатся на его совесть, и, может быть, тяжелее, чем прежде: в беспечности грехи большие. Он походит на дитя, учащееся ходить и падающее. А падения требуют очищения, следовательно, – сокрушения, покаяния, слез; потому-то всем и заповедуется каждодневное и даже ежеминутное покаяние. Боже, милостив буди мне грешному! это должно быть непрестанною молитвою подвижника.

Таким образом, начинающий с пламенною и быстрою ревностью предает себя самым решительным подвигам, всего ожидая, однако ж, от силы и помощи Божией и предавая себя Ему, в чаянии успеха, но не видении его, а потому в непрестанном начинании, под руководством отца, среди правил, держась всегда смиреннейшей части.

В таком духе и строе подвижник благонадежно может начинать свое дело – дело искоренения страстей, или очищения своей природы от примеси неестественной страстности. В духе его есть крепкая, как смерть, ретивость; но и самая сильная ретивость имеет нужду в плане, чтобы верно идти к предположенной цели. В объяснении его будут состоять все правила для вступающего в подвиг. Это будет не что иное, как изложение тех правил, необходимость которых показана пред сим. Знать это более всего должен руководитель общей теории и, применяясь к лицу руководимому, может и изменять их в терпящих изменение случайностях.

Для построения таких правил утвердим опять мысль на состоянии покаянника-подвижника. Дух в нем воскрешен и оживлен действием благодати, принятой в Таинствах. Но он один только и есть исцеленная часть, сокрытая в самой глубине нашего существа. Это то же, что целительное лекарство, принятое частию тела, всецело истлевающего. Затем, вне, его душа, во всех своих силах, и тело, во всех отправлениях, и лично сам человек, во всех внешних отношениях, переполнены и пропитаны страстностию не мертвою, а действующею в них, живою.

Главная задача трудов – умертвить страстность во всех ее оттенках и восставить естество в свойственной ему чистоте, чтобы таким образом благодать извнутрь, по мере очищения, выступала, как бы проникая в человеке одну часть за другою, с мудрою постепенностью и целесообразностью. Отсюда тотчас виден весь порядок имеющих строиться правил, или видна нить размерительная для провода и черчения их. Таким образом:

Посеяно семя жизни: храни его всем хранением; иначе не к чему прилагать и трудов и нечем нести их. Принял Духа – не угашай Духа; ревнуешь – ревнуй большего. Блюди то, что дано, что стяжано, – это стяжанное есть монета для покупки сокровищ. Оно пропадет – и все дело пропадет. Как во время войны сильно заботятся удерживать всячески свою позицию, так и здесь.

Нужно отрывать страстность, сросшуюся и срастворившуюся с силами нашего естества. Так как это сращение подобно сращению химических составов, то и способы отрешения ее нужно применить к способам химического разложения. Именно, для высвобождения стихии из ее принужденного состояния в связи с другою приводят ее в соприкосновение с третьею, стороннею, внешнею, с коею она находилась бы в сильнейшем сродстве, нежели с прежнею. Когда это будет действительно, то связывавшая ее стихия отпадает, а с этою новою она соединяется и получает вместе с нею новый вид. Применяясь к сему, надлежит ко всем силам души и тела и всей деятельности нашей, плененным страстностию и держимым в принужденном, неестественном состоянии, приложить что-нибудь такое, с чем бы они состояли в ближайшем сродстве и соестественности, чтобы таким образом прилагаясь и как бы прирастая к тому, соразмерно с тем высвобождаться из страстных уз и принимать новый естественный вид бытия. Это будет правило деланий или занятий, налагаемых на силы. Ходя в них, при хранении того внутреннего стяжания Духа благодати, сродного с ними и с силами нашей природы, человек более и более будет исполняться сим Духом, огнь Которого, получая таким образом более свободы проходить внутрь, тем быстрее будет попалять нечистоту, чем большее встретит расширение естественности.

Два эти пункта исчерпывают строй положительных деланий подвижника, или, что то же, упражнения самопринуждения. Ими одними можно было бы ограничиться, если бы презираемая и оставляемая страсть в пользу добра оставалась в покое или мирно испарялась из нашего естества; но так как она, частию по природному упорству греха, частию по его сильному подкреплению или со стороны неточного начала своего — диавола, или со стороны вместилища сродных ему стихий мира, не терпит мирной, уступчивой покорности, даже и отпадши и как бы отделившись, снова восстает и ищет занять первое свое место, властное, вяжущее, — то тою одною деятельностью довольствоваться никак нельзя, а необходимо при ней и прямо действовать против страстей, в лицо им противоставать, бороть их и побеждать и в самих себе, и в их источниках и подкрепителях. Определение правил, относящихся сюда, составит изображение брани внутренней, или духовной, как в общем ее очерке, так и по частям. Это подвиги самопротивления.

Таким образом, все правила должны быть сведены к одному следующему, начальному: храни внутренний дух жизни, усердие и ревность, ходи в деланиях или упражнениях, с одной стороны способствующих к оживлению уморенных сил, а с другой — умерщвляющих или заглушающих страсти. Следовательно, все сюда относящееся должно заключить в сих трех пунктах: правилах хранения внутреннего духа ревности, правилах упражнения сил в добре, или самопринуждении, и правилах брани со страстями, или упражнения в самопротивлении.

1. О хранении духа ревности по Богу

Надобно исполнять заповеди, и исполнять все; но естественного у нас нет желания, усердия и ревности на то. В покаянии, ради духа сокрушенного и обета творить волю Божию, Божией благодатью возжжен сей огнь в духе нашем; он-то и есть сила на творение заповедей и только он один и способен подъять все это бремя. Если в исполнении заповедей – основание спасения, то дух ревности есть единственная для нас спасительная сила. Где он, там тщание, усердие, готовность, живость на дела, угодные Богу. Где нет его, там все прекращается и падает: нет жизни духа – он хладеет, замирает. Там пусть будет и творение дел добрых – они добры будут только по форме, а не по силе и духу. Это тот огнь, который пришел возжечь на землю Господь наш Иисус Христос и который возжигается Духом Святым в сердцах верующих, нисшедшим в виде огненных языков.

О сем духе ревности Господь говорит: «огнь приидох воврещи» (Лк. 12, 49). Апостол заповедует «духа не угашать» (1Фес. 5, 19) и о себе свидетельствует: «со усердием гоню» (Флп. 3, 14). И у святых отцов он именуется разно: исканием, предложением, усердием, тщанием, теплотою духа и горением и просто ревностью.

Судя по сей великой важности и великому значению ревности, первым делом христианина-подвижника должно быть хранение сей ревности и усердия, как источной силы богоугодной жизни. Хранить, следовательно, употреблять особого рода приемы и упражнения, способствующие к сему. Какие же именно? Ревность должно сохранять таким же путем, каким она родилась, а родилась она внутренним изменением сердца, под невидимым действием благодати Божией.

Внутреннее, невидимое восхождение нашего духа до ревности началось пробуждением благодатным и окончилось решительным обетом ходить неуклонно в воле Божией. В этом восхождении соблюдалась постепенность самая строгая. Человек-грешник, живущий весь вне и потому называющийся внешним, пришедшею благодатью втесняется внутрь себя и здесь, как от сна пробужденный, узревает совсем новый мир, дотоле ему безвестный. Это – первый толчок, после которого, при помощи Божией, чрез разные помышления и чувства, он мало-помалу высвобождается из первого мира, переходит в другой и повергается пред Царя его и Господа, предлагая Ему клятвенный завет навсегда быть Его рабом. Итак, желающему сохранять неугасаемою ревность, должно: а) пребывать внутрь, б) зреть новый мир и в) стоять в тех чувствах и помышлениях, чрез кои он, как бы по ступеням лестницы, восшел к подножию Престола Господа.

Вот что должно быть непрестанным упражнением, подвигом и деланием христианина-подвижника!

А. Внутрь-пребывание

Когда наседка, нашедши зерно, дает знать об этом своим детенышам, тогда они все, где бы ни были, лётом летят к ней и собираются своими клювами к той точке, где есть клюв. Точно так же, когда Божественная благодать воздействует на человека в сердце его, тогда дух его проникает туда своим сознанием, а за ним и все силы души и тела. Отсюда – закон для внутрь-пребывания: держи сознание свое в сердце и собирай туда напряжением все силы души и тела. Внутрь-пребывание, собственно, есть заключение сознания в сердце, напряженное же собрание туда сил души и тела есть существенное средство, или делание, подвиг. Впрочем, они взаимно друг друга рождают и предполагают, так что одно без другого не бывает. Кто заключен в сердце, тот собран; а кто собран – тот в сердце.

Около сознания в сердце должно собираться всеми силами и умом, и волею, и чувством. Собрание ума в сердце есть внимание, собрание воли – бодренность, собрание чувства – трезвение. Внимание, бодренность, трезвение – три внутренних делания, коими совершается самособрание и действует внутрь-пребывание. У кого есть они, и притом все – тот внутрь; у кого нет, и притом хоть одного – тот вне. Вслед за такими деланиями душевными, туда же должны направляться и телесные, им соответствующие органы: так, за вниманием – обращение внутрь очей, за бодренностию – напряжение мускулов во всем теле, в направлениях к персям, за трезвенностию – оттеснение мокротных, как выражается Никифор, каких-то расслабляющих, движений, подходящих к сердцу из нижних частей тела, подавление услаждения и покоя плоти. Такие телесные делания, действуя неразлучно с душевными, суть самые сильные, помогающие тем душевным средствам, без коих им и быть нельзя.

Итак, все делание внутрь-пребывания чрез самособрание состоит в следующем. В первую минуту по пробуждении от сна, как только сознаешь себя, низойди внутрь к сердцу, в эти перси телесные: вслед за тем созывай, привлекай, напрягай туда и все душевные и телесные силы, вниманием ума, с обращением туда очей, бодренностию воли, с напряжением мускулов и трезвением чувства, с подавлением услаждения и покоя плоти, и делай это до тех пор, пока сознание не установится там, как на своем месте седалище, не прилепится, не привяжется, как липкое что-либо к крепкой стене; и потом пребывай там неисходно, пока пользуешься сознанием, часто повторяя то же делание самособрания и для возобновления его, и для укрепления, потому что оно поминутно то расслабляется, то нарушается.

Надобно знать, что это внутрь-пребывание и собрание не то же, что углубление при размышлении, или дума (от слова «задумываться»), хотя много походит на него. Последнее стоит только в исходище ума, оставляя другие силы незанятыми, и держится в голове, а то стоит в сердце, в исходище всех движений, ниже и глубже всего, что в нас есть и бывает, или происходит так, что все это совершается уже поверх его, пред его глазами, и то позволяется, то запрещается. Отсюда само собою очевидно, что внутрь-пребывание есть, в истинном своем виде, условие истинного господства человека над собою, следовательно, истинной свободности и разумности, а потому и истинно духовной жизни. Это подобно тому, как во внешнем мире владетелем города считается тот, кто занимает крепость. Потому всякое духовное делание и всякий вообще подвиг должен быть совершаем отсюда, иначе он – не духовен, ниже подвижничества и должен быть отметаем. «Царствие Божие внутрь вас есть», говорит Господь (Лк. 17, 21), и потом для одного духовного делания заповедал: «вниди в клеть твою и затвори двери...» (Мф. 6, 6). Это – клеть сердца, по разумению всех святых отцов. По сей-то причине человек духовный, спасающийся, подвизающийся, и называется внутренним.

Что собрание внутрь есть приспособленнейшее средство к хранению ревности, это сейчас видно:

Собранный должен гореть, ибо собирает все силы воедино, подобно как лучи рассеянные, будучи собраны в одну точку, обнаруживают сильный жар и зажигают. И действительно, с собранием всегда соединена теплота: дух здесь видится сам с собою, как говорит Никифор, и играет от радости.

Собранный силен, подобно войску устроенному или пуку слабых тростей связанных. Оно, подобно препоясанию чресл, означает готовность и силу действовать. Несобранный всегда слаб и или падает, или не делает.

Собранный зрит все в себе. Кто в центре, зрит по всем радиусам, все видит в круге ровно и как бы в один раз, а выступивший из центра видит по направлению одного только радиуса; точно так и тот, кто собран внутрь, видит все движения своих сил – видит и управить может. Горение же духа – сила и зрячесть, и составляют истинный дух ревности, который из них слагается. Потому следует сказать: только будь внутрь, и не престанешь ревновать.

Так то значительно внутрь-пребывание! Значит, должно потрудиться, чтобы стяжать его, ибо и оно не вдруг оказывается, а по времени и многом искании. На первом месте оно поставляется потому, что есть условие духовной жизни. Его совершенствование зависит от совершенства трех производящих его душевных и трех телесных деланий, именно: внимания ума с обращением внутрь очей, бодренности воли с напряжением тела и трезвения сердца с отбиванием услаждения и покоя плоти. В полном же свете явится тогда, когда будет стяжена чистота ума от помыслов, чистота воли от пожеланий, чистота сердца от пристрастий и страстей. Но и до того времени все же оно есть внутрь-пребывание, хотя несовершенное, незрелое, не непрерывное.

Отсюда само собою очевидно, какие средства к неисходному внутрь-пребыванию, или, лучше, средство одно: удаляй все, что может нарушать показанные три делания, в их двойном сочетании, или все, что может отвлекать вовне силы души, с соответственными им отправлениями тела: ум и чувства, волю и мускулы, сердце и плоть. Чувства развлекаются внешними впечатлениями, ум — помыслами, мускулы расслабляются распущенностью членов, воля — пожеланиями, плоть — покоем, сердце — пленом или прилеплением к чему-нибудь. Следовательно, держи ум без помыслов, чувства — без развлечений, волю — без пожеланий, мускулы — без ослабы, сердце — без плена, плоть — без угодия и покоя. Итак, условие и вместе средство к внутрь-пребыванию: в душе борение с помыслами, пожеланиями и пленами сердца, в теле связание его, а за ними — изменение внешнего порядка. Судя по сему, и все последующие подвиги, кои будут направляться к умерщвлению самости, суть вместе средства и к внутрь-пребыванию.

Вот почему в наставлениях святых отцов (учение о трезвении, блюдении ума) внутренняя жизнь всегда поставляется в неразрывной связи с подвижническою бранию. Однако же собрание не то же, что брань. Это — особое делание духовное, начальнейшее. Оно есть место, где все духовное делается — и брань, и чтение, и богомыслие, и молитва. Что ни делал бы подвизающийся, прежде всегда войди внутрь и оттуда действуй.

Б. Зрение другого мира

«Старайся войти в храмину, находящуюся внутри тебя, и увидишь храмину небесную», — говорит святой Исаак

Сирианин. И действительно, вступивший внутрь себя видит иной некоторый мир, подобный необъятной храмине, невидимый и невоображаемый, но печатлеющийся в сознании, в коем, однако ж, не себя зрит человек и не то, что происходит в нем, ибо все это должно замолчать – и молчит. В первый удар благодати зовущей, вместе с вступлением внутрь, открывается и сей мир, независимо от человека, хочет ли он того или не хочет. После же зрение его, равно как и внутрь-пребывание, предается свободе человека и должно быть *делаемо*. Такое делание, как воспроизведение второго изменения, при восхождении человека до решимости и ревности, есть второе средство к сохранению и возгреванию ревности.

Оно состоит в том, чтобы содержать в сознании и чувстве все строение духовного мира. Подобно тому как вступивший в комнату называется зрящим ее, когда держит в сознании всю ее, со всем ее расположением, так и вступивший внутрь себя, как на порог, будет зреть иной мир, когда напечатлевает в сознании своем все его строение. Все, следовательно, сюда относящееся, исполнится, когда ум поймет, что такое строение духовного мира, когда напечатлеет его в сознании, или затворится в нем сознанием, и будет стоять в нем неисходно.

Все строение духовного, невидимого, мысленного, но тем не менее действительного мира кратко может быть выражено так: Бог Единый, в Троице поклоняемый, вся сотворивший и вся содержащий, восставляет, или, по Апостолу, возглавляет (см.: Еф. 1, 10) всяческая в Господе нашем Иисусе Христе, чрез Духа Святаго, в Святой Церкви действующего, Который, по усовершении верующих, переводит их в другой мир, что и будет продолжаться до времени исполнения всех, или кончины века, когда, по воскресении и суде, воздается комуждо по делом: одни ниспадут в ад, другие вселятся в рай, и «Бог будет всяческая во всех» (1Кор. 15, 28).

Это – всеобъемлющая рама всего истинно сущего, бывающего и имеющего быть. Здесь сокращенно все содержание Божественного откровения. Все возможное и действительное входит сюда и есть здесь. Это также содержание Символа веры. Главнейшие предметы здесь: вседержительство Божие, домостроительство спасения и четыре последних – смерть, суд, рай и ад. Эти именно предметы святитель Христов Тихон заповедует всем христианам непрестанно помнить от младенчества до гроба.

Это строение должен напечатлеть подвизающийся христианин в уме своем, довести то есть до светлой ясности сознания, или так глубоко войти в него, или его воспринять в себя, чтоб оно было как бы навязанным на него, – так срастворится с ним, чтобы сознание и в движение не могло приходить без ощущения его в себе или на себе, подобно тому как нельзя сделать движения руки без того, чтобы не сотрясать воздуха, или открыть глаза без того, чтобы не подлежать впечатлению ударов света. Лучшее средство к тому: установление себя в этом строении, подобно тому как окинувший себя взором зрит себя установленным в известном мерном соотношении со всеми вещами, окружающими его, установление, следовательно, во вседержительстве Божием, в Его деснице, ощущение себя держимым от Него, Им проницаемым и зримым, или, как говорит Василий Великий, памятование, что ты еси назираем; установление в участии в домостроительстве спасения, в качестве члена Церкви, чувствии, по Златоусту, что ты воин Христов и записан в оном граде; установление в смерти и суде, с обращением ока то в рай, то в ад.

Установление это дается не вдруг... Оно – цель. Искание его, делание с целью приобресть, есть подвиг мысленный, многотрудный и продолжительный, но нельзя сказать, чтобы многосложный. Весь он состоит в простом напряженном зрении умом на сии предметы. Зри себя содержимым десницею Божиею и зримым оком Божиим, спасаемым в Господе, стоящим в смерти, под судом, чтобы вследствие того или рай приять, или быть поглощену адом. Весь труд сначала обращается на то лишь, чтобы узреть все это. Когда кто раз добьется зрения, тот после начнет узревать легче и чаще; и чем кто непрерывнее, напряженнее и усерднее будет совершать это, тот тем скорее достигнет непрекращаемого зрения, или, что то же, стояния в духовном мире, пред Богом, в Церкви, в час смерти и суда, в преддверии ада или рая.

Последний предел сего делания есть стояние в мире духовном, или как бы ощущение себя в нем. Именно: в отношении к вседержительству Божию бытие в таком ощущении, в каком дитя на руках матери; ко всезрительству Божию, в каком подданный пред царем; к домостроительству спасения, в каком воин в строю, или сын в доме отца, или искусник за делом, или как товарищ в кругу друзей, или как свой в своем семействе; к смерти и суду, как преступник, ждущий ежеминутного приговора; к раю и аду, как стоящий на самой узкой дощечке, с одной стороны коей бездна, клокочущая огнем, а с другой – прекраснейший сад. Кого сподобит Господь все это восприять в чувство, о том надобно сказать, что он исшел из сего мира и пребывает в другом своим сознанием и сердцем, что он вошел в Царствие Божие или восприял его в себя. «Царствие Божие внутрь вас есть». Это выступление из настоящего мира и вступление в другой должно быть поставлено целью и составляет предмет напряженного искания.

Условие к тому есть, само собою, внутрь-пребывание, в неразрывной связи с которым и зачинается, и зреет, и совершается, так что когда образуется неисходное внутрь-пребывание, тогда образуется и стояние в мире Божием; и обратно: тогда только и благонадежно внутрь-пребывание, когда укрепится стояние в ином мире.

Самое делание состоит, как сказано, в понуждении воззревать на сии предметы сколько можно чаще, с желанием непрерывного зрения их. С первой минуты пробуждения к сознанию, войди внутрь и со всевозможным напряжением вставляй себя в этот строй и порядок. Сначала лучше устанавливать взор на одном каком-либо предмете и зреть его, пока напечатлеется он, а потом переходить к другим. Когда переберутся все, тогда и весь строй может быть сознаваем в один миг. Иные распределяют это делание по дням, иные – по частям дня: например, о смерти – после обеда, как кто найдет удобным или к чему сознает подвижнейшим дух свой. Только одного закона должно держаться – не переменять часто, ибо это отнимает у делания весь плод. Не должно также упускать из виду, что это переменяемое зрение есть только средство, цель же есть неисходное стояние во всем том строе. Кто, навыкнув зреть одно, не переходит к другому, тот остановился на пути и обманывает себя, воображая, что уж имеет то, к чему только лишь подвигся или к чему начал стремиться. Навыкнув в одном, всегда чрез него переходи к другому, как для того, чтобы не губить стяжанного трудом, так и для того, чтобы тем подготовиться к скорейшему напечатлению другого. Должно помнить, что это – не размышление, а недвижимое зрение ума, или вера в тот предмет; движение же ума к помышлению, как случайность невольная, бывает, но не советуется, не благоволится, а должно быть пресекаемо тотчас по сознании того.

В пособие к успешнейшему прохождению сего делания и совершенству в нем можно взять место Священного Писания, относящееся к тому или другому предмету, и повторять его непрестанно в продолжение дня или более, например: «Камо пойду?» (Пс. 138, 7); «Предлежит единою умрети, потом же суд» (Евр. 9, 27); «Собираеши себе гнев на день гнева» (Рим. 2, 5); «Несть иного имени, о немже подобает нам спастися» (Деян. 4, 12), и прочее; иметь картину смерти, креста или Суда Страшного и поставить в таком месте, чтобы она как можно чаще и невольно ударяла в глаза; избирать книги и статьи, резко изображающие сии предметы, и беседы, если случатся, с единомысленным, вести более о том же; чаще поминать суды Божии невидимые и неожиданные, случаи смертные, умерших родных и их состояние, видеть себя на одре смертном, смотреть на похороны. Все это резче действует на дух человека, если он стоит в этих предметах во время молитвы. При помощи Божией таким порядком напечатление совершается очень быстро. Надобно только напечатленный в молитве предмет не кидать потом, а ходить с ним, пока можно, хотя и несколько дней, стараясь поддерживать впечатление то писанием, то чтением, то беседою, то другими способами. Хорошо для совместного всех их напечатления мысленно напрягаться, зреть их в один миг или, по крайней мере, в одно время хоть один после другого. Лучше всего, впрочем, сколько можно чаще прочитывать Символ веры, напрягаясь тоже все истины его озирать в один миг. Труд, напряжение, усилие скоро приведут к желанной цели; только не ослабевай, не прерывай, а все делай и делай, хоть плода и уменья не видно. Годы пройдут без плода, а одна минута все даст неутомимому делателю в вертограде Царства Христова, ради постоянства его в труде и усердия терпеливого.

Такое зрение другого мира способно содержать и возгревать дух ревности тем, что доставляет истинное поприще для действования ревнующему духу. «Ты – не здешний, – говорит Златоуст, – а из другого мира; следовательно, и действовать должен как бы в том мире, а для того и зреть его. С другой стороны, кто зрит его, тот постоянно будет иметь пред глазами как бы норму какую и образчик, напоминающий, чтобы не уклониться, не сделать чего-нибудь криво. Это хорошо и тогда, когда бы кто умом только зрел эти предметы. Если же кто дойдет до блага восприять их в чувство хоть чуть-чуть, у того они возводят мгновенно ревность до великого напряжения. Все святые отцы называют их «остнами (жалами, иглами – Ред.) будущими». И что из этого ни было бы принято чувством, оно того, кто принял, не допустит до греха. «Помни, – учит Сирах, – последняя твоя, и во веки не согрешиши» (Сир. 7, 39). «Предзрех, – свидетельствует пророк Давид, – Господа, да не подвижуся» (Пс. 15, 8). Макарий Великий был иссушен, как сам он говорит, памятию огня геенского, другие же плакали непрестанно от памяти смертной. И множество есть изречений у святых отцов относительно сих предметов и относительно того, как сильно они напрягают дух человека и возгревают ревность. Пришедший в чувство их зрит себя в великой тесноте, а в крайностях, известно, как бывает сильно напряжение.

В. Стояние в чувствах, доведших до решимости

Но все это есть только приготовление, условие и средства к возгреванию ревности. Восстановление ревнования самого решительного и усердия крепкого совершается чрез воспроизведение тех чувств и помышлений, чрез кои первоначально, вслед за пробуждением от греховного усыпления, взойдено до него.

По пробуждении видел ты себя в крайней опасности, гибнущим, был в великой нужде и туге, и теперь восставляй это же чувство опасности и крайности, ибо они есть на самом деле. Бывай в боязни и не допускай думать и успокаиваться тем, что все будто миновалось.

Тогда ты, отрешаясь от всего, все оплевал и презрел, избрав иные блага – нечувственные, невидимые, духовные: отрешайся и теперь, все отревай и склоняйся к невидимому, духовному; его зри и напрягайся возлюбить.

Отрешался ты тогда от человекоугодия: почитай и теперь себя ниже всех; имей готовность на презрение и поношение всякое.

Все вменил ты тогда ни во что: не дорожи и теперь ничем; носи готовность, повергши все, остаться голому.

Попрано было тобою тогда сожаление: возвышайся и теперь до готовности к самым крутым крестам и продолжай самоозлобление.

Тогда разбирал свою жизнь: продолжай и теперь возрастать в самопознании; вникай в заповеди Евангельские и смотри, чего нет в тебе; там положено семя – теперь расти его.

Тогда, по познании греховного жития, видел ты себя безответным и сокрушался: не переставай и теперь стоять безответным пред лицом правды Божией; осуждай себя всегда и во всем без всякого оправдания и уклонения льстивого, ненавидь свою волю, и хотение, и разумение; поражай себя стыдом и страхом безнадежности; зри себя висящим над бездною и недостойным пощадения. Тогда возник ты духовно и, по вере в Господа и в надежде на помощь Его, дал обет усердно работать Ему во все дни жизни, до умучения себя самого безжалостного, и теперь взывай: «Достоин я всякого осуждения и муки, но, ради беспредельного желания Божия нашего спасения, по коему и Единородный Сын не пощаден, не отчаеваюсь в своем спасении. Не знаю, когда и как, но верую, что буду спасен. Только, Сам Господи, дай Ты мне биться все время жизни, ища спасения у Тебя – в надежде, что не оставишь помощию, ради милости Твоей и ходатайства угодников Твоих. Имиже веси судьбами, спаси мя!»

Вот чувства! Все их прилично назвать жизнедеятельностию духовною. И действительно, когда они есть, – значит, духовная жизнь в действии; и когда нужно возжечь ослабевающую жизнь, надобно стать в какое-либо из этих чувств. Святые отцы все говорят о них то о всех в совокупности, то по частям. И это общий совет и заповедь – непременно стоять в каком-нибудь чувстве. Кто выступил из них, не ищет их, не жалеет об отсутствии их, тот есть охладелый и потому состоит в опасности – замер, может быть, и навсегда останется таким, то есть в смерти.

Итак, вошедши внутрь, утвердись в зрении духовного мира и начинай возгревать деятельность жизни духовной, или переходи сначала к помышлению, чтобы потом возыметь и в чувстве показанные состояния, – все это есть спасенное устроение ума и сердца. Существенное и неизбежное приготовление к сему суть внутрь-пребывание и зрение духовного мира. Первое вводит, а последнее поставляет человека в некоторой духовной атмосфере, благоприятствующей горению жизни. Потому, можно сказать, только производи эти два приготовительные делания – и последнее пойдет само собою. Жалуются часто: ожестело сердце... Не дивно. Не собирается внутрь и не навык тому, не установляется, где должно, и не знает сердечного места, – как же быть исправной жизнедеятельности? Это – то же, что сдвинуть сердце с места и требовать жизни. Кто воздвигнет веру, зрящую мир духовный, и себя в нем, тот не может не прийти в тревожное состояние, не размягчиться, а когда это есть, то после не так трудно печатлеть и другие чувства.

В пособие для сего, так же как и в зрении духовного мира, берут места Писания, кратко и сильно выражающие то или другое состояние, например: «пощади Твое создание, Владыко; возсмердеша и согниша раны моя» (Пс. 37, 6); «аще Сына Своего не пощаде» (Рим. 8, 32); «имиже веси судьбами, спаси мя...» и прочее, – и действуют ими, часто повторяя одно и то же до напечатления.

Не всякое всегда легко чувство, но иногда одно, а иногда другое, и пользоваться должно такими предрасположениями для скорейшего стяжания сих чувств. Оно легко открывается во время утреннее или должно так делать, чтобы в это время открылось, дабы потом целый день быть с ним. Разверзи сердце и совершай молитвование, и что подвигнется в сердце, при том неотступно и будь вниманием. Облеки это чувство Писанием и повторяй его. Действуя так, будешь все в чувстве и скоро навыкнешь деланию духовному. Должно, впрочем, помнить, что не всегда полезно ожидать предрасположения: иногда должно действовать, хотя ничего нет на душе, а иногда, когда есть одно, надобно вытеснить его другими, ибо, судя по состоянию духа, иногда надобно наклониться на одно, а иногда преимущественно на другое чувство. Само собою, что это будет самое счастливое строение духа, если кто может все их проходить разом. Такое совершенство духовной жизнедеятельности должно поставить целью и искать его. Для того всякий раз, когда становится кто на молитву, по собрании внутрь и вступлении в мир духовный, начинать воспроизводить их по порядку, одно за другим, сначала хоть в помышлениях, пока даст Господь и в чувствах. Хорошо для этого избрать какую-либо молитву, в которой были бы они все, затвердить и перечитывать часто со вниманием. Молитв множество в Псалтири, и всякий может найти по себе, ибо не для всякого одна молитва. Они кратко содержатся в двенадцати дневных и двенадцати ночных прошениях святого Златоуста. Но то несомненно, что нет надежнейшего средства к их напечатлению, как пребывание в церкви на богослужении.

Как эти чувства способствуют горению духа ревности, очевидно само собою: будь хоть одно, и он уже теплится, потому что каждое из них входит в его состав и имеет в нем свою частичку. Дух ревности прост и единичен, но всеобъемлющ. Начальным чувством всегда должен быть страх Божий, а заключительным — самоуничиженное предание себя в волю Божию, благую, нас спасающую. Первое выносится из зрения духовного мира, последнее же рождается из всех последующих по вере. Впрочем, какие чувства из каких и как вырождаются, определить нет возможности, — у всякого это бывает своим образом. Оттого у святых отцов и разные на то указания, или разные объяснения. Большею же частью они предлагаются в раздробленных наставлениях: имей страх Божий, вся вмени уметы[53], не люби мира, имей себя под всеми и во всем себя осуждай, зри грехи свои, к Богу единому прибегай. Совокупность всех — в болезненном, со страхом Божиим, припадании к Богу с словами: «Господи, имиже веси судьбами, спаси мя, я же буду трудиться по силе». Тут — все. Кто навыкнет поставлять себя в духе в такое чувство, тот имеет готовое и безопасное пристанище.

Быть в каком-нибудь чувстве очень многозначительно в духовной жизни. В ком есть оно, тот уже — внутрь себя у сердца, ибо мы всегда вниманием в действующей части, и если это сердце, то — в сердце. Кто внутрь себя, тому и мир духовный открыт. Отсюда видно, что как внутрь-пребывание, с зрением иного мира, есть условие к возгреванию духовных чувств, так и обратно — последние предполагают первые и своим рождением вызывают их. Совокупным же взаимодействием тех и других спеется духовная жизнь. Кто в чувстве, того дух связан и привязан, а у кого нет его, тот парит. Потому, чтоб успешнее пребывать внутрь, спеши до чувства, хотя тоже чрез напряженное самовнедрение. Оттого кто хочет остаться с одним собиранием умовым, тот трудится напрасно: одна минута — и все разлетается. Не дивно после сего, что ученые, при всем образовании, непрестанно мечтают: это — оттого, что работают одною головою.

Нет нужды в частности излагать правила и свойства каждого чувства — это должно быть предметом частных наставлений, размышлений, чтений. У святых отцов они большею частию излагаются отрывочно, в виде изречений. Главное, чего они искали и что советовали, это понять духовное строение и уметь держать его. Кто достигнет сего, тому остается одно правило: будь внутрь, имей тайное поучение в сердце. Тайным поучением они называли зрение какого-нибудь предмета из духовного мира или возбуждение духовного чувства посредством какого-либо слова Священного Писания, или слова отеческого, или молитвенного. Так у них: поучайся в памяти Божией, в памяти смертной, в памяти грехов, самоукорении, то есть сознай сей предмет и говори о нем внутрь безпрестанно, например: «Камо пойду?» (Пс. 138, 7) или: «червь, а не человек» (Пс. 21, 7). Это и подобное, во внимании и чувстве творимое, есть тайное поучение.

Отсюда следует, что сокращенно все способы или приемы к возгреванию и содержанию духа ревности можно сократить так: вслед за пробуждением войди в себя, стань в место свое у сердца, пройди всю жизненную деятельность духовную и, остановившись на одном чем-нибудь, будь в нем неисходно. Или еще короче: соберись и твори в сердце тайное поучение.

Этим средством, при помощи благодати Господней, дух ревности, в истинном его строении, будет поддерживаться и то теплиться, то пламенеть. И это — внутренним путем. Надобно знать, что это есть самый прямой путь к устроению спасительному. Можно все оставить и заняться только этим деланием — и все будет идти успешно.

Напротив того, хоть и все будем делать, но без внимания к сему не будем видеть плода.

Тот, кто обращается не внутрь и не к сему духовному деланию, только проволакивает дело. Правда, делание это чрезвычайно трудно, особенно вначале, но зато прямо и плодно. Потому священнику руководствующему надлежит как можно скорее вводить своих питомцев в это делание и утверждать в нем. Можно даже вводить в него прежде всего внешнего, но всячески совместно с ним, – и не можно только, но и должно. Это потому, что семя этому деланию положено в обращении, в коем все оно проходится. Следует только разъяснить его, натолковать, как важно, и руководствовать. Тогда и внешнее все пойдет охотно, спешно и зрело. Напротив, без сего оно одно, как гнилые нитки, все будет рваться. Заметь то правило, что надо не вдруг, а исподволь; оно должно иметь великие ограничения, ибо оно вести может не к сему внутреннему деланию, в коем существо дела, а ко внешним правилам. Потому, несмотря даже на то, что есть люди и такие, кои восходят отвне внутрь, должно остаться неизменным правилом – входить скорее внутрь и здесь разогревать дух ревности.

Кажется, простая вещь; но, не узнав о ней, можно долго пропотеть – и все малоплодно. И это по свойству телесной делательности. Она легче, потому и привлекает; внутренняя же трудна, потому и отталкивает. Но привязавшийся к первому, как вещественному, и сам в духе постепенно овеществляется, потому хладеет, становится неподвижнее и, следовательно, все более и более удаляется от внутреннего. И выходит, что сначала оставит иной внутреннее, будто до времени созрения, – придет-де срок, – но после, оглянувшись, находит, что срок пропущен и, вместо подготовления, он вовсе стал к нему неспособным. Опять и внешнее не должно оставлять: оно – опора внутреннего, а то и другое должно идти совместно. Очевидно только, что преимущество – за первым, ибо служить Богу должно духом и кланяться Ему в духе и истине достоит[54]. То и другое должно быть во взаимном подчинении, по достоинству их удельному, без насилий друг другу и насильственного разделения.

2. Указание упражнений, способствующих к утверждению в добре душевных и телесных сил человека

Таким образом благодатная внутрь, в духе, жизнь будет гореть и разгораться. Ради ревности и усердия человека, предающего себя Богу, благодать будет наитствовать его и проникать своею освящающею силою, и все более и более, или усвоять себе. Впрочем, на этом не можно и не должно останавливаться. Это еще семя, точка опоры. Надлежит сделать, чтобы сей свет жизни проходил далее и, проникая собою естество души и тела и таким образом освящая их, присвояя себе, отревал пришедшую неестественную страстность и возводил их в чистый и естественный их вид не оставался в себе, а разливался по всему нашему существу, по всем силам. Но поскольку силы эти, как выше сказано, все пропитаны неестественным, то дух благодати, чистейший, пришедший в сердце, не может прямо и непосредственно входить в них, будучи преграждаем их нечистотою. Посему надлежит утвердить некоторые посредства между духом благодати, живущим в нас, и силами, чрез кои он переливался бы в них и целил их чрез них, как чрез приложенные к больным местам пластыри. Очевидно, что все эти посредства, с одной стороны, должны носить характер и свойства Божественного или небесного происхождения, а с другой стоять в совершенном согласии с нашими силами в их естественном устроении и назначении, иначе благодать не пройдет чрез них и силы не извлекут себе целительности из них. Таковы посредства должны быть по своему происхождению и внутреннему свойству. Сами же в себе они не могут быть иным чем, разве действиями, упражнениями, трудами, поскольку прилагаются к силам, коих отличительное свойство действовать. Итак, надобно теперь искать, какие Сам Бог, в Писании Своем или чрез научение святых после него, избрал и указал дела и упражнения, как средства к уврачеванию сил наших и возвращению им потерянной чистоты и целости. Открыть такого рода упражнения и делания нетрудно, стоит только пересмотреть несколько житий мужей подвизавшихся, и они окажутся сами собою. Пост, труд, бдение, уединение, удаление от мира, хранение чувств, чтение Писания и святых отцов, хождение в церковь, частая исповедь и причащение, обеты и другие дела благочестия и добродеяния – все это в совокупности, а иногда преимущественно в каких-нибудь одних частях, можно встречать в каждом почти житии святых отцов. Всем им общее имя – подвиг – как бы устрашает, но должно привлекать показанное значение, то есть их целительность. Укажем только каждому из сих подвигов и упражнений свое место, в какой силе и к чему какой подвиг приложить должно. Чтоб успешнее сделать это, покажем ход всякого нашего действия и, следовательно, всей деятельности. Всякое действие свободное, зарождаясь в сознании и свободе, следовательно в духе, ниспадает в душу и силами ее рассудком, волею и чувством – заготовляется к исполнению и потом исполняется силами тела в известном времени, месте и других внешних обстоятельствах. Внешнее дело большею частию проходит бесследно, когда оно не повторено, не замечено и не перенято другими. Когда же бывает это, то оно переходит в постоянное правило, нрав, обычай, словно закон. Совокупность этих обычаев составляет дух того общества или круга людей, в коем утверждаются такие обычаи. Если исходище их хорошо, то и обычаи хороши, и общество хорошо. Если исходище худо, то и обычаи худы, и общество худо. Но в последнем случае кто вступил в сие коловращение обычаев и нравов, тот неизбежно раб их и, несмотря на труд рабства, раболепствует беспрекословно. Кто живет по-мирски, тот раболепствует обычаям и духу мира. Но и тот, кто входит свежим в сей мир, неизбежно проникается духом его и скоро уравнивается с другими, ибо эти обычаи суть стихии для образования в нас духа греховного, страстного, богоборного, потому что сами суть не что иное, как ходячие страсти.

Имея целью очистить и исправить человека, Божественная благодать прежде всего врачует исходище всей его деятельности, именно: обращает сознание и свободу к Богу, чтоб отсюда потом проводить целение и по всем силам, чрез их деятельность собственную, назначаемую им или возбуждаемую в них из исходища уже исцеленного и освященного. Как уврачевывается и как хранится это исходище, мы видели пред сим. Теперь надлежит определить, какие должны исходить из него действия, с целительною силою, в том значении, какое указано пред сим. Этим, однако ж, не позволяется самовольное назначение сих деланий, а только то, что они должны быть приняты непринужденным сознанием и свободою, ибо иначе не будет от них и ожидаемого плода.

Итак, вслед за образованием и хранением ревности со всем внутренним устроением, должно определить упражнения, указанные в слове Божием и писаниях святых отцов, сначала для сил души, как ближайших приемников всего зачинаемого в святилище духа, потом для сил и отправлений тела, как приемников созревающего в душе; наконец, и для внешнего поведения, как общего стока всей внутренней деятельности или ее поприща и вместе образования. Все сии упражнения должны быть направляемы так, чтобы не погашали, а возгревали более дух ревности со всем внутренним устроением.

В душе встречаем три силы: ум, волю, сердце или, как у святых отцов, силу рассудительную, вожделительную и раздражительную. К каждой из них святыми подвижниками прилагались особые врачевательные упражнения, сродные с ними и приимательные и проводительные, в отношении к благодати. Их не нужно строить по теории, а только выбрать из испытанных уже подвигов, какие идут к какой силе. Так:

К уму:

Чтение и слышание слова Божия, писаний святых отцов и житий угодников Божиих. Изучение и напечатление всех истин богоданных в кратких изложениях (катихизис). Вопрошение опытнейших и старейших. Взаимное собеседование и совещание дружеское.

К воле:

Строгое соблюдение всех подвижнических, предназначаемых теперь, правил. Подчинение всему уставу церковному. Подчинение порядку гражданскому или должностному и семейному, ибо в нем посредствуется воля Божия. Покорность воле Божией в судьбе своей жизни. Внимание к совести в делании добрых дел. Повиновение духу, ревнующему об исполнении обетов.

К сердцу:

Бывание на святых церковных службах. Молитва, Церковию определенная, – правило домашнее. Употребление святого креста, икон и других священных веществ и вещей. Соблюдение священных обычаев, учрежденных Церковью и всегда ею предлагаемых.

Тело, по естеству, чисто. Потому надлежит только устранить от его потребностей неестественное и укрепиться в естественном для него, или, что то же, возвратить его к природе. Кроме сего, оно должно быть помощником душе, как всегдашний ее друг, а потому, кроме возвращения к пределам естества, удовлетворение его потребностей должно быть применено еще к пользам души и духа. В удовлетворение сих требований назначается на каждое отправление тела своего рода упражнение, как средство и для врачевания телесности нашей, и для польз духовных.

Сюда относятся правила, коими предписывается: в отношении к чувствам: хранение чувств вообще, особенно же слуха и глаз (нервное отправление); хранение уст и языка (мускульное); бодрость телесная, с трудом и рукоделием (мускульное); воздержание и пост (брюшное); мера сна и бдения (брюшное); телесная чистота (брюшное).

Вообще в отношении к телу: утруждение (мускульное), озлобление (нервное) и измождение (брюшное).

Само собою очевидно, как чрез такие подвиги мало-помалу тело возвратится к своему естеству, станет живо и крепко (мускульное), светло и чисто (нервное), легко и свободно и явится приспособленнейшим орудием для духа нашего и достойным храмом Духа Святаго.

Внешнее наше – сток наших дел, их поприще, и вместе повод и поддержка – зарождение и окончание. Его можно бы оставить в покое, если б оно не воздействовало на нас обратно. Но на деле оно сильно властвует и даже правит нами. Потому, как выражение образа деятельности сил или характера внутреннего, при изменении их, и оно должно быть непременно изменено. Его поприще – семейство, должность, связи. Итак, сюда должно отнести все правила, обязывающие: оставить злые обычаи, все без исключения; затем – очистить связи и сношения, оставляя спасительное и устраняя вредное, и определить поведение или обращение с людьми; по новому порядку распределить или вновь учредить занятия по должности, если они есть; учредить порядок семейных дел, или вообще приспособление дома к духовной жизни.

Необходимо так сделать, чтобы все внешнее, с вещами, лицами, делами, составляло около как бы какую духовную атмосферу, питающую и созидающую, а не разоряющую.

Вот упражнения и подвиги! Употребление их должно быть непрерывное; они должны быть при нас, как повязка с пластырем на разных частях нашего состава. Но приспособленнейшее место для них, где они являться должны в чистейшем и совершеннейшем виде, строжайшем, это есть говение – спасительнейшее учреждение Святой Церкви, назначенное к нашему очищению и освящению чрез Таинства. Сим именем означается: прохождение всех подвигов в совершенном виде, как приготовление к принятию Таинств; само принятие Таинств исповеди и причащения Тела и Крови Христовых.

Это – упражнения, обнимающие всего человека, питающие и дух, и душу, и тело. Их назовем благодатными средствами воспитания и укрепления духовной жизни.

Вот несколько общих замечаний о всех сих подвигах и упражнениях. Все такие подвиги и упражнения должно проходить каждому подвижнику в особенном, к нему примененном виде, потому что сами по себе они суть еще как бы материалы и рамки для правил. Правила строятся из них чрез приложение их ко времени, месту, лицу, обстоятельствам и прочему. Это и должно быть сделано каждым подвизающимся или самим, или по руководству своего руководителя и духовного отца, – сделано над всяким упражнением, и потом из всей совокупности их построен один всеобъемлющий порядок духовных упражнений, или подвигов, где всему место и время, большому и малому. Этот порядок, равно как и правила, не могут быть достаточно указаны в писанном руководстве, разве только в началах. Здесь можно только описать каждое упражнение и показать его целительность и общие начала употребления.

Нетрудно заметить, как все такие подвиги и упражнения соответственны внутреннему деланию. Именно правила внешнего поведения, с устроением тела, существенно необходимы для сохранения внутрь-пребывания и духовного сознания, упражнения же благочестивые – для духовной жизнедеятельности. Потому в жизни духовной сколько существенно внутреннее, столько же существенны и они. У святых отцов они называются телесным, вещественным деланием, или жизнию деятельною, внутреннее же – жизнию созерцательною, а также духовным и умным деланием. Это заблуждение, будто внутреннее может стоять, хотя и не приспособлено к нему внешнее; равно как и то неправо, если кто останавливается на одном внешнем, забывая внутреннее, как оно у нас указано, или не заботясь о нем. То и другое должно идти совместно, так что все дело кратко можно выразить так: вошедши в себя и став в духовное сознание, возбуди жизнедеятельность, или строй духовный, и потом ходи в построенном тобою порядке подвижничества.

Должно при этом твердо содержать в мысли, что упражнения, подвиги, поведение, при всей своей существенной необходимости и полной годности, для хранения и образования духовной жизни и восстановления естества, силу к тому имеют не сами от себя – не они созидают дух и очищают природу, а благодать Божия, проходящая чрез них и получающая как бы доступ, проток к нашим силам. Потому ходи в них со всем тщанием, ревностью, постоянством; но самое свое преспеяние предавай Господу, чтобы под прикрытием их Он Сам созидал нас, как хочет и ведает. Вступая в подвиг, не на нем останавливай внимание и сердце, но минуй его, как нечто стороннее, – разверзай себя для благодати, как готовый сосуд, полным себя Богу преданием. Кто находит благодать, тот находит ее посредством веры и рачительности, говорит святой Григорий Синаит, а не посредством одной рачительности. Как ни исправно будет наше делание, но коль скоро не предаемся при нем Богу, не привлекаем благодати, оно созидает не дух в нас истинный, а дух лестчий, производит фарисея. Благодать – душа их. Они потолику истинны, поколику питают и хранят самоуничижение, сокрушение, страх Божий, нужду в помощи Божией и преданность Богу. Сытость и довольство от них – знак неистинного их употребления, или неразумия.

Вот весь порядок названного нами положительного делания, или начала самопринуждения. Следует теперь раскрыть каждое из них в отдельности, хотя в общих чертах.

А. Упражнения, способствующие к образованию душевных сил по духу христианской жизни

Сил три: ум, воля и чувство. Соответственно им распределяются и упражнения. Прямо они обращаются на образование сил, но так, чтобы не погашался тем дух, но, напротив, возгорался более и более. Последнее служит мерою и остепенением первого, которое подчиняется ему до безмолвной покорности или совершенного прекращения.

а) Упражнения, образующие ум, с возгреванием и жизни духовной

Христианское образование ума есть напечатление в нем всех истин веры столь глубоко, чтоб они составляли его существо, или чтоб он состоял из них одних, так, чтобы, когда он станет рассуждать о чем, рассуждать или поверять все познаваемое по ним и вообще без них не мог бы и движения малого сделать. У Апостола названо это содержанием «образа здравых словес» (2Тим. 1, 13).

Упражнения или делания, сюда относящиеся, суть: чтение и слышание слова Божия, отеческих писаний, житий святых отцов, взаимное собеседование и вопрошение опытнейших.

Хорошо – читать или слушать, лучше – взаимное собеседование, а еще лучше – слово опытнейшего.

Плодоноснее – слово Божие, а за ним – отеческие писания и жития святых. Впрочем, нужно знать, что жития лучше для начинающих, писания отеческие – для средних, Божие же слово – для совершенных.

Все эти – и источники истин, и способы почерпать их, очевидно, способствуют и напечатлению их в уме, и, вместе, поддержанию духа ревности. Часто один текст возгревает дух не на один день; есть жития, о коих одно воспоминание восстановляет жар ревности; есть места у святых отцов всевозбудительные. Посему есть доброе правило: выписывать такие места и хранить, на случай нужды, для возбуждения духа.

Часто ни внутреннее, ни внешнее делание не помогают – дух остается в усыплении. Спеши читать что-нибудь из чего-нибудь. Это не поможет – беги к кому-нибудь на беседу. Последняя с верою редко остается без плода.

Есть два рода чтения: одно – рядовое, почти механическое, а другое – избирательное, по требованию духовных нужд, с совета. Но и первое небесполезно. Оно, впрочем, приличнее утвердившимся уже, которые как бы только повторяют, а не изучают.

Всенеобходимо иметь всякому человека для беседы о вещах духовных, который уже знал бы все наше и которому можно бы смело открывать все, что бывает на душе. Лучше, если такой один, много – два. Бесед же праздных, для одного препровождения времени, всячески должно избегать. Вот правила чтения: пред чтением должно упразднить душу от всего; возбудить потребность знать то, о чем читается; обратиться молитвенно к Богу; читаемое следить вниманием и все слагать в отверстое сердце; что не дошло до сердца, на том стой, пока дойдет; очевидно, что читать должно весьма медленно; прекратить чтение, когда душа не хочет уже чтением питаться, – сыта, значит. Если, впрочем, поразит душу какое место, стой на нем и не читай более.

Лучшее время для чтения слова Божия – утро, житий – после обеда, святых отцов – незадолго пред сном. Можно, следовательно, касаться всего понемногу каждый день.

При таких занятиях постоянно должно содержать в мысли главную цель – напечатление истин и возбуждение духа. Если это не приносится чтением или беседою, то они – праздное чесание вкуса и слуха, пустое совопросничество. Если совершается это с умом, то истины и напечатлеваются, и возбуждают, и одно помогает другому, а если отступается от правого образа, то нет ни того, ни другого: истины набиваются в голову, как песок, и дух хладеет и черствеет, надымается и кичит.

Напечатление истин – не то же, что их исследование. Здесь требуется только: уясни истину и держи в уме, пока срастворится с ним, без доводов, ограничений, один лик истины.

Потому легчайшим способом к сему законно можно почесть следующее: истины все – в катихизисе. Каждое утро бери оттуда истину и уясни ее, носи в уме и питайся ею, сколько будет питаться душа, день, два и более; то же сделай с другою и так – до конца. Способ легкий и общепринятый. Не умеющий читать, спроси одну истину и ходи с нею.

Видимо, что закон для всех: напечатлевай истины так, чтоб они возбуждали. Способы же выполнения его разнообразны, и одного для всех указать никак нельзя.

Следовательно, чтение, слушание, беседа, не напечатлевающие истин и не возбуждающие духа, должны быть почитаемы неправыми, уклонившимися от истины. Это – болезнь многочтения по одной пытливости, когда одним умом следят за читаемым, не доводя до сердца, не услаждая его вкуса.

Это есть наука мечтать, не созидающая, не учащая, а разоряющая, всегда ведущая к кичению. Все дело, как сказано, ограничить должно следующим: уясни истину и содержи в уме, пока вкусит сердце. У святых отцов говорится просто: помни, содержи в уме, имей пред глазами.

б) Упражнения для образования воли и с обращением на возбуждение духа

Образовать волю значит напечатлеть в ней добрые расположения, или добродетели: смирение, кротость, терпение, воздержание, уступчивость, услужливость и прочее – так, чтоб они, сорастворившись, или сросшись с нею, составили как бы ее природу и чтобы, когда предпринимается что волею, предпринималось по возбуждению их и в их духе, чтобы то есть они стали правителями и царствовали над делами нашими.

Такое настроение воли есть безопасное, прочное; но поскольку оно противоположно настроению греховному, то стяжание его составляет труд и пот. Потому и делания, относящиеся сюда, преимущественно направляются против главной немощи воли, то есть своеволия, непокорности, нетерпения ига.

Недуг этот врачуется покорением воле Божией, с отвержением своей и всякой другой. Воля же Божия открывается в разных видах послушания, лежащих на каждом. Первое и главнейшее требование ее есть хранение законов или заповедей по своей, каждого, должности или званию: затем хранение устава Церкви, требований порядка гражданственного и семейного, требования обстоятельств, кои от воли промыслительной, требования духа ревнующего, все с рассуждением и советом.

Все это – поприща для дел правых, кои открыты для всякого, и притом все. Потому умей только распоряжаться, и не во́счувствуешь скудости средств к образованию воли.

Для сего уясни себе всю сумму дел правых, возможных для тебя, в твоем месте, звании, обстоятельствах, вместе с рассмотрением и того, когда, как, в какой мере и что можно и должно исполнить.

Уяснивши все, определи общий очерк дел и их порядок, чтобы все творимое не было нечаянно, памятуя притом, что этот порядок уместен только вообще, в частности же он может быть изменяем по требованию хода дел. Все с рассуждением твори.

Потому лучше каждодневно перечислять возможные случаи и возможные дела.

Навыкшие в делании правом никогда ничего не определяют, а делают всегда то, что Бог пошлет, ибо все от Бога; случаями Он открывает нам Свои определения.

Все это, впрочем, только дела. Хождение в них делает только исправным. Чтобы чрез них востечь и к добродетелям, надлежит напряженно держать дух истинного доброделания, именно: со смирением и страхом Божиим все твори по воле Божией и во славу Божию. Кто творит по самонадеянности, со смелостию до дерзости, в самоугодие или человекоугодие, тот, хотя и в правых делах, образует в себе злой дух самоправедности, кичения и фарисейства.

Содержа правый дух, должно памятовать и законы, преимущественно закон постепенности и непрерывности: то есть всегда начинай с меньшего и восходи к высшему и потом, начавши делать, не останавливайся. Этим избежать можно:

смущения, что несовершен, ибо не вдруг; придет еще время; мысли, что все уже сделал, ибо степеням конца нет; заносчивой предприимчивости, подвигов выше сил.

Последний предел – естественность доброделания, когда уже закон не лежит бременем.

Успешнее всех достигает сего тот, кто сподобится благодати жить вместе с добродетельным и деющим, а еще успешнее, если он у него под наукою. Не нужно будет делать снова и переделывать допущенное от неуменья и ненавыкновения. Не читай, не размышляй, как говорится, а найди благоговейного, и тотчас научишься страху Божию. То же можно приложить и ко всякой другой добродетели. Хорошо, впрочем, судя по себе, своему характеру и месту, избрать преимущественно одно доброделание и держаться его неуклонно, – оно будет грунтовое, как канва, – по ней и на другие переходить. Это спасительно при расслаблении – сильно напоминает и скоро возбуждает. Надежнее всех подаяние милостыни, которая до Царя ведет.

Впрочем, это касается только дел, а не расположений, у которых должен быть свой внутренний строй, зиждущийся в духе, некоторым образом независимо от сознания и свободы, как Господь даст. Началом его всеми святыми признается страх Божий, а концом – любовь; в средине строятся все добродетели одна из другой, хоть и не у всех одинаково, но непременно на смиренном и сокрушенном покаянии и болезновании о грехах. Это соки добродетелей. Изображение каждой добродетели, ее свойства, делания, совершенства степени, уклонения есть предмет особых книг и отеческих наставлений. Все это познавай посредством чтения.

Такого рода доброделание прямо образует волю и напечатлевает в ней добродетели, но в то же время оно держит и дух в постоянном напряжении. Как трением возбуждается теплота, так и делами добрыми возгревается усердие. Без них и добрый дух хладеет и испаряется. Этому обыкновенно подвергаются неделатели, или люди, ограничивающиеся неделанием зла и неправд. Нет, надобно назначать и избирать и дела добрые. Есть, впрочем, и слишком хлопотливые делатели, которые потому так скоро истощаются и рассеивают дух. Всему – мера.

в) Образование сердца

Образовать сердце – значит воспитать в нем вкус к вещам святым, Божественным, духовным, чтобы, обращаясь среди них, оно чувствовало себя как бы в своей стихии, находило в том сладость, блаженство, ко всему же другому было равнодушно, не имело вкуса и даже более – имело к тому отвращение. К сердцу сходится вся духовная деятельность человека: в нем отпечатлеваются истины, в него внедряются и добрые расположения, но главное собственное его дело – это показанный нами вкус. Когда ум зрит все строение мира духовного и разные его предметы или в воле спеются разные благие начинания, – сердце под ними должно во всем этом ощущать сладость и издавать теплоту. Это соуслаждение духовному есть первый признак оживления умершей души от греха. Потому образование его – очень важный момент даже в начатках.

Делание, направленное к нему, есть все вообще наше священнослужение во всех его видах – и общее, и частное, и домашнее, и церковное, а главным образом – движущийся в нем дух молитвенный.

Священнослужение, то есть все дневные службы, со всем устроением храма, иконами, свечами, каждением, пением, чтением, действованием, а также службы на разные потребы, потом служение домашнее, тоже с вещами церковными освященными – иконами, елеем, свечами, водою святою, крестом, ладаном – вся эта совокупность вещей священных, действующая на все чувства – зрение, слух, обоняние, осязание, вкус, суть оттиратели чувств у омертвелой души, сильные и единственно верные. Душа омертвела от духа мира, обдающего ее чрез живущий в ней грех. Все строение церковнослужения нашего и своим строением, и значением, и силою веры, и особенно сокрытою в нем благодатию – имеет непреодолимую силу отвевать дух мира и, освобождая душу от его тяготящего влияния, дает возможность вздохнуть как бы свободно и вкусить сладость этой духовной свободы. Вступивший в храм вступает совсем в другой мир, влияется от него и соответственно тому изменяется. То же бывает и с тем, кто окружает себя священными вещами. Частость впечатления духовного спешнее проникает внутрь и скорее оканчивает преобразование сердца. Итак:

1) Следует учредить возможно частое пребывание в храмах на церковных службах, и обыкновенно на утрене, литургии, вечерне. Иметь стремления к тому и при первой возможности быть там каждодневно и хоть однажды, а если можно, даже безвыходно. Наш храм есть рай на земле или небо. Спеши в храм по вере, что он – место селения Божия, где Он Сам обещал скорее услышать; пребывая в храме, будь, как пред Богом, в страхе и благоговении, которые вырази терпеливым стоянием, поклонами, вниманием к служению вообще, без расхищения мыслей, ослабления и небрежности.

2) Следует не забывать и других священнослужений, частных, в храме ли то или в доме совершаемых, равно и своего домашнего молитвования со всем церковным устроением. Должно помнить, что это есть только дополнение некое служения церковного, а не замена его. Апостол, заповедуя не лишать себя собраний, давал знать, что вся сила служения принадлежит служению общему (см.: Евр. 10,25).

3) Следует совершать все церковные торжества, обряды и обычаи, вообще весь устав, и обложить себя им во всех исходищах, так, чтобы постоянно пребывать как бы в некоторой особой атмосфере. Это сделать легко. Таково устроение нашей Церкви. Прими только с верою.

Но главным образом, что дает силу церковному служению, это молитвенный дух. Молитва – это есть как обязанность всеобъемлющая, так и средство вседейственное. Ею и истины веры напечатлеваются в уме, и добрые нравы – в воле, но преимущественно оживляется сердце в чувствах своих. Тогда только спешно идут и первые два, когда есть это одно. Потому образование молитвы должно быть начато прежде всего и продолжаемо постоянно, неутомимо, пока не даст Господь молитву молящемуся.

Начатки молитвы полагаются в самом обращении, ибо молитва есть устремление ума и сердца к Богу, что и есть в обращении. Но невниманием или неумением можно погасить в себе эту искру. Затем тотчас и должно начать известного рода делания, с целию возгревать дух молитвенный. Кроме отправления служения и участия в них, о коих было сказано, ближе прямо сюда относится молитвование своеличное, где бы и как бы оно ни совершалось. Тут правило одно: навыкни молиться. Для сего:

Избери правило молитвословия — вечернего, утреннего и дневного.

Правило небольшое сначала, чтобы не отвратить непривыкшего духа к сему деланию и труду.

Но совершать его должно всегда со страхом, тщанием и всем вниманием.

Здесь требуется: стояние, поклоны, коленопреклонение, крестное знамение, чтение, иногда пение.

Чем чаще становиться на такую молитву, тем лучше. Иные делают это на каждый час: немного, но чаще.

Какие читать молитвы, это положено в молитвенниках. Но хорошо навыкнуть к одной какой-либо, чтобы, начав ее, тотчас загорался дух.

Правило молитвословия просто: став на молитву, со страхом и трепетом говори ее как в уши Божии, сопровождая крестом, поклонами и падением ниц, соответственно движению духа.

Правило принятое непременно всегда исполнять должно; но это не препятствует по требованию сердца и прибавлять.

Чтение и пение вслух, или шепотом, или молча — все одно, ибо Господь близ. Но иногда лучше тем, иногда другим способом совершать все молитвословие.

Твердо должно содержать в мысли предел молитвы. Та молитва хороша, которая оканчивается припадением к Богу с чувством: «имиже веси судьбами, спаси мя».

Есть степени молитвы. Первая степень — молитва телесная, более в чтении, стоянии, поклонах. Внимание отбегает, сердце не чувствует, охоты нет: тут — терпение, труд, пот. Несмотря, однако ж, на то, положи пределы и делай молитву. Это – делательная молитва. Вторая степень молитва внимательная: ум привыкает собираться в час молитвы и всю ее проговорить с сознанием, без расхищения. Внимание срастворяется со словом писанным и говорит как свое. Третья степень – молитва чувства: от внимания согревается сердце, и что там в мысли, то здесь становится чувством. Там слово сокрушительное, а здесь – сокрушение; там – прошение, а здесь – чувство нужды и потребность. Кто перешел к чувству, тот без слова молится, ибо Бог есть Бог сердца. Потому это и есть предел молитвенного воспитания – став на молитву, переходить от чувства к чувству. При сем чтение может прекращаться, равно как и мышление, а пусть будет только пребывание в чувстве с известными молитвенными знаками. Такая молитва сначала приходит помалу. В церкви или дома нападает чувство молитвенное... И вот общий святых совет – не пропускать этого без внимания: то есть когда чувство есть, прекрати всякое другое делание и стой в нем. Святой Лествичник говорит: «Ангел молится с тобою». Вниманием к этим проявлениям молитвы спеется воспитание молитвы, а невниманием разоряется: в воспитании же и дело.

Как бы, впрочем, ни полагал себя кто усовершенствовавшимся в молитве, правила молитвенного оставлять никогда не должно, а творить его, как указано, и всегда начинать с молитвы делательной. С нею должна быть умная, а за ними придет и сердечная. Без этого растеряются сии последние, и человек будет думать, что молится, а на деле этого не будет.

Когда молитвенное чувство взойдет до непрерывности, тогда начинается молитва духовная, которая есть дар Духа Божия, молящегося за нас, – последняя степень молитвы постигаемой. Но есть, говорят, еще и непостигаемая умом молитва, или заходящая за пределы сознания (так у святого Исаака Сирианина).

Легчайшее средство восхождения к непрерывности в молитве есть навыкновение молитве Иисусовой и вкоренение ее в себе. Опытнейшие мужи в духовной жизни, Богом вразумленные, нашли это одно простое и вместе вседейственное средство к утверждению духа во всех духовных деланиях, равно как и во всей духовной подвижнической жизни, и в наставлениях своих оставили подробные о ней правила.

Трудясь и подвижничествуя, ищем очищения сердца и восстановления духа. К этому два пути: деятельный, то есть хождение в тех подвигах, кои указаны пред сим, и умозрительный — обращение ума к Богу. Там душа очищается и приемлет Бога; здесь Бог зримый сожигает всякую нечистоту и приходит вселитися в очищенную душу. Заключая последнее в одной молитве Иисусовой, Григорий Синаит говорит: «Бога стяжаваем или деланием и трудом, или художным призыванием имени Иисусова», и потом прилагаем, что первый путь длительнее последнего, — последний скорее и действеннее. Вследствие сего иные первое между подвигами место давали молитве Иисусовой. Она просвещает, укрепляет, оживляет, всех врагов, видимых и невидимых, побеждает и к Богу возводит. Такая всемогущая и вседейственная! Имя Господа Иисуса — сокровище благ, сил и жизни в духе.

Отсюда само собою следует, что всякому покаявшемуся, или начавшему искать Господа, можно и должно на первый же раз и преподать полное наставление в делании молитвы Иисусовой, а с нею уже вводить и во все другие, потому что этим путем скорее укрепиться можно, скорее прозреть духовно и войти до мира внутреннего. Не зная сего, иные, или большая часть, останавливаются на телесных и душевных деланиях и почти праздно иждивают труды и время.

Делание это названо «художеством». И оно очень просто. Стоя сознанием и вниманием в сердце, произноси непрестанно: «Господи Иисусе Христе, Сыне Божий, помилуй мя,» без всякого образа и лика, по вере, что Господь зрит тебя и внимает тебе.

Чтобы утвердиться в этом, должно назначать известное время утром или вечером, четверть, полчаса и более, кто сколько может, на то, чтобы только творить эту молитву. Это после утренней и вечерней молитвы, стоя или сидя. Этим положатся начатки навыкновению.

Потом днем поминутно напрягаться творить ее, кто что бы ни делал.

Больше и больше будет стяжеваться навык, и она станет твориться как бы сама, при всяком деле и занятии человека. Чем кто решительнее возьмется, тем скорее успевает.

Непременно должно держать сознание у сердца и во время делания стеснять малое дыхание, в изъявление напряжения, с коим творится.

Но условие высшее – вера, что Бог близ и слышит нас. Говори молитву в слух уха Божия.

Навыкновение это низводит теплоту в дух, а далее просветление, потом и восхищение. Но все это достигается иногда годами.

Сначала молитва эта долго есть только делательная, как и всякое делание, потом переходит в умность и, наконец, внедряется в сердце.

Бывают уклонения от правого пути этой молитвы. Потому надо поучиться ей у того, кто знает ее. Заблуждения больше от того, кто где вниманием – в голове или в груди.

Кто в сердце, тот безопасен. Еще безопаснее, кто болезненно припадает к Богу на всяк час в сокрушении, с молитвою об избавлении от прелестей.

Святые отцы подробно изложили учение о сем делании. Посему принявшемуся за это дело и должно их прочитывать, все же другое кинуть. Лучшие наставления: у Исихия[55], в предисловиях старца Василия, в жизни Паисия[56]; у Григория Синаита, Филофея Синайского, Феолипта[57], Симеона Нового Богослова, у Нила Сорского, у священноинока Дорофея (русского).

Кто навыкнет сему, проходя и все прежде показанное, тот есть муж – делатель христианской жизни. Быстро он будет зреть в очищении себя и христианском совершенстве и достигнет желанного мира в богообщении.

Вот делания для сил души, с приспособлением их вместе и к движениям духа. Здесь видим, как каждое из них приспособлено к жизни духа, или чувствам духовным. Но они же ведут и к укреплению начальных условий внутрь-пребывания, а именно: делания умовые – к собранию внимания, делания воли – к бодренности, а делания сердца – к трезвению. Молитвование же или молитва покрывает все их и все совмещает; даже в производстве своем она есть не что иное, как внутренняя, прежде изъясненная деятельность.

Все эти делания назначены к образованию сил души, по духу новой жизни. Это то же, что одуховление души, или возвышение ее в дух и сорастворение с ним. В падении они соединены на противное. В обращении восстановлен дух, но душа осталась с жестокою выею непокоривости и нехотения духа и духовного. Эти делания, проникнутые духовными стихиями, сродняют ее с духом и срастворяют. Отсюда очевидно, как существенно они необходимы и как худо делают увольняющие себя от них. Они сами причиною того, что у них труд идет без плода, – потеют, но не видят плода, затем скоро остывают, и всему конец.

Но тут же должно помнить, что весь плод их от духа ревности и искания. Он проводит восстановительную силу благодати чрез те делания и низводит в душу оживление. Без него все эти делания пусты, хладны, безжизненны, сухи. Малоплодны чтения, поклоны, службы и все другое, когда нет внутреннего духа. Это делание может научить тщеславию и фарисейству и им одним поддерживаться. Посему все отпадает, когда встретятся противности у того, кто духа не имеет. Да и сами по себе они утомительны. Дух же передает душе силу, по коей она сытости в сих деланиях не находит и желала бы в них одних и обращаться всегда.

Так-то крайне нужно, при сих деланиях, всегда иметь в виду, чтобы горел дух жизни, со смиренным и болезненным припадением к Богу, Спасителю нашему, а это лучше всего питается и хранится молитвою и деланиями молитвенными. Смотреть надо и блюстись, чтобы на них одних не остановиться, потому что они и для души питательны. Можно потому остаться душевным при них, с ущербом для духа. Более всего это случиться может с чтением и, вообще, познанием и усвоением истины.

Б. Держание тела по духу новой жизни

Отличительная черта здесь есть стеснение плоти. Стеснить плоть значит не творить ей никакого угодия в похоти, или не творить ничего с услаждением. Ни пищи, ни пития, ни сна, ни движения, ни смотрения, ни слышания, ни других чувств, впечатлений не принимать так, как бы это было благо, а принимать как будто мимоходом, нечто стороннее, без внимания к тому, и прежде и после, и даже более – с некоторым лишением, не по мере желания плоти, а по мере разума и благого предложения. Дай телу потребное с малым лишением и, оставя его, весь обратись к душе. У святых отцов это называется беганием покоя плоти – недуга самого опасного и Богу противного. Кто жалеет плоть, в том не может пребывать Дух Божий. И частное, урывками, от невнимания и разленения происходящее угодие плоти охлаждает. Что же сказать о тех, у коих плотское услаждение стало законом? Упокоение плоти для духа есть то же, что вода для огня. Плоть – седалище всех страстей, как учит Кассиан[58] и как можно поверить всякому опытом, потому и стеснение ее есть иссушение страстей. Кто даже в малом чем угождает плоти, тому нельзя быть внутрь; он – в том, чем угождается плоть, потому не собран и, следовательно, хладен. Душа, приникшая к плотскому, срастворяется с ним; от того бременеет, тяготеет к земле, неспособна свободно зреть умом духовное. Напротив, как чисто зрение у стеснившего плоть, как легко он тяготеет внутрь, как бесприютны у него страсти, вообще как оживает ощутительно духовная в нем жизнь! «Колико внешний сей тлеет, толико внутренний обновляется по вся дни» (ср.: 2Кор. 4,16). Плоть, если крепнет, крепнет на счет духа; и дух, если зреет, то зреет не иначе, как на счет упокоения плоти. Ни у одного святого не находим льготной жизни: все жили сурово, в стеснении, ослаблении, иссушении, озлоблении плоти. Затем у святого Исаака Сирианина стеснение плоти почитается условием спасения. Жалеющий плоть стоит на пути прелестном, скользком, обманчивом, мнительном.

Стеснить плоть должно во всех ее частях, членах и отправлениях, чтобы представить все члены ее орудиями правды.

Из членов телесной нашей жизни одни – животнодушевные, ближайшие орудия душевной деятельности, а другие – чисто животные, орудия животной экономии, питания и ращения. Первые более имеют свободы, менее связаны; последние связнее, плотянее, грубее.

К первым относятся: чувства, язык, движение; к последним: питание, сон, половое отправление и разные накожные впечатления – теплоты, холода, мягкости и прочее.

Отсюда следующие правила плоти стеснения:

Владей чувствами, особенно зрением и слухом, свяжи движимость, держи язык. Кто не обуздывает сих трех, того внутреннее – в расхищении, в расслаблении и плене, того даже нет внутри; ибо это суть проходы души изнутрь вовне, или окна, выстужающие внутреннюю теплоту.

Власть свою над ними выражай насильным влечением их к предметам благопотребным теперь. Прежде они неудержимо стремились туда, где могла питаться самость и более главная страсть. Теперь надобно обращать их туда, что созидает дух.

Измерь потребную плоти пищу, простую, здоровую, взвесь ее мерою и весом, определи качеством и часом, и будь в том покоен. То же делай со сном. Умертви половое отправление иссушением плоти. Совне же держи плоть в неком озлоблении, в холодном, жестоком и прочем, чтобы не было нежности.

Установив все, борись с плотию, пока усмирится и, навыкнув в сем скромном и озлобительном состоянии, станет безгласною рабою. Смирение плоти подается наконец. Его иметь должно в виду и стремиться к нему, как к награде за труды. Подвигами телесными вырабатываются телесные добродетели: уединение, молчание, пощение, бдение, труд, терпеливость в лишениях, чистота, девственность.

Должно, впрочем, помнить, что эта содружница приседит[59] нам по гроб. Говорят: не верь плоти – она лукавит. И лишь только, по надежде на ее смирение, послабишь, тотчас схватит тебя и одолеет. Борьба с нею погребная, но все-таки сначала труднейшая, а после легче и легче, пока наконец останется одно внимание к порядку, с легкими ощущениями порывов плоти.

Для прочнейшего успеха, если где, то преимущественно в телесных подвигах, необходимо соблюдать закон постепенности. Вот общий совет: сначала держи плоть в законе воздержания по всем частям, обратив все внимание на внутреннее делание. Когда начнут умиряться страсти, зачнется теплота в сердце, тогда, по мере возвышения внутреннего жара, потребности тела сами ослабнут и как бы естественно начнутся великие телесные подвиги.

Главнейшие телесные подвиги, стесняющие плоть: пощение, бдение, труд, чистота. Последнее действеннее всех, нужнее и потребнее. Потому девство есть скорейший путь к христианскому совершенству. Без него ни такой крепости, ни таких даров нельзя стяжать человеку. Должно только помнить, что, кроме телесной, есть душевная чистота, которой может и не быть в сохранившем по гроб телесную. Она значительнее телесной. Посему и супружники, до известной меры, могут приближаться к девственникам чрез чистоту душевную. Труднику, Богу преданному, благодать помогает. Посему-то и супружников видим обладающих совершенствами духа.

В. Порядок внешней жизни по духу жизни новой

Все относящееся к порядку внешней жизни, по духу жизни новой, можно назвать удалением от мира, или изгнанием духа мирского из всего течения нашей внешней жизни. «Аз избрах вы от мира», то есть изъял, – это сказал Господь Апостолам (Ин. 15, 19). То же творит Он Божественною благодатию и со всяким верующим: изъемлет дух его из мира. Да и самое обращение состоит в отвращении сознания от суетного мира и разверстии пред ним мира иного – духовного. Но что в начале совершилось в духе невидимо, то потом, в жизни, должно быть исполняемо делом, стать постоянным правилом. Ищущему Господа надобно удалиться от мира.

Под миром разумеется все страстное, суетное, греховное, вошедшее в жизнь частную, семейную и общественную и ставшее там обычаем и правилом. Потому удалиться от мира не то значит, чтобы бежать от семейства или от общества, а оставить нравы, обычаи, правила, привычки, требования, совершенно противоположные духу Христову, принятому и зреющему в нас. Гражданство и семейство – благословенны у Бога; потому не должно отрешаться от них или презирать, равно как и все, принадлежащее к их существенному благоустроению. Но все пришлое к ним похотное и страстное, как нарост, вредящий и искажающий их, должно презреть и отвергнуть. Убежать от мира – значит установить себя в истинной семейственности и гражданственности; все же другое сделать так, чтоб оно было как бы не наше, не нас касалось. «Требующие мира сего, яко не требующе» (1Кор. 7, 31).

Почему так должно сделать, очевидно само собою. Суетное, страстями пропитанное, неминуемо передает в душу нашу то же, возбуждает или прививает страсть. Как ходящий около сажи очерняется или касающийся огня опаляется, так участвующий в мирском пропитывается страстным, богопротивным. Потому, попавшись в мир, покаявшийся снова падает, а невинный развращается. Это почти неизбежно. Тотчас омрачается ум, рождается забвение, ослаба, плен и расхищение, а там и уязвление сердца, за ним страсть и дело – и человек пал. Свидетели тому все истории развращения; равно как и свидетели того, сколь неизбежно и необходимо все то оставить, суть все обратившиеся, которые бегут всех этих обычаев, как огня.

А что именно оставить и как, тому учит более опыт, нежели наше писание.

Закон такой: оставить должно все, что опасно для новой жизни, что возгревает страсть, наносит суету и погашает дух, а во всем этом сколько разнообразия!.. Мерою тому пусть будет собственное сердце каждого, искренно ищущего спасения без лукавства, не напоказ только. В настоящее время театры, балы, танцы, музыка, пение, разъезды, прогулки, знакомства, шутки, остроты, смехи, праздное провождение времени и даже время вставания, сна, вкушения пищи и прочее – все надо отменить и изменить. В другие времена и в других местах может быть и другое. Но мера всегда одна: оставь, что вредно и опасно для жизни, что погашает дух. Но что же именно? У иного может быть самое мелочное, может быть даже прогулка по известному месту, с известным лицом... «Вся ми леть суть, но не вся на пользу» (1Кор. 6,12).

Отсюда следует, что оставить мир есть не что иное, как перечистить всю свою внешнюю жизнь, устранить из нее все страстное, заменить чистым, не мешающим духовной жизни, а помогающим ей – в жизни семейной, частной, общественной; установить вообще образ внешнего своего поведения дома и вне, с другими и по должности; по требованию духа новой жизни, определить все правилами, установить порядок в доме по всем частям, порядок по должности, порядок знакомства и сношений с кем, когда и как.

Как это сделать? Как кто может, только сделай с совета и рассуждения, по руководству отца духовного или того, к кому есть доверие. Иные делают это вдруг и, кажется, лучше, а иные исподволь. Должно только с первой же минуты все мирское и греховное возненавидеть сердцем и быть для него чуждым, не хотеть того и не услаждаться тем. «Не любите мира, ни яже в мире» (1Ин.

2, 15). За этим внутренним оставлением мира оставление видимое может последовать и вдруг, и исподволь. Человек слабый в духе не снесет продолжительного, не устоит, расслабеет и падет. Таковы особенно обладаемые страстьми плотскими, кои получают силу второй природы. Посему таким людям неизбежно вдруг отстать от всего, удалиться от того места, где валялись в грехе. Человек с сильным духом ревности снесет, если и исподволь, но все же и для того, и для другого, с первой минуты обращения, совершенно необходимо прекращение всякого сношения с греховным миром и всем мирским, пока установятся формы новой жизни. Это будет то же, что пересаженное дерево отгородить от ветра, который, и несильный, может повалить его, по причине слабого еще укоренения.

Мысль, будто можно и жить по-христиански, и держаться мира и светскости, есть мысль пустая, прелестная. Кто живет по ней, тот ничему более не научится, как фарисейству и жизни мнительной, то есть только во мнении своем будет христианин, на деле же нет. Сначала он будет разорять одною рукою, что созидал другою, то есть что собрано в удалении от мира, то опять расхитится при первом в него вступлении, а от этого – прямой переход к мнению. Потерянное из сердца может еще оставаться в памяти и воображении. Теперь, припоминая и воображая, как оно было прежде, человек может думать, что и на самом деле оно есть, между тем как оно испарилось, и остался один след его в памяти. И будет мнить, что имеет то, чего на деле нет. Вот ему суд: «еже мнится имея, взято будет от него» (Мф. 25, 29). От мнения же один шаг к фарисейству. Закаленное же фарисейство есть ужасное состояние. Страшно однако же; как же быть, оставя мир? Это страшно только снаружи, внутри же оставление мира есть вступление в рай. Совне – тотчас озлобления, скорби, потери: что же? – скрепи себя терпением. Что дороже: мир или душа, время или вечность? Отдай малое – и возьми неизмеримое по всем измерениям. Бывает, впрочем, и так, что сильный натиск от мира бывает только вначале, потом стихает, стихает, и оставивший мир оставляется в покое, ибо в мире редко кем дорожат, поговорят, поговорят, а там и забудут. С оставляющими мир то же, что и с мертвыми. Потому можно и не так страшиться неприязни мира, ради его суетливости и гордости – ради того, что он любит наличное, а другое забывает. Он зрелище: занят только или держит в себе тех, кои в нем, до других же ему мало дела.

Таким образом, то занятиями, обращенными на созидание сил души, то стеснением плоти во всех ее частях, особенно тех, кои суть ближайшие органы души, то перечищением внешнего порядка человек ищущий хорошим и прочным оплотом обезопасит свое внутреннее. Укрепившись внутрь первыми духовными и душевными занятиями в уединении, при стеснении плоти, исходит он к делам семейным или гражданским, или общежительным, к делам чистым и спасительным, по воле Божией, и всем тем созидается в духе, или, по крайней мере, не расхищается.

Одно еще может его развлекать – это непрестанное видение и слышание вещей – то мирских, то простых, кои потому только, что действуют на душу, извлекают ее чрез внимание к себе вон и расхищают. Если бы заградить и эти отверстия, то покой внутрь был бы ненарушим. Очевидно, надежнейшее и решительнейшее к тому средство есть заграждение чувств, но это не всякому можно и должно. Потому святыми отцами изобретено спасительное средство: и подлежать впечатлению внешних вещей, и не развлекать, а созидать дух. Оно состоит в том, чтобы всякой вещи, всему видимому и слышимому дать духовное знаменование и до того укрепиться в помышлении о сем духовном знаменовании, чтобы, при взгляде на вещь, не она касалась сознания, а ее знаменование. Кто сделает это для всего встречаемого, тот постоянно будет ходить как в училище... И свет и тьма, и человек и зверь, и камень и растение, и дом и поле – все-все до малейшего будет уроком ему; надлежит только истолковать себе и укрепиться в том. И как это спасительно!.. «Что ты плачешь?» – спрашивали ученики у старца, увидевшего красивую, разряженную женщину. «Плачу, – отвечал он, – о погибели твари Божией разумной и о том, что не имею такого радения о душе во спасение, как она о теле на пагубу...» Другой, услышав плач жены на могиле, сказал: «Так христианин должен плакать о грехах своих».

Г. Благодатные средства воспитания и укрепления духовной жизни

Таковы подвиги, коими душа, тело и наше внешнее поведение образуются по духу новой жизни, после того как дух благодатию Божиею оживотворяется в обращении, восходя до решимости и обета и запечатления их Святыми Таинствами. Но как вначале ненадежно бывает обращение к Богу, если его не запечатлеют благодатию чрез Таинства, то и во все последующее время непрочно бывает ревнование, бессильно усердие, слаба воля, жизнь тоща, если кто не обновляется чрез Божественные Таинства исповеди и святого причащения. Жизнь христианская, свидетельствуемая усердием, есть жизнь благодатная; следовательно, к хранению, питанию и возгреванию ее самым могущественным средством должно быть привлечение и приятие Божественной благодати. Есть особые стихии, питающие животную нашу жизнь; есть также стихии, питающие и жизнь духовную. Это – Таинства.

Собственно к питанию и возвышению духовной нашей жизни дано Господом Таинство Тела и Крови. «Аз есмь хлеб животный», – сказал Господь, – «Плоть Моя истинно есть брашно, и Кровь Моя истинно есть пиво», посему, «ядый хлеб сей жив будет во веки» (Ин. 6, 51, 55, 58). Жизнь духовная есть следствие общения с Господом; вне Его и без Него нет у нас жизни истинной. Но Он говорит: «Ядый Мою Плоть и пияй Мою Кровь во Мне пребывает, и Аз в нем... Аз живу Отца ради, и ядый Мя жив будет Мене ради» (Ин. 6, 56–57): то есть общение с Господом действуется чрез причастие Тела и Крови. Жизнь духовная истинная – сильна, многодельна и многоплодна. Но «без Мене, – говорит Господь, – не можете творити ничесоже». Кто «во Мне, плод мног сотворит» (ср.: Ин. 15, 5). «Во Мне же пребывает ядый Мя». Из всего сего следует, что «аще не снесте Плоти Сына Человеческаго, ни пиете Крове Его, живота не имате в себе... Ядый хлеб сей, жив будет во веки» (Ин. 6, 53, 51).

Вот благодатный источник сохранения и укрепления нашей духовной жизни! Посему с самого начала христианства истинные ревнители благочестия поставляли первым благом частое приобщение. При Апостолах оно всюду: христиане все пребывают в молитвах и ломлении хлеба, то есть причащаются. Василий Великий в послании своем к Кесарю говорит, что спасительно причащаться Тела и Крови на всяк день, а о своем житии пишет: «Мы причащаемся четыре раза в неделю». И это общее мнение всех святых, что нет спасения без причащения и нет преуспеяния в жизни без частого причащения[60].

Но Господь – источник жизни, оживляющий причащающихся Его, есть вместе и огнь поядающий. Достойно причащающийся вкушает жизнь, а причащающийся недостойно вкушает смерть. Хотя смерть эта не последует видимо, но невидимо всегда совершается в духе и сердце человека. Недостойно причащающийся отходит – как головня из огня или железные выгарки. В самом теле или полагается семя смерти, или она тут же случается, как это было в Церкви Коринфской, по замечанию Апостола (см.: 1Кор. 11:29–30). Посему, причащаясь, должно приступать к тому со страхом и трепетом и довольным приготовлением.

Приготовление сие состоит в очищении совести своей от мертвых дел. «Да искушает себе, – учит Апостол, – всяк, и тако от хлеба да яст и от чаши да пиет» (1Кор. 11, 28). Исповедь, с возненавидением греха и обетом всячески удаляться от него, делает дух человека сосудом, способным вместить невместимого Бога, по Его благодати. Решительность и обет суть место, в коем Господь общится с нами в приобщении, ибо оно только одно и бывает чисто, все же прочее в нас нечисто. Посему никто достойно не приходит, а только Господом, по благодати, считаются достойными ради исповеди с сокрушением и обетом.

Этим все можно было бы и ограничить: исповедайся достойно – и будешь достойный причастник. Но исповедь и сама есть Таинство, требующее достойного приготовления, и, сверх того, к совершенству своему требует особенных действий, чувств и расположений, которые не могут быть совершены и явлены вдруг, а требуют времени и некоторым образом исключительного ими занятия. Посему оно всегда было совершаемо по известному чину, с предварительными делами и упражнениями, к нему приготовляющими, кои способствуют то к лучшему познаванию грехов, то к возбуждению и явлению сокрушения о них, то к ограждению крепости обета. Все они в совокупности составляют говение.

Отсюда следует, что для возвышения и укрепления благодатной жизни чрез Таинства нужно учреждать говение со всеми его принадлежностями, – исповедаться и, приготовившись таким образом, достойно причаститься Святых Тайн. Надлежит то есть учреждать говение, или, лучше, принимать на себя говение, потому что оно учреждено уже у нас Святою Церковию. Четыре поста с тою целью и установлены, чтобы в них ревнующие о благочестии говели, исповедались и причащались. Потому и должно положить правилом – ищущему совершенства четыре раза в год говеть, во все большие посты. Так и написано в «Православном исповедании». Впрочем, этим не стесняется усердие говеть чаще и даже непрестанно; равно как не налагается, как иго, на не могущих, по обстоятельствам своим, исполнить этого. Только надобно так: все употреби от себя зависящее, чтобы поговеть четыре раза в год. Для мирян четыре раза – мера скромная, средняя и, как испытано, очень спасительная. Делающий так не выдается из круга других, потому и кичить не будет, как превысивший их. Можно, впрочем, в пост Великий и Рождественский говеть по дважды – в начале и в конце. Вот и составится всех шесть говений.

Говение должно отличать от пощения, или достойного, по уставу Церкви, провождения постов. Оно есть часть поста, но отличается от него большею строгостию касательно пищи и сна и тем, что всегда соединяется с другими благочестивыми занятиями, каковы: прекращение житейских забот и дел, сколько можно, чтение, кто может, святых книг, неопустительное хождение в церковь на положенные службы и прочее. Вообще, это время исключительно посвящается благочестивым занятиям, кои все направляются к тому, чтобы достодолжно принесть покаяние и исповедь и потом причаститься.

Таким образом, очевидно, что во всем составе говение есть перечистка всей жизни, восстановление всего ее строя, возочищение целей, возобщение с Господом, обновление духа и всего нашего существа. Это – то же, что измовение зачерневшего платья или омытие в бане после дороги. Христианин – в пути и при всей осторожности не укроется от пыли – помыслов страстных и пятен грехопадений. Как бы ни была мала нечистота, но она то же, что порошинка в глазу или песчинка в часах, – глаз не смотрит, часы не идут. Потому неизбежно от времени до времени перечищать себя. Как мудро потому у нас устроено в Церкви и как спасительно повиноваться со смирением такому учреждению!

Вот значение говения! Оно – средство к питанию, возгреванию и хранению в нас жизни, но главное, оно тщательный пересмотр жизни, падений, их причин и установление средств избегать их. Когда грехи познаны, сокрушением и неприязнию извержены из сердца, исповедию с обетом омыты, тогда сосуд готов. В причащении приходит Господь и общится с духом достойного, который чувствовать должен: «не убо есм един, но с Тобою».

Д. Приближение к непрерывному говению

Говение однократно, но дух говетельный должно возвести до непрерывно действующего, а для сего нужно употреблять своего рода упражнения, способствующие к укоренению его.

Так как в говении содержатся три дела освящающих: пощение, исповедь и причащение, то сии три и должно возводить к непрерывности возможной, или возможному учащению. Для сего должно:

а) Касательно говения

Соблюдать все посты великие[61] или время постов проводить в пощении, то есть более чем в воздержании, чтобы сама плоть чувствовала ущерб, недостаток, приболезненность. На говение назначается известное число дней поста, когда оставляются дела и все обращается исключительно на очищение совести; в пощении дела идут тем же порядком, пост умаляется и другие занятия определяются возможностью. Одно удручение плоти с прекращением всех утех, как прилично времени сетования, то облегчает дух, то привлекает милость Божию. Какое посему в этом сильное средство к одуховлению!

Соблюдение поста в среды и пятницы. Это от времени до времени сильно напоминает человеку, что он не на свободе, а в рабстве, под тяготою, укрощает разлив чувственности, отрезвляет и подает бодрость; это есть как бы прерывающееся на малое время обуздание коня ярого уздою и браздами.

И, кроме того, произвольное назначение пощения и в другие дни, особенно в понедельник, как это в обычае. Иные отказывают себе в известного рода пище и постоянно вкушают постную, иные через день и прочее. Есть разные виды пощения, и все полезны и советуются по мере сил и усердия.

б) Касательно исповеди

Всякий грех, тяготящий совесть, надо спешить очистить покаянием, не ожидая определенного времени говения. Хорошо и дня одного не держать его на душе, а еще лучше ни часа, ибо грех отгоняет благодать, лишает дерзновения и молитвы, черствит и охлаждает тем более, чем долее держится. Изверженный же через покаяние оставляет умиляющую росу слез.

Всякий день, отходя ко сну, творить частную исповедь ко Господу, в коей все греховное – в помыслах, пожеланиях, чувствах и движениях страстных, равно все нечистое в делах правых открывается Богу, в чувстве покаяния, как такое, что хоть и против будто бы воли творится, однако же есть в нас и делает нас нечистыми и непотребными перед Богом и собственным чувством чистоты и совершенства. Ложась спать, отходить как бы на тот свет; исповедь приготовляет к тому. Во время сна стяжанное днем обращается в природу нашу – должно перечистить его и непотребное отвергнуть с сокрушением; чисто все за тем бывает.

Творить ежеминутно исповедь, то есть всякий помысл, всякое пожелание, чувство и движение порочное и нечистое, тотчас по сознании исповедать Богу всевидящему, с сокрушением духа, и просить в том прощения и силы избежать впредь; равно как и очиститься в эту минуту от скверны. Это делание весьма спасительно. Оно то же, что протирать глаза, идя против пыли; оно требует строгого внимания сердца. Собранный же уже всегда усерден и ревностен. Напротив, оставляя помыслы и пожелания неизверженными сокрушением и покаянием, рану оставляют в сердце. А сколько бывает незамеченных ран, сколько приражений! Не диво после сего охлаждение и падение. Помысл к помыслу легче родит пожелание, пожелание к пожеланию – согласие, а там уж и прелюбодейство внутреннее и падение. Непрестанно же кающийся все возочищает себя и расчищает себе дорогу.

Иметь откровение, то есть всякое недоумение, смущение или новое разумение свое открывать другому единомысленному или отцу своему духовному, с тем чтобы тот решал и определял достоинство и произносил суд. Этим избегаются застои и уклонения, приобретается навык самолично решать и, следовательно, сохраняется время, истрачиваемое иногда на пустое мечтание. А главное, есть непрекращаемая безопасность, твердость убеждения непоколебимая, с которою в связи и твердость воли, и прочность действования.

Всеми сими деяниями исповедь действительно становится непрерывною. Дух держится в сокрушении, в умилении, самоуничижении, молельном припадании – стало быть, живет. Это из всех деланий самое пригожее к хранению духа ревности, жара усердия, так что у иных все делание ограничивалось, как для себя, так и для других, одним: кайся поминутно и плачь о грехах.

в) Касательно причащения

Бывать, сколько возможно чаще, на Литургии и во время ее совершения стоять в крепкой и светлой вере в совершаемую тогда жертву Божию. Таинство Тела и Крови есть Божественная для христиан пища и есть жертва. Причащаются на Литургии не все и не всегда, но жертва приносится от всех и за всех. Все потому и должны участвовать в ней. Участвуют же верою, болезненным сокрушением о грехах, самоуничиженным припаданием ко Господу, жрущему[62] Себя, как агнца, за живот мира. Одно живое созерцание сего Таинства сильно оживляет и возбуждает дух. Вера же и сокрушение всегда приносят очищение грехов, а нередко и сокровенное прикосновение Господа к сердцу христианина, услаждающее его и оживляющее, как бы причащение в духе.

Подобное прикосновение слаще меда и сота и крепительнее всех крепительных средств духовных. Но должно помнить, что оно вполне есть дар Божий. Когда, кому и как даровать его это зависит от Самого Господа. Христианину должно принимать его с благоговением и радостию и торжествовать, если подается, но не напрягаться на него, не изобретать способов к тому, даже лучше не доверять, бывает ли оно, или то ли оно, что бывает. Это – для избежания кичения и предотвращения прелести.

Если нельзя быть в храме, то не пропусти часа священной и Божественной жертвы без воздыхания и обращения к Богу; если можно, стань на молитву и сотвори несколько поклонов. Что-либо страшное в природе заставляет содрогаться всю тварь: гром, например, сотрясение земли, буря. В минуту Божественной жертвы в храме совершается дело страшнейшее, величайшее на земле и на небе, но совершается невидимо, духовно, пред лицем беспредельного Бога Триединого, святых Ангелов, всего сонма Небесной Церкви, пред оком веры всех подвизающихся и живущих на земле, невидимо тем не менее, однако же действительно. Потому-то верующему не должно пропускать этих минут без внимания. Но когда они помнятся, то самым этим памятованием разогревается дух и восхищается к Богу, чем и привлекается благодать.

Вот как делания говения могут приближаться к непрерывности, чтобы, вместе с деланием внутренним, в постоянном напряжении и силе содержать жар ревности и дух искательный, а помощию его и все подвиги душевно-телесные претворять в спасительные средства к возращению и укреплению внутреннего нашего человека.

Таков общий порядок правил руководительных. Будучи основан на существе жизни, он существенно необходим для всякого, кто ищет Господа. Но здесь указаны только начала, дух и сила правил: например, в отношении к телу – неугодие плоти во всех отправлениях тела; или в отношении ко внешнему быту – удаление от всего, духом страстей напитанного, обязание души по всем силам и хождение под влиянием благодатных средств. Это суть существенные точки подвижнической деятельности. Что же касается до приложения сих начал, то, по многоразличному состоянию лиц, оно должно быть многоразлично и одного в этом случае правила положить никак нельзя. Например, для уврачевания ума надлежит напечатлеть в нем Божественные истины, по разумению Святой Церкви. Это может быть сделано чтением, слушанием и собеседованием и заимствуемо из слова Божия, учения отеческого, житий святых и проповедей. Духовный отец уже должен смотреть, какой кому приличнее способ и как его можно исполнить. Как кто это может сделать, только сделай. Потому, единичное само по себе, подвижничество вовне является в бесконечно разнообразных формах. Только содержать должно, что тот духовный отец есть губитель души и убийца, который гасит дух ревности различными послаблениями и индульгенциями или упокоивает и усыпляет стоящих в охлаждении, ибо один есть путь – тесный и прискорбный.

Полнейшее всего этого и успешнейшее исполнение принадлежит монашеству. Это образ жизни, в лучшем, чистейшем и совершеннейшем виде осуществляющий требования подвижничества, именно по духу. Он есть трудный и покаянный; всегда состоит из руководящих и руководимых; самым делом удален отвне, самым делом связан в потребностях тела; представляет самое большое пространство приложения упражнений, чтений, богослужения, молитвования, послушания; особенно приспособлен к деятельному искоренению страстей и в общем порядке – чрез нестяжательность, строгость, непокой, себяневидение, и в частном – под руководителем. Затем у внимательного монаха скоро зреет внутреннее тяготение к Богу, ради решительнейшего самопожертвования и отрешения от всего, ради большей возможности пребывать в себе и ради многопитания духом молитвы. Посему внимательный скоро восходит здесь к безмолвию, уединению ума и отходит на покой – в пустынь или затвор.

3. Правила брани со страстями, или начала самопротивления

Пребывание в показанном порядке есть сильное и могучее средство к истреблению страстности, очищению и исправлению нашему. Пребывая в нем сознанием и свободою, человек тем самым, что оставляет как бы в стороне страстность, губит ее, не давая ей пищи или покрывая ее, как гнетом, показанными правилами на всем протяжении своих сил и своей деятельности. Заглушаемые таким образом страсти тухнут, как свеча под сосудом. Однако же этою одною положительною деятельностью ограничиваться нет никакой возможности. Установляются правила, как целения для сил попорченных и пропитанных страстностью. Тою же силою, которая во *зле*, надлежит теперь действовать в *добре*. Потому нельзя не встречаться со злом в самом первом начале и зарождении деятельности в первом движении сил. Если нельзя быть вместе добру и злу и от нас требуется чистое добро, без всякой примеси зла, то следует во всяком деле прогнать зло, чтобы начать и свершать чистое добро. Таким образом, в непрерывной связи с прямым положительным занятием сил всегда стоит непрямое, направленное к прогнанию зла и страстности, восстающей в них, иначе *борьба со страстьми и похотьми*. Самое установление себя в показанных подвигах и приучение к ним достигается чрез борьбу и брань, чрез победу искушений и соблазнов. Кто был постник без борьбы с чревом или истинно детски верующим без одоления своеумия и самопостижения? И это не в чем-либо одном, но на всем протяжении положительной деятельности, начиная от исходища внутреннейшего до последнего края ее в удалении от мира. Всюду брань, так что показанный порядок, будучи восстановителем сил и естества, есть вместе и поприще духовной брани непрерывной. Победи неестественное в силе, тогда она поступит в естественное; отжени, отрей зло – увидишь добро. Подвижничество есть непрестанная победность.

Возможность, основание, условие всех внутренних побед есть первая победа над собою – в переломе воли и в предании себя Богу, с неприязненным отвержением всего греховного. Тут зародилась нелюбовь к страстности, ненависть, неприязнь, которая и есть военная духовная сила и одна заменяет собою всю рать. Где нет ее, там без брани победа уже в руках врага; напротив того, где есть, там победа уступается нам нередко без брани. Отсюда видно, что как исходная точка положительной деятельности есть наше внутреннейшее, так оно же есть исходная точка и брани, только в другую сторону. Сознание и произволение, переход на сторону добра, с возлюблением его, поражает ненавистию всякое зло и всю страстность, и притом именно свою. В этом, собственно, и состоит переход, перелом. Потому сила, борющаяся со страстьми, есть также ум, или дух, в коем сознание и свобода, – дух, держимый и укрепляемый благодатию. Через него, как мы видели, целительная сила проходит к силам сквозь подвиги; чрез него же сила, поражающая, разрушительная, проходит к страстям в борении. И обратно: когда страсти восстают, то метят прямо на ум или дух, то есть на покорение сознания и свободы. Они – в святилище нашего внутреннего, куда враг чрез страсти пускает свои разжженные стрелы из душевно-телесности, как из засад. И пока целы сознание и свобода, то есть стоят на стороне добра, то как бы ни было велико нападение, победа наша.

Этим, однако же, не утверждается, будто вся сила победы от нас, а показывается только исходище. Точка опоры для брани есть наш восстановленный дух; сила же победительная и разрушительная для страстей есть благодать. Она в нас одно созидает, а другое разоряет – но опять чрез дух, или сознание и произволение. Борющийся с воплем повергает себя Богу, жалуясь на врагов и ненавидя их, и Бог в нем и чрез него прогоняет их и поражает. «Дерзайте, – говорит Господь, – яко Аз победил мир» (Ин. 16, 33). «Вся могу о укрепляющем мя Христе», – исповедует Апостол (Флп. 4, 13), – точно так, как без Него мы ничего не можем. Кто хочет победить сам, тот несомненно падет или в ту страсть, с коею борется, или в побочную. Предавший же себя Богу словно из ничего стяжавает победу. Этим опять-таки не отвергается свое противодействие, а показывается только, что, при всем противодействии, успех его или победа никогда не может быть нашею, а если есть она, то всегда от Бога. Потому-то всевозможно противоборствуй и борись, но не оставляй возлагать всю печаль свою на Бога живаго, Который говорит: «С тобою есмь в день зол – не бойся».

Как же должен действовать теперь человек или какие вообще способы пригодны к покорению страстей? Чтобы определить это, нужно рассмотреть и указать всех врагов его, а равно и то, в каких видах они являются и действуют; отсюда само собою определится и образ брани с ними. Успех в брани много зависит от видения всего ее состава.

Не бывает мирно преспеяние наше в добре, потому что живы еще страсти и сильно подкрепляются предлежащим миром, суетным, видимым, и темными силами, властвующими в нем. Вот источники восстающих в нас против добра движений.

Человек весь страстен до обращения. По обращении дух, исполнясь ревности, является чистым. Душа же и тело остаются страстными. Когда начнется их очищение и врачевание, они упорствуют и восстают за свою жизнь на гонящий их дух. Эти восстания совершаются более чрез телесные и душевные силы и поражают дух, поколику им усвояются эти силы. Но бывают движения, прямо устремленные на дух. Это разжженые стрелы, кои враг пускает из засад телесодушевности на избегшего его тиранства пленника. Отсюда, несмотря на то, что есть в нас часть уврачеванная или целая, восстания греха и страстей выказываются и ощущаются на всем протяжении нашего существа.

В теле: источное их начало — плотоугодие, или упокоение плоти, с коим в непосредственной связи состоит взыграние телесной жизни и услаждение чувственное. Где они есть, там есть похоть блудная, чревоугодие, сластолюбие, леность, изнеженность, блуждание чувств, говорливость, рассеянность, непоседность, вольность во всем, смехотворство, празднословие, сонливость, дремание зениц, жажда приятного и всякого рода творения угодия плоти в похоти.

В душе:

в умственной части своеумие, вера в свой только ум, прекословие, восстание на ум Божий, сомнение, дмение[63] и кичение, пытливость, расхищение ума, блуждание помыслов; в части желательной — своеволие, непокорливость, властолюбие, жестокость, предприимчивость, самонадеянность, себеприсвоение, неблагодарность, любообладание, лихоимание; в части чувствующей потрясающие покой и мир сердца страсти, или разного рода приятности и неприятности: гнев, зависть, ненависть, злоба, месть, осуждение, презорство, славолюбие, тщеславие, гордость, тоска, печаль, скорби, уныние, радости, веселости, страхи, надежды, ожидания.

Источник всех сих душевно-телесных страстей — самолюбие или самость, которая хотя побеждена или отвержена вначале, но часто восстает и, облекаясь какою-либо страстию, вступает в брань с духом. Эта оставшаяся самость, со всем полком страстей, составляет тлеющего теперь плотского человека и именно есть тот «ин закон во удех», о коем упоминает Апостол (Рим. 7, 23), от которого всегда восстает что-нибудь противное тому, что изволяет дух. Святые отцы, чтобы не развлекать внимания духовного борца-христианина, старались все страсти свести к началам, чтобы видеть, на что должно метить борющемуся. С этою целью около исходища, самости, они помещают три: сласть, любоимание и гордость, а потом других еще пять, кои происходят далее от сих. Ограничившись этим, они описывали их восстание и указывали способ борения. Кто отсек сласть самоозлоблением, любоимание — нестяжательностью, гордость — смирением, тот победил самость, ибо ее легче истреблять в ее детях, нежели саму в себе. Все это — в душе и теле. Но и дух, оживший или, лучше, оживающий, не свободен от приражений, которые тем опаснее, что касаются исходища жизни и нередко бывают незамечаемы, по своей тонкости и глубине. И здесь, так же как в душе и теле, против всего состава духовной жизни внутренней есть противный ряд движений и состояний, отгоняющий и заслоняющий его. Так, часто бывает, вместо внутрь-пребывания и собранности — извержение из себя, исход в чувства; вместо трех актов внутрь-пребывания: внимания, бодренности и трезвения — расхищение ума, внутреннее смятение, суета, ослаба, льгота, опущение себя, вольность, дерзость, плен, пристрастие, уязвление сердца; вместо сознания духовного мира – забвение Бога, смерти, суда, всего духовного.

Как главное в духе – сознание, зиждимое внутрь-пребыванием, то, когда оно падает, падает и жизнедеятельность. От этого восстает вместо страха Божия и чувства зависимости от Него – бесстрашие, вместо избрания и дорожения духовным – равнодушие к нему, вместо отрешения от всего – себя упокоение (что себя нудить!), вместо покаянных чувств – нечувствие, окаменение сердца, вместо веры в Господа – самооправдание, вместо ревности – охлаждение, вялость, невозбуждение и вместо преданности Богу – самоделание.

Нападши на сознание или свободу, одно какое-нибудь из таковых чувств или заграждает совсем, или сокращает исток духовной нашей жизни и поставляет в крайнюю опасность. Вот когда сторонняя помощь крайне необходима. Эти искусительные движения иногда человек сам и не сознает, ибо они принадлежат к числу тончайших помышлений. Душевные и телесные страсти очевиднее, грубее, хотя и в них есть тонкие, как, например, упокоение тела или своеумие и прекословие. В слове они понятны, но в делах часто сокрыты.

Вот полчище каждоминутно готовых погасить нашу новую жизнь восстаний греха... Человек ходит по земле существа своего, как по трясине, готовый в каждое мгновение провалиться. Когда идешь, – с опаской иди, да не преткнеши о камень ногу твою.

Пребывая, впрочем, внутри под гнетом новых правил и порядка, при деятельности духа, все сии неправые движения не так были бы свирепы, если бы не вспомоществуемы были соседствующими им родителями их – миром и бесами.

Мир есть осуществленный мир страстей, или ходячие страсти в лицах, обычаях, делах. Прикасаясь к нему какою-нибудь частию, нельзя не растревожить и соответственной в себе раны, или страсти, по сходству их и подобонастроению. Потому всякий живущий в мире устремляется к ним чрез посредство живущих в себе страстей, по поводам и соблазнам.

Но есть некоторые возбуждения, собственно принадлежащие миру. Таковы: его прелестный вид и во всем успешность, ужасающая сила — чувство оставления и пустынство среди многих, во всем — препятствия, колкости, насмешки, презрение, невнимание, мучение беззаконными делами. За этим следуют потом притеснения, гонения, озлобления, лишения, скорби всякого рода.

И бесы как источники всякого зла, своими полчищами всюду окружая людей, научают их на всякий грех, действуя чрез плоть, особенно чувства и ту стихию, в коей душа и самые бесы. Потому-то всякую страсть и всякое восстание греховное можно относить к ним, как к причине. Но есть нечто в греховном круге, что бесы только одни и могут навеять, к чему, при всей порче, естество представляется неспособным: так, помыслы хульные — сомнения, неверия, необыкновенного отвращения, омрачение, разного рода прелести и, вообще, искушения страстные, дмящиеся, например: неукротимая блудная страсть, досмертная и упорная ненависть и прочее. Кроме сих невидимых борений от бесов, есть нападения от них видимые, осязаемые чрез тело: это разного рода привидения, простирающиеся даже до власти их над телом. Для распознания всего коварства бесов полезно прочитать жития Нифонта, Спиридона и другие.

Вот все, восстающее на нового человека внутрь и вне. Внимательные говорят, что и минуты не проходит без приражения какого-нибудь из этих движений, что и неизбежно, ибо видим, как внутреннее, ревнующее по добром лицо окружено враждебным, со всех сторон, полчищем, погружено в нем, как в море. Впрочем, кроме видения сего многовражия, для успеха в брани нужно еще знать и то, в каком виде бывают эти нападения.

Вообразим, где лицо человека по обращении. Оно внутрь, в ином мире, стоит и действует иное. У него духовные предметы в мысли и духовные дела в намерении. Значит, он отошел от страстного, греховного. Когда потом построится благоприятствующий развитию добра порядок в правилах, то можно будет видеть, что он весь стоит в области света духовной, святой. Греховное, страстное устранено из внимания и лежит под гнетом правил. Оно выскакивает изредка, по временам, и опять отбегает, занимая или не занимая внимания. Оно только показывает себя внутреннему оку, напоминает о себе, хочет только, чтобы им занялись, о нем подумали, помыслили. Потому главный вид, в каком является враждебное в нас, есть помысл. Когда враг успеет занять нашу мысль худым помыслом, он уже не без прибыли, а нередко может торжествовать и победу, потому что к помыслу скоро может склониться и пожелание, а за пожеланием решение и на дело, а это уже грех и падение. На сем основании святые отцы, внимавшие себе, виды и степени восстания страстей и увлечения ими замечают такие: набег мысли, помысл, услаждение, пожелание, страсть, влечение, решение, а за ним и дело. В образе явления своего иногда они развиваются постепенно, одно за другим, иногда же каждое является отдельно, как вне порядка, кроме решения, которое всегда есть акт не непосредственный, а предшествуемый размышлением и склонением свободы: пока его нет, чистота цела и совесть чиста. Потому все до него акты обозначаются одним словом: помысл – просто или с приложением, помысл простой, страстный, похотный; потому, что он является в нас или как просто помысл, представление только греховного предмета, или как похоть, вожделение, желание, или, наконец, как страсть, как влечение. Все они позывают, искушают ум или дух на страстное, греховное, но это еще не зло, не грех, пока ум не соизволяет на них, вступает с ними в борьбу каждый раз, когда они появляются, пока не изгонит их. Пределы брани – с появления помысла, похоти, страсти, влечения до их исчезновения и вычищение всякого следа их; к тому и направлены все правила этой брани. Правда, мир действует совне, равно как и сатана, но их искусительные действия доходят до нашего сознания не иначе, как в каком-нибудь из этих трех, ибо вся их забота состоит в том, чтобы поколебать внутреннее состояние, склонить на них. Сюда направляются все их хитрости, так что в этом отношении не способ, не дела, какие они обращают на нас, а то, что они метят возбудить в нас, то важно и ценно в жизни и деятельности. Например, в гонениях не страдание человека цель, а помысл ропота или отчаяния, или оставления добродетели. Вследствие сего в отношении к духовной брани можно решительно положить: несмотря на то, откуда и как возбуждается греховное, всю силу и все внимание обращай на это самое греховное, с ним начинай дело и борись. Закон этот превеликой важности: он будет держать человека внутрь, следовательно, в силе и некоторым образом в безопасности. Потому-то у святых отцов все правила обращены на помыслы, страсти, пожелания и применяются к их свойству; причины же не упоминаются или если и упоминаются, то без придания им особенного в этом отношении значения и нередко без разграничения. Ибо и мир, и бесы, и похоть могут возбуждать и возбуждают одну и ту же страсть, но она от того не получает особого характера. Итак, вот куда должно быть обращено все внимание подвижника, внутрь себя – на помыслы, пожелания, страсти, влечения, – преимущественно, впрочем, на помыслы, ибо сердце и воля не так подвижны, как мысль, а страсти и желания редко восстают отдельно, большею же частию рождаются из помыслов. Отсюда правило: отсеки помысл – и все отсечешь.

После сего очень легко сделать общий очерк духовной брани. Он достаточно изображен в «Письмах о христианской жизни». Выписываем его оттуда[64].

Из правил брани духовной, составляющих воинское искусство христианина, одни способствуют к предупреждению нападений, другие – к легчайшему и успешнейшему окончанию брани, третьи – к прочнейшему утверждению за собою плодов победы, или к скорейшему истреблению следствий поражения, и кои потому естественно разделяются на три класса: а) на правила, кои надо наблюдать прежде брани, б) во время самой брани и в) после оной.

Прежде брани воин должен так действовать, чтобы деятельностью своею или предотвратить нападения, или дать себе возможность замечать их в самом начале, или даже приуготовить победу. Посему первее всего он должен стеснить область греховных движений, свести их в одно место, ибо таким образом ему не только будет легче замечать возмущения, но и виднее, куда направлять свои силы.

Внешний очерк области греховной вообще таков: утвердившись в центре жизни – сердце, грех проникает в душу и тело по всем их отправлениям, проходит потом во все внешние отношения человека и набрасывает, наконец, свой покров на все окружающее его. Теперь и изгнанный из глубины сердца, он все еще витает в окрестностях его, все еще питается тем, чем питался прежде; лица, вещи, случаи легко могут возбуждать те же мысли и чувства, какие соединял с ними человек, когда работал греху. Благоразумный воин должен теперь преградить это внешнее продовольствие врага. А для сего ему необходимо: перестроить все свое внешнее поведение, всему в нем дать новый вид, новые побуждения, новое время и прочее по духу новой жизни; распределить время свое так, чтобы не оставалось ни одного часа без должного занятия. Промежутки, свободные от необходимых занятий, должны быть наполняемы не чем-нибудь, но занятиями, способствующими умерщвлению греха и укреплению духа. Сколько в этом отношении полезны некоторые телесные подвиги, противоположные замеченным наклонностям, это может испытать всякий; связать свои чувства, особенно глаза, слух и язык, легчайшие проводники греха из сердца вовне и извне в сердце; всему вообще, с чем необходимо встречаться, – вещам, лицам, случаям – дать духовное знаменование и особенно место постоянного своего пребывания исполнить вещами поразительнейшими для души, чтобы, таким образом, живя во внешнем, человек жил как бы в некоем Божественном училище.

Вообще, всю свою внешность должно так устроить, чтобы она, с одной стороны, не требовала уже особенного внимания и избавляла нас от всякой о себе заботы, а с другой – не только делала нас безопасными от нечаянных восстаний греха, но питала и укрепляла возникающую новую жизнь по духу. При таком порядке грех будет совершенно отгражден совне, не будет уже получать отсюда себе пищи и подкрепления.

Если теперь со внутренней стороны человек употребит все усилие к тому, чтобы сохранить себя как есть, в таком виде, как вышел из первой победы, если то есть будет постоянно возгревать те чувства и расположения, какие возродились в нем тогда, то грех этим отградится и извнутри и останется здесь уже навсегда без опоры и твердости. Грех же, лишенный таким образом пищи и опоры, если не уничтожится вдруг, то, по крайней мере, должен слабеть более и более, до совершенного истощения. После сего брань со грехом, очевидно, сократится и вся сосредоточится в брань с помыслами (кои особенно будут клониться к расстроению нового порядка), редко со страстями и наклонностями, где остается только тщательно блюстись... Именно два бдительных стража должен иметь постоянно воин Христов: трезвение и благорассмотрение. Первый обращен внутрь, а последний вовне; тот наблюдает за движениями, выходящими из самого сердца, а этот предугадывает движения, имеющие возникнуть в нем по внешнему влиянию. Закон для первого: после того как памятию о Божием присутствии изгнано из души всякое помышление, стань у дверей сердца и тщательно блюди за всем входящим в него и выходящим из него, особенно же не давай предупреждать действий чувству и желанию, ибо отсюда все зло. Закон для второго: с начала каждого дня сядь и расчисли все возможные встречи и случаи, все возможные чувства и движения, какие могут произойти по их поводу, и предварительно заготовь в себе должный против того оплот, чтобы не смутиться и не пасть при нечаянном нападении. Для того, впрочем, чтобы успешнее действовать при самом нападении, полезно предварительно устроять намеренную мысленную брань, мысленно поставлять себя в те или другие обстоятельства, с теми или другими чувствами, при тех или других желаниях, и здесь изобретать разные способы, как удержать себя в должных границах, и наблюдать, что особенно помогло нам в том, что – в другом случае. Такое предварительное упражнение образует воинственный дух, приучает без робости встречать врага и без больших трудов побеждать его, как бы по опытно узнанным приемам. Сверх того, прежде, нежели приступим к сражению, должны предварительно узнать, когда действовать наступательно, когда оборонительно и когда отступательно. Кроме того, что употребление того или другого способа брани соответствует степеням духовного возрастания, сначала лучше всего отступать, то есть укрываться под кров Господа, не противодействуя. Далее, когда опытно уже узнаем врагов и изучим их нападения, не теряя времени, можно отражать их, но намеренно давать свободу возбуждаться в себе страстям или поставлять себя в такие обстоятельства, где они должны действовать во всей силе, с тем чтобы иметь случай к брани и победе, не должно. Есть особенные страстные возбуждения, кои можно побеждать исключительно только тем или другим способом. Помыслы непременно надобно прогонять, но не всегда это возможно сделать с наклонностями и страстями, особенно телесными. В том и другом случае можно потерять победу по одному неведению. Наконец, никогда не должно выходить на брань без главной побеждающей мысли – это как бы победоносное знамя. Как прежде она решила дело между добром и злом в пользу первого, так и теперь, во время брани с каждым в частности греховным движением души, она без затруднения сделает нас победителями. С появлением ее должны рассеяться все полчища врагов, все порочные помыслы и желания. Она имеет силу воодушевляться и возносить человека над собою; потому надобно как можно чаще приводить ее в сознание и доводить до чувства – утвердить навсегда на мысленной тверди это светило, прогоняющее мрак. Ничто не может сильнее возгревать рвения к истреблению греха, как эта мысль, – рвения, этого быстрого потока живой воды, который, волнуясь, но не возмущаясь, делает незаметными все волны от ввержения камней искушений.

С такими предосторожностями и правилами иди, воин Христов, с упованием на брань. Впрочем, и во время самой брани тебе должно действовать по известным правилам, чтобы не уподобиться в обороне беспорядочно нападающим врагам. Часто один порядок действования, без особенного напряжения, может увенчать тебя успехом. Заметив приближение врага – начинающееся возбуждение или помысла, или страсти, или наклонности – первее всего спеши сознать, что это враги. Великая ошибка, и ошибка всеобщая, – почитать все возникающее в нас кровною собственностью, за которую должно стоять как за себя. Все греховное есть пришлое к нам; потому его всегда должно отделять от себя, иначе мы будем иметь изменника в себе самих. Кто хочет вести брань с собою, тот должен разделить себя на себя и на врага, кроющегося в нем.

Отделив от себя известное порочное движение и сознав его врагом, передай потом это сознание и чувству, возроди в сердце неприязнь к нему. Это – самое спасительное средство к прогнанию греха. Всякое греховное движение держится в душе чрез ощущение некоторой приятности от него; потому, когда возбуждена неприязнь к нему, оно, лишаясь всякой опоры, само собою исчезает. Впрочем, это не всегда легко и не всегда возможно: легко поражать гневом помыслы, труднее – желания, но еще труднее – страсти, ибо они и сами суть сердечные движения. Когда это не помогает и враг не уступает таким образом победы без сражения, – мужественно, но без самовозношения и самонадеянности, вступай в борьбу. Робость приводит душу в смятение, в некоторую подвижность и расслабление, а не утвержденная в себе, она легко может пасть. Самонадеянность и самомнение – сами враги, с коими должно бороться: кто попустил их, тот уже пал и еще предрасположил себя к новым падениям, потому что они поставляют человека в бездейственность и оплошность. Началась брань – храни преимущественно сердце: не давать доходить возникающим движениям до чувства, встречай их у самого входа в душу и старайся поразить здесь. А для сего спеши восставить в душе убеждения, противоположные тем, на коих держится смущающий помысел. Такие противоубеждения суть в мысленной брани не только щит, но и стрелы – защищают сердце твое и поражают врага в самое сердце. С тех пор в том и будет состоять брань, что возникший грех будет постоянно ограждаться мыслями и представлениями, защищающими его, а борющийся будет со своей стороны уничтожать сии оплоты мыслями и представлениями противоположными. Время продолжения ее зависит от многоразличных обстоятельств, кои определить совершенно невозможно. Не должно только ослабевать и сколько-нибудь, даже в мысли, склоняться на сторону врага – и победа несомненна, ибо греховное движение, как мы заметили прежде, не имеет в нас твердой опоры и потому, естественно, должно скоро прекратиться. Если и после сего, добросовестного, впрочем, действования в защиту себя враг все еще стоит в душе, как привидение, и не хочет уступить места, то это явный знак, что он поддерживается стороннею силою; посему и тебе должно обратиться к сторонней, земной или небесной, помощи – открыться своему наставнику и в усердной молитве призывать Господа, всех святых и особенно Ангела хранителя. Преданность Богу никогда не оставалась постыженною. Надобно, впрочем, заметить, что иное дело – брань с помыслами, иное – со страстями, иное – с желаниями: и помысл от помысла, и желание от желания, и страсть от страсти разнятся. Во всем этом должно употреблять особые приемы, кои предварительно должно определить или чрез размышление, или из подвижнических опытов и наставлений. Но не всегда должно строго браться за сопротивление: иногда одно презрение прогоняет врага, а сопротивление только размножает его и раздражает. Врага должно преследовать до тех пор, пока и следов его не останется, иначе даже простой помысл, оставленный в сердце, как злое семя, принесет свой плод, в неприметном склонении к себе души. Во время самой брани не должно предпринимать средств к будущему предотвращению ее. Придуманные здесь правила всегда бывают очень строги, и потому всегда необходимо бывает их изменить и, следовательно, представлять опыт несостоятельности, столько вредной в духовной брани и соблазнительной для воина.

Брань кончена. Благодари Господа за избавление от поражения, но не предавайся чрез меру радости спасения, не попускай беспечности, не ослабляй ревности – враг часто притворяется только побежденным, чтобы, когда ты предашься чувству безопасности, нечаянным нападением тем легче поразить тебя. Потому не снимай бранных оружий и не забывай предохранительных правил. Будь всегда бодрым и бдительным воином. Сядь лучше и расчисли добычу: осмотри весь ход брани – ее начало, продолжение и, наконец, что подало повод к ней, что особенно усиливало и что положило ей конец. Это будет своего рода дань с побежденных, которая чрезвычайно облегчит будущие победы над ними; так стяжавается наконец духовная мудрость и опытность подвижническая. Не говори никому о победе – это сильно раздражит врага, а тебя обессилит. Тщеславие, которого при сем избежать нельзя, отворит двери душевного укрепления и после победы над одним врагом должно будет сражаться с целою их толпою. Если же и поражен будешь, – сокрушайся, но не бегай от Бога, не упорствуй; спеши умягчить сердце и довесть его до раскаяния. Нельзя не падать, но можно и должно, упавши, восставать. Бегущий спешно, если и споткнется на что, спешно встает и опять устремляется по пути к цели – подражай ему. Господь наш подобен матери, которая ведет дитя за руку и не покидает его, хотя бы он очень часто спотыкался и падал. Лучше вместо бездейственного уныния ободрись к новым подвигам, извлекши из настоящего падения урок смирения и осмотрительности, чтобы не ходить там, где скользко и где нельзя не падать. Если не изгладишь греха искренним раскаянием, то, получив некоторую в тебе крепость, он неминуемо повлечет тебя вниз, на дно грешного моря. Грех возобладает тобою и тебе опять нужно будет начинать с первой брани, но, Бог знает, будет ли возможно это. Может быть, предавшись теперь греху, ты перейдешь черту обращения; может быть, после уже не найдется ни одной истины, которая могла бы поразить твое сердце; может быть, даже тебе не будет дарована и благодать. Тогда еще здесь ты будешь принадлежать к числу осужденных на вечное мучение.

Вообще, о правилах брани надобно заметить, что они в существе своем суть не что иное, как приложение всеоружия к частным случаям, и что потому их все изобразить нельзя. Дело внутренней брани непостижимо и сокровенно; случаи к ней чрезвычайно разнообразны, лица воюющие слишком различны: что для одного соблазн, то для другого ничего не значит; что одного поражает, к тому другой совершенно равнодушен. Потому одного для всех установить решительно невозможно. Лучший изобретатель правил брани – каждое лицо само для себя. Опыт всему научит, надобно только иметь ревностное желание побеждать себя. Первые подвижники не учились из книг и, однако же, представляют собою образцы победителей. Притом не должно слишком полагаться на эти правила – они представляют только внешнее очертание. То, что составляя существо дела, каждый узнает только из опыта, когда станет сражаться самым делом. И в этом деле руководителями ему остаются только собственное благоразумие и предание себя Богу. Внутренний ход христианской жизни в каждом лице приводит на мысль древние подземные ходы, чрезвычайно замысловатые и сокровенные. Вступая в них, испытуемый получает несколько наставлений в общих чертах – там сделать то, там другое, здесь по такой-то примете, а здесь по такой-то, и потом оставляется один среди мрака, иногда с слабым светом лампады. Все дело у него зависит от присутствия духа, благоразумия и осмотрительности и от невидимого руководства. Подобная же сокровенность и во внутренней христианской жизни. Здесь всякий идет один, хотя бы был окружен множеством правил. Только чувства сердца обученные, и особенно внушения благодати, для него суть всегдашние, необманчивые и неотлучные руководители в брани с собою; все прочее оставляет его.

Таков ход брани со всякою страстию, пожеланием и помыслом. Как страсти, пожелания и помыслы, они все равны; следовательно, касаться в частности борения с каждым помыслом нет особенной нужды. Сделаем только несколько замечаний:

Есть помыслы тонкие и тончайшие, есть грубые и грубейшие. Последние всякий может замечать и сам; первые незаметны в час пребывания своего в сердце, а открываются уже после – из дел, и притом более другим, нежели себе. Вот побуждение не верить своему покою, доброте и чистоте ни на одну йоту, а всегда ее подозревать внимательно следить за ходом дела и смотреть, какими помыслами они сопровождаются и оканчиваются, чтобы по сему судить потом, что первоначально лежало внутри. Лучше всего, впрочем, иметь другого поверенного – привычный глаз совне тотчас укажет, что внутрь нас кроется, хотя мы этого не замечаем. Когда говорится о тончайших помыслах, то не разумеются одни только духовные: бывают они со стороны тела и души. Отличительное их свойство – незамечаемость, сокровенность в глуби, так что человек думает, что действует чисто, без примеси страсти, а на деле – по страсти. Причина сего – неутвердившаяся еще чистота сердца или, лучше, необразовавшееся разрешение естественного от пришлого. Когда это будет, тогда тонкое и тончайшее сделается грубым и грубейшим, ибо тогда изострится внимание опытностию и обучатся чувства сердца к различению добра и зла.

Есть помыслы, пожелания и страсти – приходящие в виде набегов и кратковременных возмущений, и есть постоянные, продолжающиеся дни, месяцы и годы. Первые легки, но и их презирать не должно, а внимательно смотреть не только за ними, но и за порядком их. У врага есть будто закон – не вдруг начинать со страсти, а с помысла, и часто повторять его. Прогнанный гневом в первый раз снисходительнее может быть принят во второй, в третий, потом родится желание и страсть, и отсюда – один шаг до согласия и дела. Продолжительные помыслы тяжелы, убийственны; им преимущественно принадлежит название искушающих. Знать касательно их надобно то, что они не от природы, хотя и свойственны ей по свойству своему, а всегда от врага; что Господь попускает их с особенным, касательно нашего очищения, намерением, чтоб испытать и утвердить нашу верность, веру, постоянство и уменье созидать внутреннего человека, – потому должно благодушно терпеть их, хотя бы они слишком были оскорбительны для нового благодатного сердца, каковы – хулы, отчаяние, неверие, главное дело – во все время никак не склоняться на них, не усвоять себе и держать сердце в свободе от них, отделяя их от себя и своей свободы мыслию и верою.

Помыслы, с которыми должно бороться, не всегда бывают худы, а нередко и добры с виду и очень часто безразличны. Касательно худых один закон – тотчас гнать; последние же должно разбирать, или рассуждать. Сюда относится всеми восхваляемая опытность различать помыслы, какие то есть исполнять и какие отвергать. Правила для сего предложить нельзя: всякий пусть учится сам из собственных своих опытов, ибо человек на человека не приходит, чтобы то есть чужое годилось для нас. Лучше так: заведен порядок дел – и ходи в нем, а все приходящее вновь, как бы благовидно оно ни казалось, гони вон. Если помысл ничего не представляет худого ни в себе, ни в последствии, то и тогда не вдруг склоняться на него, а терпеть до времени, чтобы не быть опрометчивым. Иные пять лет ждали и не исполняли помысла. Главнейший же закон – не доверять своему разуму и сердцу и всякий помысл поверять своему руководителю. Нарушение сего правила всегда было и есть причиною великих падений и прельщений.

Худой помысл искушает, а благовидный прельщает. Кто увлекается первым, тот считается согрешившим, падшим, а кто увлекается последним, тот — состоящим в прелести. Изобразить все прельщения в их началах и свойствах возможно ли? К свойству их относится преимущественно то, что человек с уверенностью считает себя таким, каков он не есть, например: воззванным вразумлять других, способным к необыкновенной жизни и прочее. Источники их — тончайшая мысль, что я значу нечто, и значу немалое... Ничтожный мнит о себе нечто. К этой-то тайнейшей гордыне прицепляется враг и опутывает человека. Впрочем, и всякий тонкий худой помысл, нами не замечаемый, держит нас в прелести; когда мы думаем, что водимся помыслом добрым и благочестивым. В этом отношении можно сказать, что минуты не проходит, когда бы мы не были в прелести, ходим, словно в призраках, опутаны ими то в том, то в другом виде. Это потому, что зло еще внутри, не испарилось, а добро на поверхности; оттого в глазах у нас точно туман от испарений.

Что касается до каждого в частности помысла, то хорошо предварительно собирать о них сведения, иметь то есть понятие о них, причинах их происхождения, следствиях и способах прогонять. Это будет запасный магазин, очень годный на случай брани, именно: когда ненавистию не прогонится помысл и начинает плодиться, соблазняя и убеждая, то надобно и ему противополагать что-либо опровержительное. Но чтоб это сделать, надобно иметь мысли в запасе. В этом отношении святые отцы избрали главнейшие восемь страстей и их в образец описали, чем и можно пользоваться всякому ищущему. Впрочем, это не исключительные предметы брани, а только главнейшие. Посему у других находим описания других страстей и правила для них. Богатейшее их собрание у Иоанна Лествичника.

Есть помыслы телесные, есть душевные и духовные. Для всякого очевидно, что они все могут быть и во всякое время, но, естественно, вначале заметнее быть телесным, далее открываться душевным и духовным. Соответственно сему должна переходить и брань, или менять свои позиции. Знать это должно для того, чтобы победившему, например, тело не предаться беспечности от чувства безопасности, потому что он может быть побежден через душу, и умиривший душу может быть поражен в духе. Вообще, пока есть дыхание, брань не прекратится, хотя может стихать, и иногда надолго.

У святого Дорофея говорится: «Есть действуяй страсть, есть боряй и есть побеждаяй». Первый грешит, второй начинает очищаться, третий близок к бесстрастию. Чем решительнее кто восстает на страсти, не уступая им даже помысла, а не только пожелания и услаждения, или, если это случается, спешно исторгая их из сердца под корень, доводя себя всегда до противочувствия, тот тем скорее достигает чистоты. Чем кто уступчивее, снисходительнее к себе, тем долее тянется дело, с остановками, неровностями. Это зависит от саможаления, или неотделения себя от страсти: жалея будто себя, человек лелеет врага и вражит против себя сам.

Следствием брани бывает чистота ума от помыслов, сердца — от страстей, воли — от склонностей. Когда она образуется, человек поступает в бесстрастие. Его внутреннее становится чистым зеркалом, отражающим духовные предметы.

Мысленная брань с помыслами, похотьми и страстями не должна составлять исключительного, все другие отстраняющего и заменяющего средства к очищению наших скверн, несмотря на всю решительную необходимость, неизбежность и победоносную силу. С нею должно быть поставлено в непрерывной связи деятельное поборание страстей, или искоренение, погашение и истнение[65] их посредством противоположных им дел. Причина сему та, что страстность проникала[66] силы наши, и проникала потому, что мы действовали страстно. Каждое дело страстное полагало в силу свою частичку страстности, и совокупностию всех дел переполнилась сила страстию, как губка водою или как платье – вонью. Следует и обратно, для выжатия сей страстности, употреблять противоположные первым дела, чтобы таким образом каждое дело, осаждаясь в силу, вытесняло из нее соответственную часть страстности и множество таких дел, часто и непрерывно делаемых, всю страсть. Такое средство, если только употребляется надлежащим образом, так сильно, что действующие по нему, после нескольких опытов, начинают уже ощущать умаление страстей, льготу и свободу и некоторый свет в душе. Мысленная брань одна изгоняет страсть из сознания, но она все еще остается живою, а только скрылась. Напротив, противоположное дело поражает сего змия во главу. Из сего не следует, однако же, чтобы при делании можно было прекращать борение мысленное. Этому должно быть неотлучно при том, иначе оно может остаться без всякого плода и даже распложать, а не умалять страстность, потому что, при деле против одной страсти, может прилипать другая, например при посте – тщеславие. Если это оставить без внимания, то, при всем усилии, не будет никакого плода от делания. Брань мысленная в связи с деятельною, поражая страсть извне и извнутрь, истребляет ее так же скоро, как скоро погибает враг, когда бывает обойден и побивается и сзади, и спереди.

В этом деятельном себяисправлении должно соблюдать известный порядок и чин, в построении которого должно обращать внимание на свойство страстности вообще, на свой характер и на доброделание, о котором упомянуто в положительной деятельности. В первом случае должно метить на главнейшие страсти: удовольственность, любоимание и высокоумие – и, следовательно, главным образом, упражнять себя в самоозлоблении и жестокостях, в расточении имущества и погублении вещей, в подчинении и покорении себя другим, или себяневменении (см. у Варсонуфия). У святых, деятельно взявшихся очищать себя, всегда видны такого рода дела на первом плане. Во втором – на главную свою страсть. Эта главная страсть явится при обращении, во время познания своей греховности и покаяния. Когда дается обет не грешить, больше всего держится во внимании эта страсть. Потому и после она должна составлять ближайший предмет противодействия живущему в нас греху. Она заслоняет собою все страсти, равно как и связывает их около себя, или дает на себе точку опоры. Другие страсти и открыться могут не иначе, как по ослаблении и одолении этой, и вместе с нею быть распуженными[67]. Должно всею силою вооружиться против нее с первого раза, тем более что тут бывает и много ненависти к ней, дающей силу противиться. И к покорению начальных страстей нельзя перейти, не покорив ее. В третьем отношении сам собою виден порядок добродетелания. Именно сперва пойдут дела против господствующей страсти, далее против источных страстей, а потом, когда стихнут та и эти, добродетеланию остается свобода добивать остатки враждебного полчища по своему усмотрению, а более по указанию внутреннему. Какая оживет и выкажется страсть, против той и назначать дела. Это — меты борительного действия, и ими должно заниматься по известному закону. Кроме того, что должно соблюдать показанный порядок, — в самом противодействии должна быть степенность, ровность, чтобы не перебегать от одного к другому, подобно рассеянному. Плода не будет истинного, а посеется кичение. Действовать решительнее, неослабнее — тем ближе к концу и покою. Терпеть в начатом делании до явления плода, ибо конец венчает дело... И другое, что делателю явит опыт, наблюдать должно. Кажется, так и идет дело: прямо за обращением — сейчас деятельное борение страстей; из него или с ним — тотчас и борение внутреннее; потом, далее, они во взаимноподкреплении и усилении: растет внутреннее — растет и внешнее, растет внешнее — растет и внутреннее; наконец, когда то и другое довольно окрепнет, человеку приходят помышления о подвигах и делах к решительному погашению страстей, к посечению их в корне. Больших подвигов и дел не должно ни самому брать, ни другим советовать. Действовать должно исподволь, постепенно возрастая и усиливаясь, чтобы было в подъем и моготу. Иначе наше деяние будет походить на новую заплату на старом платье. Требование подвига должно изыти извнутри, как больному иногда решительно целительное врачевство указывает позыв и чутье.

Мысленное и деятельное борение страстей – и само по себе сильно, но несравненно спешнее, плоднее и скорее идет дело, когда оно ведется под руководством другого. Сам не всегда заметишь врага в мысленной брани, не всегда сумеешь действовать против него и сохранить ревность и решительность к тому, а главное – в том и другом случае не можешь иметь одного плана, предварительного очертания, чтобы по нему весть все воевание. Исполнение этого совершенно невозможно самому. Надобно, чтобы кто-нибудь видел и наше настоящее, и наше будущее со стороны. Потому предание себя руководителю должно почитать лучшим и решительным средством к самоисправлению. Он будет употреблять над нами и в нас то же средство – брань деятельно-мысленную, но главное – по своему усмотрению, начертанию, с усмотрением цели, пути и распутий. Итак, желающий и ищущий очищения, обрети и вымоли у Господа руководителя-отца, обретши, расскажи ему все о себе, что знаешь и что в себе видишь. Потом предай ему себя всего и внутренне и внешне – предай, как материал необработанный, чтоб он строил из него дом Господу, человека нового. Поступив таким образом, покинь уже всю заботу о себе и беспечительно укрывайся под руку отца. Пусть ведет, куда и как хочет, пусть заставляет делать, что, когда и где хочет. С нашей стороны ему – беспрекословное повиновение, не размышляющее, верующее, охотное и полное открытие ему совести, или поведание своих помыслов, желаний, страстей, дел, слов – всего, что делаем и что с нами бывает. Этим дается ему способ видеть, где мы и в каком состоянии наше внутреннее устроение, и подается повод, соответственно тому, давать нам советы и назначать нам дела[68]. Открывание помыслов и повиновение отцу – это решительные истнители[69] страстей и победители бесов. Всякий раз, как делается откровение и потом исполняется то, что назначено по сему поводу, это то же, что очищение раны и перемена пластыря. Врачевство спешное! Открывшийся извергает вон все нечистое и, чрез послушание, берет потом чистое, новую кладь, целительную пищу, сок чистый, – как рвотное кто примет, и потом хорошую пищу. Но что главное – им подсекается самый корень страстей, именно: самость, я. Ведущий сам собою брань все же ведет ее сам и таким образом в то время, как действует против самости, некоторым образом питает ее. При руководителе же наше я решительно исчезает в воле его с первого раза, а с тем вместе теряют опору и все страсти и после наступают и действуют уже без порядка, в смятении, но и тут все их коварство перехитряется и делается безуспешным посредством откровенности. Вообще, это могущественный способ убивать страсти и востекать скоро к чистоте. Все опыты святых идут сюда; и примеров бесчисленное множество... Надобно еще заметить, что чем скорее, по обращении, найдется и изберется руководитель, тем лучше. Ревность жива и на все готова, и мудрый правитель чего не сделает с нею, особенно когда не успело еще образоваться самоделание, которое наделяет упорством, недоверием, прекословием, поправками... Болящий им, и избрав руководителя, должен быть прежде исцелен от него, чтоб поступить в чин доброго сына, способного к образованию. Беда, когда привыкнет душа все делать по своему разумению и хотению.

Наконец, окончательная как бы перечистка всего нашего состава, очищение его как в огне, совершается Самим Господом. Именно: совне – скорбьми, извнутрь – слезами. Нельзя сказать, чтоб они являлись лишь в конце, а прежде их не бывало. Нет, они начинаются с первого раза, с самого начала, и сопровождают человека в виде различных неприятностей и сокрушения сердечного, и чем более возрастает человек, тем они более усиливаются. Но так Господь вводит их в нас, попуская и как бы благословляя во благо нам обыкновенное течение дел внешних и внутренних. К концу же Он намеренно устрояет (исправляет – Ред.) их, дает слезы, наводит скорби – или вместе, или одно за другим, и то одно прежде, то другое, и даже одно у одного, а другое у другого. Скорби – огонь, слезы – вода. Это крещение водою и огнем. У святого Исаака Сирианина это изображается взытием на крест, или окончательным распятием внешнего человека. Эта минута, как говорят, искусительнейшая, подобная той, какая была у Авраама, приносившего сына в жертву: в уме – мрак, в сердце – безотрадное томление, свыше – чаяние гнева, снизу – готовый ад; человек зрит себя гибнущим, висящим над бездною. Отсюда одни выходят с торжеством, другие падают и возвращаются вспять, чтоб опять взбираться на эту гору. Прошедшие эту ступень, как восшедшие на небо, уже не земны, а небесны, вземлются Духом Божественным и носятся им, подобно колесам в видении Иезекииля. Бог в них есть действуяй. Состояние их непостижимо для мысли. Его узнают только опытом, потому о нем и не говорят прошедшие его; оно и не полезно, и может быть, даже и не безвредно.

Так это в конце. До того же времени наряду с другими способами, как сильнейшее средство очищения, должны быть ощущаемы постоянными скорбности и неприятности, Богом устрояемые и дух сокрушения, Им же подаваемый. По силе оно равняется руководителю и при недостатке его, может довольно его заменять, да и заменяет у человека верующего и смиренного. Ибо в таком случае Сам Бог есть Руководитель, а Он, без сомнения, премудрее человека. У святого Исаака Сирианина подробно изображается, с какою постепенностью Господь вводит очищаемого все более и более в скорби чистительные и как разогревает в нем дух сокрушения. С нашей стороны требуется только вера в благое промышление и готовое, радостное, благодарное приятие от Него всего посылаемого. Недостаток сего отнимает чистительную силу у скорбных случаев, не пропускает ее до сердца и глубин наших. Это – в отношении к скорбям. В отношении же к сокрушению – внимательное познавание своих грехов, своего расстройства, чрез наблюдение за собою и за тем, что бывает в нас, и потом частое исповедание, с искренним раскаянием и болезнованием. Без внешних скорбей трудно устоять человеку против гордости и самомнения, а без слез сокрушения как избавиться от внутреннего эгоизма фарисейской самоправедности[70]? Тот, кто не имеет первых, почитается у Апостола прелюбодейчищем. Так как они не в нашей власти, а в руках Божиих, то, опасаясь просить их по недоверию к своим силам и незнанию, устоим ли в них, по крайней мере никак не должно оставаться в небрежении о последнем. Оно в руках наших большею половиною и молиться о нем не воспрещается. Итак, сколько есть способов и мудрости, напрягайся, сколько можно, сокрушаться пред Богом в раскаянии, падая пред Ним и моля о помиловании. Видя труд, Он подаст и непрестанное сокрушение и, если нужно, изобильные слезы, коими омоется и очистится наконец совершенно лицо души. Благополучие должно вести не к самонадеянности и велехвалению, а к опасению, не оставил ли уже Господь, как ненужного, а потому – к сильнейшему ревнованию о сокрушении сердечном, которое всегда есть жертва Богу приятная. Даже, можно сказать, когда нет у тебя внешнего скорбения, то скорби внутренне, ибо к этому как бы призывает тебя Бог. Между тем и наоборот, тому, кто скорбит внешне, Сам Господь посылает утешения – минуты восхитительного радования, заставляющие забыть скорби, залечивающие раны, причем сетование и невозможно. Слезы при этом могут быть и не быть: все дело – в болезновании пред Богом о нечистотах своих.

Вот все способы, коими в нас истребляются страсти – то собственным нашим умноделательным трудом, то руководителями, то Самим Господом. Уже было замечено, что без мысленного внутреннего борения борение внешнее не может быть успешным; то же самое должно сказать и о борении под руководством, а также и о промыслительном очищении. Следовательно, внутреннее борение должно быть непрекращаемо и неизменяемо. Само одно оно не так сильно, но когда нет его, все другие — бездейственны, не в пользу. И делатели, и страдатели, слезники и послушники гибли и гибнут от недостатка внутреннего борения или хранения ума. Если припомнить при этом и то, что сказано прежде о внутреннем положительном делании, — именно что в нем цель и сила внешнего положительного делания, — то во всей силе откроется все значение делания внутреннего, и всякому будет видно, что оно — исходище, основа и цель всего подвижничества. Все делание наше может быть сокращено в следующую формулу: собравшись внутрь себя, восставь духовное сознание и жизнедеятельность и в этом настроении ходи по начертанному внешнему деланию под руководителем или Промыслом, но при этом с строгим и напряженным вниманием замечай и следи все возникающее внутри. Коль скоро родится страстное восстание, гони его и поражай, и мысленно, и деятельно, не забывая возгревать в себе дух сокрушенный и болезнующий о грехах своих.

Сюда должно быть сведено все внимание подвижника, чтобы, подвизаясь, он не рассеивался и был как бы связан или препоясан по чреслам помышлений своих. Хождение с таким внутрь-пребыванием и хранением есть хождение трезвенное, а наука о сем есть наука трезвения. Теперь понятно, почему все подвижники главнейшею из добродетелей подвижнических считали добродетель трезвения и не имеющего ее почитали бесплодным. Потому оно и должно быть отмечено особенно. О нем уже была речь, но то — лишь начало. Там говорено было о нем для того, дабы показать, что исходить на деятельность самопротивления и самопринуждения должно не иначе, как извнутрь или, лучше, ходить в ней — утвердившись внутрь. Теперь ту же точку изберем для восхождения вверх, ибо там цель, а внешнее — средство. Должно то есть показать существенное тяготение подвизающегося духа к Богу, условия к скорейшему приближению к Нему и состояние приближенного или, лучше, способного к тому, ибо само приближение — от Бога.

4. Начатки восхождения к живому богообщению

Утвердившись внутрь, обратившийся всю силу ревности своей обращает на дела самоисправления себя от нечистот и страстей, на высвобождение своих сил и укрепление их в деятельности богоугодной. Эта работа поглощает все его внимание, все труды и все время. По мере приучения себя к этому деланию и, вместе, упорядочения и организования своего внутреннего состояния, он, естественно, более и более входит в себя, собирается внутрь и полагает начало неисходному в нем пребыванию. Это цель начального подвизания, вступление в себя. В то же самое время, как человек начинает утверждаться в себе, мало-помалу раскрывается пред ним главная цель, которой должен искать и которая прежде как бы скрывалась за множеством дел. Но и само собою естественно, по мере удаления из области страстей, оказаться главному стремлению и тяготению нашего духа, ради распространения круга коего и предпринимается весь труд. Эта цель и стремление есть тяготение к Богу, как верховному благу. Оно возможно под условием ощущения сладости жизни в Боге или вкушения – сколь благ Бог, потому является не вдруг. Сначала страх лежит на человеке: он служит как раб, по долгу, обязанности, которую сознал в минуту пробуждения. Потом страх стихает и, не исчезая, дает место сладости в работе Господу, ощущению в нем приятности. Явление этого есть явление первого оживления души для Бога, узрение светлой своей цели. Когда это тяготение явится, то начинает расти уже само собою в том же порядке, среди которого и родилось. Не должно, однако же, ждать только его, а самим оставаться не действующими для него, нет, человек должен сам действовать известным образом, дабы споспешествовать скорейшему раскрытию этого тяготения. К этому в прежнем порядке назначается преимущественно внутреннее положительное делание, но и все дела, так совершаемые, поколику будут совершаться, не выходя извнутрь, способны подать помощь сему тяготению, возращать и укреплять, с чаянием всего от Бога и обращением всего во славу Божию. Это должно быть духом всего показанного делания, иначе оно останется бесплодным и, что особенно, человек не может вынесть его тяготы без этой внутренней силы, влагаемой в него. Так прежние подвиги могут развивать тяготение к Богу, но надобно направлять их к тому особым внутренним настроением, какое должно держать, проходя их.

А. Восхождение к Богу

Восхождение ума к Богу, или тяготение к Нему, образуется по мере укрепления внутренних деланий. Оно в них зарождается, как семя, и зреет на них, как на почве. Храня потому сие внутреннее, для того чтобы возбудить скорее тяготение к Богу, должно при этом:

Навыкать умом хождению пред Богом. Пусть человек напрягается непрестанно зреть Бога, яко одесную есть, и восходит до чувства, что он есть зримый Богом. Навыкновение в этом есть дверь к Богу, отверстие неба уму.

Все творить во славу Божию и ни в чем – ни вовне, ни внутрь – не иметь в виду ничего, кроме сей славы: она должна быть мерою начинаний и налагать на них печать свою.

Все делать по сознанию на то воли Божией, ходить в этой воле и ей во всем повиноваться и вседушно покорствовать[71]. Действование по воле Божией обнимает все бывающее от человека, а покорность ей обнимает все бывающее с человеком. Что ни делаешь, напрягайся увидеть, что Бог хочет от тебя сего дела; что ни встретится с тобою, приими то, как от руки Господней. Лицо, вещь, случай, радость, горе – все прими с радостию, всему покорись с охотою, миром, услаждением, несмотря на противность.

Сими духовными деланиями все более и более ум будет прозревать к Богу и утверждаться в богозрении – навыкнет стоять умом в зрении Бога с Его бесконечными совершенствами. Это зрение дается большею частию во время молитвенного Богу предстояния и зреет посредством сего же молитвенного предстояния Богу. Оно есть начаток восхождения к живому богообщению.

Современно с богозрением является и совершенствуется благоговейное Богу поклонение духом, когда он, в болезненном взывании к Богу, падает пред Ним в самоуничижении, яко тварь, не с болезненным, однако же, чувством, что он есть попираемый и отвергаемый, а с сознанием того, что он – приемлемый, милуемый и ущедряемый.

Вследствие сего будут появляться неудержимые влечения внутрь и к Богу восхищение.

Стремление к Богу – цель. Но сначала оно – лишь в намерении, искомое. Должно сделать его действительным, живым, как естественное тяготение, сладостное, охотное, неудержимое. Только такого рода тяготение и показывает, что мы – в своем чине, что Бог восприемлет нас, что мы идем к Нему. Когда железо тянется к магниту, это значит, что прикасается к нему сила магнитная; то же и в духовном отношении: тогда только и видно, что Бог касается нас, когда есть это живое стремление, – когда дух, минуя все, устремляется к Богу, восхищается. Сначала не бывает этого – человек ревнующий весь обращен на себя, хоть и для Бога, но это воззрение на Бога есть только мысленное. Еще Господь не дает вкусить Себя, да и человек неспособен, потому что нечист. Он служит Богу, так сказать, безвкусно. Потом, по мере очищения и исправления сердца, начинает ощущать сладость в богоугодной жизни, с любовию и охотою ходить в ней, – она становится его услаждающею стихиею. Душа начинает отрываться от всего, как от холода, и тяготеет к Богу, согревающему ее. Полагаются начатки сего тяготения в духе, ревнующем Божественною благодатию. Ее же наитиями и руководством и зреет оно среди указанного порядка, коим питается даже без ведома самого действования. Знамение сего рождения суть: охотное, тихое, ненапряженное внутрь-пребывание пред Богом, сопровождаемое чувством благоговения, страха, радости и т. п. Прежде внутрь себя втеснял себя дух, а теперь сам устанавливается и стоит неисходно. Ему радостно быть там одному с Богом в удалении от других, или без внимания ко всему внешнему. Он обретает внутрь себя Царство Божие, которое есть : «мир и радость о Дусе Святе» (Рим. 14, 17). Такое погружение внутрь, или погружение в Бога, называется умным безмолвием или восхищением к Богу. Бывает оно преходящим, но должно сделать его постоянным, потому что в этом – цель. Бог в нас, когда дух наш в Боге истинно, ибо это есть не мысленное общение, а живое, безмолвное, отчужденное от всего погружение в Бога. Как луч солнца уносит каплю росы, так и Господь восхищает дух, прикасаясь к нему. «Взя мя дух», говорит пророк (Иез. 3, 12). Многие из святых бывали постоянно в восхищении к Богу, а на иных дух нападал временно, но часто. Так и зачинается, и зреет, и совершенствуется такое тяготение, или вступление в Бога, Божественною благодатию в том, кто ищет Бога искренно, добросовестно, усердно.

Существенное условие для сего есть очищение сердца для принятия влекущего Бога: «чистии сердцем Бога узрят» (Мф. 5, 8). Потому все доселе указанные подвиги, упражнения и дела суть необходимое, неминуемое к тому приготовление. Только все они должны быть проходимы должным образом, и именно с направлением к сему. Главное здесь – хранение сердца: хранилище ревнующего духа – внутрь; условие действительности подвигов, упражнений и дел, когда они идут извнутрь, успехи борения только извнутрь; лучший способ образования тяготения к Богу – внутренний. Следовательно, внутреннее делание есть центральное исходище духовной, истинно христианской жизни. Посему у святых отцов оно одно и поставляется единственным путем к совершенству. «Трезвитеся и бодрствуйте, бдите и молитеся», – говорит Господь (1Пет. 5, 8; Мк. 14, 38). Трезвение, или хранение сердца, – главный подвиг. У святых отцов сюда и направлено все: все – в сердце, ибо что в нем, то и на деле.

Решительный же шаг в восхождении к Богу, самое преддверие богообщения есть совершенное предание Ему себя, после коего Он уже есть действуяй, а не человек. В чем вся сила, или чего мы ищем? Богообщения, того то есть, чтобы Бог вселился в нас и начал ходить в нас, облекся как бы в наш дух, правил и Его разумом, и волею, и чувством, чтоб и «еже хотети и еже деяти в нас» было Его делом, чтоб Он был действуяй все во всем, а мы сделались бы орудиями Его, или деемыми от Него, и в помышлениях, и хотениях, и чувствах, и словах, и делах. Этого ищет Господь, Владыка всяческих, ибо Он один все в тварях делает чрез твари же. Того же должен искать и понявший себя дух.

Условие к сему боговселению в нас и воцарению, или приятию вседействия, есть отречение от своей свободы. Свободная тварь, по своему сознанию и определению, действует сама от себя, но этому не должно быть так. В Царстве Божием не должен быть кто действующий сам, но чтобы во всем действовал Бог, а этого не будет, пока свобода сама стоит, – она отрицает и отвергает силу Божию. И тогда только прекратится это упрямство против силы Божией, когда падет пред Ним наша свобода, или самостоятельная и самоличная деятельность, когда в человеке произносится решительное прошение: «Ты, Господи, твори во мне, что хощешь, а я и слеп, и слаб».

В этот-то момент вступает сила Божия в дух человека и начинает вседействие свое. Итак, условие боговселения в нас есть решительное предание Ему себя.

Предание себя Богу есть внутреннейший, сокровеннейший акт нашего духа, мгновенный, как и все, но не мгновенно достигаемый, а зреющий постепенно, продолжительно или кратко, судя по умению и благоразумию делателя-христианина. Начало его полагается в первом обращении, ибо там кающийся, полагая обет, непременно говорит: «Буду бегать зла и творить благо; только Ты, Господи, не оставь меня Своею благодатною помощью». С этим расположением он и вступает на поприще подвижничества и ревностно действует в нем, в чаянии приятия Божией помощи. Но видимо, что здесь впереди идет его ревнование, Божие же действие последует за ним. Это необходимо и по настроению начинающего, и по намерению Божию. Начинающий хочет потрудиться ради Господа, услужить Ему – и трудится. Этим образуется у него благонадежность и как бы смелость воззрения на Бога. Но очевидно, что это не должно так оставаться. Необходимо, чтобы человек последовал влечению Божию, погасив самочинное ревнование. Следовательно, человеку не должно оставаться в первом своем настроении, но, не ослабляя той же ревности, надлежит подчинять себя Богу, вводиться под Его мановение, приучиться последовать Его внушениям и влечениям. Тайно о сем намекается, когда говорится Петру: «Когда ты был юн, поясался сам и ходил куда хотел, а когда состареешися, ин тя поящет и ведет, аможе не хощеши» (Ин. 21, 18). Сначала сам ревнует человек, а потом говорит: «Сам, Господи, имиже веси судьбами, устрояй мое спасение. Как связанный буду идти, куда повелишь». Это и есть акт решительной Богу преданности. Первый род деятельности так благовиден и красен – сколько плодов! Потому-то он может привязать к себе навсегда. Но этого должно опасаться, потому что это будет то же, что потеть над неблагодарною землею: много песку и камней, а нет жизненности. Надо стараться, отшедши от нее, перейти в богопреданность. Правда, она некоторым образом и сама может расти в продолжение первого делания, однако же должно следить за этим растением и способствовать ему или, лучше, принимать образуемое и растимое. Собственно, и тогда действуяй есть Бог, ибо без Него мы ничто, но человек говорит: «Я избрал, я хотел, я трудился, и Бог помог». И хотение, и избрание, и труды суть тоже добрые дела и, следовательно, Божии; но человеку, за хлопотами и усилиями, думается, что тут его сила. Потому совершающийся внутри переход от ревности к богопреданности ревностной есть не что иное, как раскрытие и явление нашему сознанию действия Божия в нас, или в устроении нашего спасения и очищения.

Ревнующий вразумляется о сем частыми неуспехами при всем усилии, успехами нечаянными и большими без особого напряжения, ошибками и падениями, особенно вразумительными, как отступлениями благодати. Всеми ими приводится человек к мысли и вере, что он – ничто, а все – Бог и Его всесильная благодать. Это – последняя точка приготовительного к богопреданности курса. Она не иначе возможна, как когда человек восчувствует, что он – ничто. Со своей стороны человек может приложить следующее: рассмотрение дел и случаев, как они строятся, чтоб узреть силу Божию в них; углубление с сильною верою в условия оправдания, до воззвания: «Имиже веси судьбами, спаси мя»; зрение бесчисленного множества врагов, сокрытие пути, мрак пред лицом, неисчетность распутий, сокровенность определений Божиих. Эти мысленные приготовления получают особенную силу от деятельного, именно: раздаяние всего имения, предание себя всеобщему поруганию (в юродстве), затвор, пустынничество. Это такие повороты жизни, после которых некуда более обращаться, как к Богу. Все такие прямо повергают себя в руки Божии и Им приемлются. В этом отношении неоцененна помощь руководителя, если он, невидимо для руководимого, поставляет его в такие обстоятельства, из коих может высвободить одна только невидимая помощь Божия. Древние отцы говорили: должно послушникам доставлять венцы. Лучше всего это чувство ничтожества своего и богопредание образуются непрестанными скорбьми и особенно чрезвычайными, Богом посылаемыми, крестами, о коих мы упоминали выше.

Предавший себя Богу, или удостоившийся сего дара, начинает быть действуемым от Бога и пребывать в Нем. Свобода не уничтожается, а существует, ибо самопредание не есть окончательный, утвержденный акт, а непрестанно повторяемый. Человек повергает себя Богу, и Бог вземлет его и действует в нем, или его силами. В этом – жизнь духа нашего истинная, Божественная. Повергающий себя в руки Божии приемлет от Бога и действует тем, что приемлет. Это живой союз, жизнь в Боге, утверждение в Нем всем существом: мыслию, сердцем, волею. Оно является по самопредании. Но как самопредание растет постепенно, и именно в продолжение еще первого действования, то вместе с тем нельзя не возвышаться и сему богоприятию, и пребыванию в нем. Оно так и есть; оно и возвышается само. Но опять-таки и с нашей стороны должно быть нечто в содействие ей или спешнейшее созревание. Поприще богообщения, область, в коей оно образуется и действует, есть умная духовная молитва… Молящийся пребывает в Боге и, следовательно, очень готов и способен к тому, чтоб и Бог стал пребывать в нем. Но эта молитва не то же, что молитвование; это – особое действие духовное, не столько руководимое, а более безвестно зреющее и для руководимого, и для руководящего. В ней, можно сказать, последний предел правил подвижничества (см. у Симеона Богослова). Ибо, когда станет и утвердится эта молитва, Бог есть едино с духом нашим. И правила касаются только начатков ее, а что бывает в ней по усовершенствовании, то сокрыто, становится невидным, как Моисей за облаком.

Б. Живое богообщение совершается в состоянии безмолвия, приводящего к бесстрастию

У кого начали появляться эти невольные влечения внутрь и эти восхищения к Богу, и особенно у кого начали действовать совершенное предание себя Богу и непрестанная молитва, тот готов и способен вступить в безмолвие. Только он и силен вынести этот подвиг и проходить его с плодом. Удержать такого в общежитии и сожительстве с другими невозможно.

Что гнало Арсения Великого от людей? Это тяготение внутрь пред Бога. «Люблю вас, – говорил он, – но не могу быть вместе с Богом и с людьми». «Истинный безмолвник, говорит Иоанн Лествичник, – не желая лишиться сладости Божией, так удаляется от всех людей, без ненависти к ним, как усердно другие с ними сближаются».

Выписываем нужное к понятию о безмолвии из 27-го Слова «Лествицы»:

«Есть безмолвие внешнее, когда кто, от всех отделившись, живет один; и есть безмолвие внутреннее, когда кто в духе один с Богом пребывает не напряженно, а свободно, как свободно грудь дышит и глаз видит. Они совместны, но первому без последнего нельзя быть. Посему собственно безмолвник тот, кто существо бестелесное, душу свою усиливается удержать в пределах телесного дома. Пусть келия безмолвника заключает в себе тело его, а сие последнее имеет в себе храмину разума».

На безмолвие не потянет того, кто не вкусил еще сладости Божией; сладости же сей не вкусит тот, кто не победил еще страстей. Недугующий душевною страстию и покушающийся на безмолвие подобен тому, кто соскочил с корабля в пучину и думает безбедно достигнуть берега на доске.

Никто из тех, которые подвержены раздражительности и возношению, лицемерию и памятозлобию, да не дерзнет когда-либо увидеть и след безмолвия, чтобы не впасть в исступление ума.

Вкусивший сладости Божией стремится на безмолвие, чтобы ненасытно насыщаться им, без всяких препон, и непрестанно порождать в себе огнь огнем, рачение рачением и вожделение вожделением. Посему «безмолвник есть земной образ Ангела; на хартии вожделения, рукописанием тщания, освободил он молитву свою от лености и нерадения... Безмолвник – тот, кто духодвижно вопиет: "Готово сердце мое, Боже!" (Пс. 56, 8). Безмолвник – тот, кто говорит: "Аз сплю, а сердце мое бдит"» (Песн. 5, 2).

Таким образом, все занятие безмолвника – быть с единым Господом, с Коим и беседует он лицом к лицу, как любимцы царя говорят ему на ухо. Это сердцевое делание ограждается и охраняется другим – блюдением безмятежия помыслов. Благочиние помыслов и неокрадываемая мысль о Божественном составляют существо безмолвия и еще беспопечение. Сидя на высоте, наблюдай, если только знаешь это, и тогда увидишь, как и когда, откуда, сколь многие и какие тати хотят войти и украсть грозды винограда. Когда страж сей утрудится, то встает и молится, а потом опять садится и принимается за первое дело с новым мужеством.

Возлюбившие блаженное безмолвие проходят делание умных сил и подражают образу их жизни. Не насытятся они во веки веков, восхваляя Творца; так и восшедший на небо безмолвия не насытится, воспевая Создателя.

Но ни молитвы безленостной, ни хранения сердца неокрадомого нельзя возыметь, если не утвердилось наперед в сердце совершенное беспопечение. Нельзя с разумом проходить первых двух, кто не приобрел последнего, подобно тому, как, не выучивши букв, нельзя читать. «Малый волос смущает око и малое попечение губит безмолвие». Кто желает представить Богу чистый ум и смущает себя попечениями, тот подобен крепко сковавшему свои ноги и покушающемуся скоро идти. Посему истинное безмолвие и начинается по предании себя Богу и глубоком убеждении сердца в Его о нас попечении.

Только те, кои сочетались с безмолвием для наслаждения любовию Божиею, для утоления жажды этой любви, будучи влекомы сладостию ее, суть настоящие безмолвники. Такие, если проходят безмолвие с разумом, скоро начинают вкушать и плоды его, кои суть: ум неволнуемый, мысль очищенная, восхищение к Господу, молитва ненасытная, стража неокрадаемая, всегдашние слезы и прочее.

Таким образом, влечет на безмолвие влечение внутрь к сладостному стоянию пред Богом; путь к нему пролагает очищение от страстей всеми подвигами, коими укрепляется в нас добро и истощается зло; непосредственное преддверие его есть предание себя Богу в беспопечении; существо его ничем не возмутимое молитвенное стояние пред Богом умом в сердце, от коего огонь к огню прилагается.

Горение духа от Божия прикосновения окончательно очищает человека и возводит его в состояние бесстрастия. В этом огне переплавляется естество наше, как металл неочищенный в горниле, и является сияющим небесной чистотою, делающим его готовым Богу жилищем.

Так, на пути к живому богообщению, стоит неминуемое безмолвие, если не всегда как известный образ подвижнического жития, то всегда как состояние, в коем внутрь собранный и углубленный дух, огнем Духа Божественного, возводится к серафимской чистоте и пламенению к Богу и в Боге.

Огнь этот внедряется в минуты обращения и начинает действовать, как только, по обете, вступит человек в труд, но это есть начальная теплота, то появляющаяся, то скрывающаяся. Она действует во все продолжение труда над очищением сердца; иначе не вынесть человеку трудов сих. Но всей силы своей она в то время явить не может, по причине холода страстей, еще качествующих в человеке. Всю силу свою являет она уже тогда, когда умолкнут страсти. Первая теплота похожа на горение дров сырых и намоченных, а вторая на горение тех же дров, когда огнь иссушит их и проникнет весь их состав. По другому сравнению, первая теплота похожа на ту, которая бывает в воде, содержащей льдину, еще не растаявшую: теплота есть, но вода не вскипает и не вскипит, пока не растает льдина. Когда же растает льдина, теплота, проникая всю массу воды, разгорячает ее все сильнее и сильнее; от этого вода перекипает и перечищается. Вот на это похожа вторая теплота. Последние два образа действий огня изображают действия духовного горения в последних степенях совершенства христианского, возводящего к совершенной чистоте и бесстрастию.

«Вещество страстей, будучи изнуряемо Божественным огнем, потребляется, а по мере того, как вещество искореняется и душа очищается, отходят и страсти»[72].

Вот значение бесстрастия, по указанию «Лествицы» в Слове 29-м:

«Бесстрастие есть воскресение души прежде воскресения тела».

Воскресением души должно называть исшествие из ветхости, именно когда произойдет новый человек, в котором нет ничего от ветхого человека, по сказанному: «И дам вам сердце ново и дух нов...» (Иез. 36, 26) (см. у Исаака Сирианина).

Это полное и между тем всегда возрастающее совершенство совершившихся о Господе так освящает ум и восхищает его от вещества, что часто от жизни в теле исступлением возносит на небо к видению.

Бесстрастие показал Апостол, написав: «ум Господень имамы» (ср.: 1Кор. 2, 16). Бесстрастие показал и тот сирианин подвижник, который взывал: «Ослаби ми волны благодати Твоея!» (святой Ефрем).

Бесстрастный ко всем предметам, возбуждающим и питающим страсти, стал нечувствителен так, что они никакого действия на него не производят, хотя находятся пред очами его. Это оттого, что он весь соединен с Богом. Приходит он в блудилище – и не только не чувствует движений страсти, но и блудницу приводит к чистому и подвижническому житию[73].

Кто сподобился быть в сем устроении, тот еще здесь, обложенный бренною плотью, бывает храмом живого Бога, Который руководствует и наставляет его во всех словах, делах и помышлениях; и он, по причине внутреннего просвещения, познает волю Господню, как бы слышал некоторый глас, и, будучи выше всякого человеческого учения, говорит: «Когда прииду и явлюся лицу Божию» (Пс. 41, 3), ибо не могу более сносить действий его вожделения, но ищу той бессмертной доброты, которую Ты даровал мне прежде, нежели я впал в тление. Но что много говорить! Бесстрастный «не ктому живет себе, но живет в нем Христос» (ср.: Гал. 2, 20), как сказал «подвигом добрым подвизавшийся, течение скончавший и веру» православную «соблюдший» (2Тим. 4, 7).

Бесстрастие есть небесная палата Небесного Царя. И вот, наконец, богообщение и боговселение – последняя цель искания духа человеческого, когда он бывает в Боге, и Бог в нем. Исполняется наконец благоволение Господа и молитва Его, чтобы как Он в Отце и Отец в Нем, так и всякий верующий едино был с Ним (см.: Ин. 17, 21). Исполняется утешительное уверение Его: кто слово Его соблюдет, того возлюбит Отец Его, и Они к тому приидут и обитель у него сотворят (см.: Ин. 14, 23). Исполняется апостольское определение умерших бесстрастием, что живот их сокровен есть со Христом в Боге (см.: Кол. 3, 3). Таковые суть храм Божий (см.: 1Кор. 3,16), и Дух Божий живет в них (см.: Рим. 8,9).

Достигшие сего суть таинники Божии, и состояние их есть то же, что состояние Апостолов, потому что и они во всем познают волю Божию, слыша как бы некий глас[74], и они, совершенно соединив чувства с Богом, тайно научаются от Него словам Его[75]. Знаменуется такое состояние пламенем любви, по коей они с дерзновением удостоверяют: «Кто ны разлучит?» (Рим. 8, 35). А любовь есть подательница пророчества, причина чудотворений, бездна просвещения, источник огня Божественного, который чем более истекает, тем более распаляет жаждущего[76].

Поелику такое состояние есть плод безмолвия, когда проходят его с разумом, то не все безмолвники оставляются Богом в безмолвии навсегда. Достигающие чрез безмолвие бесстрастия и чрез то удостоивающиеся преискреннего богообщения и боговселения изводятся оттуда на служение ищущим спасения и служат им, просвещая, руководя, чудодействуя. И Антонию Великому, как Иоанну в пустыне, глас был в его безмолвии, изведший его на труды руководства других на пути спасения, – и всем известны плоды трудов его. То же было и со многими другими.

Выше сего состояния апостольского мы не знаем на земле. Здесь – и конец обозрению порядка богоугодной жизни[77].

Святого отца нашего Иоанна Златоустого уроки о воспитании[78]

Родить детей есть дело природы, но образовать и воспитать их в добродетели дело ума и воли.

Под долгом воспитать своих детей я разумею не одно то, чтобы не допустить их умереть с голоду, чем люди, кажется, и ограничивают свои обязанности по отношению к детям. Для этого не нужно ни книг, ни постановлений: об этом весьма громко говорит природа. Я говорю о попечении образовать сердца детей в добродетели и благочестии – долг священный, которого нельзя преступить, не сделавшись виновным в некоторого рода детоубийстве.

Эта обязанность обща как для отцов, так и для матерей. Есть отцы, которые не щадят ничего, чтобы доставить детям своим учителей в удовольствиях и потворствовать прихотям их, как богатых наследников, а чтобы дети были христианами, чтобы упражнялись в благочестии, – до этого им мало нужды. Преступное ослепление! Этой-то грубой невнимательности должно приписывать все беспорядки, от которых стонет общество. Положим, что вы приобрели для них большое имущество, но если они не будут уметь благоразумно вести себя, оно сохранится у них недолго. Имущество будет расточено; оно погибнет с обладателями своими, оно будет самым печальным для них наследием.

Ваши дети всегда будут довольно богаты, если получат от вас хорошее воспитание, способное упорядочить их нравы и хорошо устроить их поведение. Итак, старайтесь не о том, чтобы сделать их богатыми, но о том, чтобы сделать их благочестивыми, владыками своих страстей, богатыми в добродетелях. Приучите их не вымышлять мнимых нужд и блага мира сего ценить так, чего они стоят. Внимательно наблюдайте за их поступками, за их сообществами, за их связями – и не ожидайте от Бога никакой милости, если не исполняете сего долга.

Если Апостол заповедует нам более пещись о других, чем о себе, и если мы бываем виновны, когда не радим о их пользе, то не гораздо ли более бываем виновны в том случае, когда это относится к тем, кои к нам так близки? Не Я ли, скажет Господь, дал место сим детям в семействе вашем? Не Я ли вверил их вашему попечению, поставив вас их владыками, попечителями, судиями? Я дал вам полную власть над ними; Я возложил на вас все заботы о их воспитании. Вы скажете мне, что они не хотели подклониться под иго, что они его свергли. Но это-то и надлежало предотвратить в самом начале; вы должны были овладеть первыми их впечатлениями, наложить узду, когда они еще не имели силы разорвать ее; подклонить эту юную душу под иго долга, приучить ее к нему, образовав ее по оному, обвязать рану, когда она только что зарождалась; исторгнуть терние, когда оно начинало только появляться около этого нежного растения, а не ожидать, пока оно пустит глубокие корни, пока страсти, усиляясь постепенным развитием, сделаются необузданными и неукротимыми.

Премудрый говорит: «суть ли ти чада, накажи я и преклони от юности выю их» (Сир. 7, 25). Но Господь не только внушает нам это повеление устами Своего пророка, но еще берет нашу сторону, обеспечивая исполнение сей заповеди страшным наказанием, коим угрожает детям, непокорным власти своих родителей: «Человек, иже аще зло речет отцу своему или матери своей, смертию да умрет» (Лев. 20, 9). Он наказывает смертью тех, которые становятся виновными против вас, а вы хладнокровно смотрите на те вины, которые они совершают против самой верховной власти. Они восстают против Самого Бога, преступая Его заповеди, а вы на это взираете без всякого негодования, без малейшего детям укора. Что теряет Он от их оскорблений? Ничего. Но вы, чего вы не должны страшиться за самих себя? Потому что кто оставляет Господа, тот не станет уже уважать ни своего отца, ни себя самого.

Дети, покорные и верные Богу, в повиновении закону Его нашли бы обильный источник счастья, даже временного. Бедный с христианскими нравами заставляет уважать и любить себя, между тем как при злом и развращенном сердце все ваше богатство не спасет от негодования и отвращения всех вас окружающих.

Юноша, которому вы дадите доброе воспитание, мало того что приобретает себе всеобщее уважение, сколько он делается милее для вас самих! Ваша привязанность к нему не будет одним простым влечением природы; она будет плодом его добродетели. За это, во время вашей старости, вы в свою очередь получите от него все услуги сыновней любви; он будет вашей опорой. Потому что как те, кои не почитают Господа, презирают и своих родителей, так, напротив, те, кои чтут Бога, Отца всех человеков, всегда будут всячески уважать и тех, от кого они получили жизнь.

Положим, что вы исполните заповеди закона во всех других отношениях, но, будучи неверны этой одной заповеди, вы будете наказаны строго. Выслушайте на это доказательство, взятое из истории одного древнего народа. Вы тотчас увидите, какому страшному наказанию подвергают себя отцы, небрегущие о воспитании детей своих. У иудеев был один священник, уважаемый за кротость своего нрава; он назывался Илий. Сей священник имел двух сынов, которые предавались всем порокам. Отец не заботился об этом и едва обращал на то свое внимание; или, ежели разврат их, доходя до высшей степени, заставлял его делать им выговоры, он делал это без должной ревности и власти. Ему следовало бы строго наказать их, прогнать их со своих глаз, употребить меры строгие, чтобы прекратить их беспорядки. Ничего не бывало; он ограничивался тем, что говорил им в виде увещания: «ни, чада... не творите тако; яко не благ слух, егоже аз слышу о вас» (1Цар. 2, 24). Это ли надлежало говорить? Они оскорбляли Бога, и он называл их своими чадами? Они забывали Того, Которому обязаны своим существованием, а он признавал еще их за свое семейство? Напрасно и бесполезно он делал им увещания. Нет, здесь требовались не увещания, но уроки сильные, истязания строгие, врачевство столь же крепкое, как и зло. Он должен был действовать страхом и исторгнуть это юное сердце из его оцепенения. Увещания! Дети Илия не имели в них недостатка. Бесполезные слова! Преступная кротость, которой они сделались жертвами! Начинается война, несчастные делаются добычей неприятеля; отец, узнав о их злополучии, падает на землю и, разбив голову, умирает.

Я сейчас говорил вам, что отцы, которые не заботятся дать христианское воспитание детям своим, суть чадоубийцы, убийцы собственных детей. Не правда ли? Кого должен винить Илий в смерти своих детей? Самого себя. Правда, меч врага умертвил их, но беспечность лжеотца направила его удар; оставленные небесной помощью, они явились нагими против стрел филистимлянских. Отец погубил и себя, и их. Между тем, мы ежедневно видим пред собою то же самое. Сколько есть родителей, которые не хотят взять на себя труда исправить своих детей, непокорных и развращенных! Они как будто боятся огорчить детей, если будут строгим словом обуздывать порочные наклонности, которым они предаются. Что же выходит? Беспорядки увеличиваются; безнаказанность доводит до государственных преступлений; суды пробуждаются; несчастные умирают на месте казни. Не исправляя их делаетесь их сообщниками. Вы отказались от личных прав своих над ними и подвергли их строгости общественного наказания; и вот человеческое правосудие употребило над ними свои строгие права. Вы страшитесь унизить их легким наказанием в вашем присутствии, но какое ужасное бесчестие падет на вас, когда сына вашего более не станет и отец, всюду преследуемый взорами обвинителей, не осмелится уже нигде показаться.

Итак, умоляю вас, позаботьтесь о добром воспитании детей ваших. Прежде всего помышляйте о спасении душ их, Бог поставил вас главами и учителями всего вашего семейства; ваш долг – наблюдать, и наблюдать непрестанно, за поведением своей жены и своих детей. Послушайте святого Павла. Если жены ваши, говорит он, хотят чему научиться, пусть спрашивают о том у мужей своих. Воспитывайте детей своих в учении и наставлении Господнем (см.:1Кор. 14, 35; Еф. 6, 4). Подражайте Иову, который постоянно смотрел за детьми своими и приносил умилостивительные жертвы за тайные проступки, какие они могли сделать (см.: Иов. 1, 5). Подражайте Аврааму, который менее заботился о приобретении богатства, нежели о сохранении закона Божия всеми домашними своими, и о котором Господь свидетельствовал: «вем, яко заповесть сыном своим... И сохранят пути Господни творити правду и суд» (Быт. 18,19). Давид, приближаясь к смерти, хочет оставить Соломону самое прочное наследство; он призывает его к себе, чтобы повторить ему следующие мудрые наставления: «аще сохранят сынове твои пути своя, еже ходити предо Мною во истине всем сердцем своим и всею душею своею, не искоренится тебе муж с престола Израилева» (3Цар. 2, 4). Вот образцы, которым мы должны подражать и во время жизни, и при последнем издыхании!

Если бы добрые отцы старались дать своим детям доброе воспитание, то не нужны были бы ни законы, ни суды, ни судилища, ни наказания. Палачи есть потому, что нет нравственности.

Мы не щадим трудов, ни издержек на то, чтобы обучить детей светским наукам, чтобы выучить их хорошо служить властям земным. Безразлично для нас одно знание святой веры, одно служение Царю Небесному. Мы позволяем им посещать зрелища, а чтобы не убегали церкви, чтобы не стояли в ней неблагоговейно – о том мало заботимся. Мы заставляем их давать отчет в том, что они выучили в своих светских училищах; почему же не требовать от них отчета в том, что они слышали в дому Господнем?[79]

Сделав увещание, как нужно было, детям, Апостол обращается и к отцам, говоря: «и отцы, не раздражайте чад своих, но воспитывайте их в наказании и учении Господни» (Еф. 6, 4). Хочешь ли, чтобы сын твой был послушен? С детства воспитывай его в наказании и учении Господнем. Не думай, чтобы слушание Божественных Писаний было для него делом излишним. Там он услышит прежде всего: «Чти отца твоего и матерь твою» (Мк. 7, 10) – слова, направленные к твоей пользе. Не говори: «Это слушание Писаний – дело монахов; ужели мне его сделать монахом?» Нет надобности быть ему монахом. Сделай его христианином. Ибо и мирянам весьма нужно внимать учению, заключающемуся в Писании, а особенно детям, так как в этом возрасте еще многого не знают. Но, не зная Божественных истин, они знают нечто из сочинений языческих, изучая в них жизнь дивных, по их понятиям, героев, которые служили страстям и боялись смерти. Каков пример – Ахиллес, безутешный и умирающий за наложницу, или другой, предающийся пьянству, и прочее и прочее! Итак, сын твой нуждается в этом спасительном руководстве – в наказании и учении Господни.

Не безрассудно ли учить детей искусствам, посылать их в училище, ничего не жалеть для такого их образования, а о воспитании их в наказании и учении Господнем не заботиться? За то-то сами мы и пожинаем плоды такого воспитания детей своих, видя их дерзкими, невоздержанными, непослушными, развратными! Не будем же поступать таким образом и послушаем увещания блаженного Павла; станем воспитывать детей своих в наказании и учении Господнем, подадим им пример благочестия, заставим их с раннего возраста упражняться в чтении Священного Писания. Ах! Я постоянно говорю это; только мне думается, не напрасно ли я теряю слова сии? Но при всем том я не перестану говорить об этом; это – мой долг.

Отчего, скажите вы мне, не подражаете древним? Особенно вы, женщины, должны бы соревновать дивным древним женам. Родилось у тебя дитя – подражай Анне, матери Самуила. Послушай, как поступила она: она не замедлила представить свое дитя в храм Божий. Кто из вас не пожелал бы иметь сына своего однажды навсегда Самуилом, нежели тысячу раз царем всей вселенной?! Скажете: как это можно? Почему же невозможно? Ты только пожелай этого и поручи его Тому, Кто может сделать его таковым. Кто же, спросите, может это сделать? Бог. Потому она (Анна) Ему и поручила своего сына. Сам Илий не очень был способен к тому, чтобы развить и образовать его; да и как он мог это сделать, когда не в силах был управиться с собственными детьми? Но вера женщины и ее усердие всего достигли. Родив первенца, одного, и еще не зная, будут ли у ней другие дети, она не говорила: «Подожду, вот вырастет ребенок; путь насладится жизнью; позволю ему провести у себя отроческие лета». Нисколько не думая об этом, она помышляет об одном, как бы поскорее посвятить его Богу. Устыдимся мы, мужчины, такого любомудрия женщины; она представила сына своего в храм Божий, и там его оставила. Это прославило и супружеский союз ее, потому что, принесши первый плод сего союза в дар Богу, она этим показала, что в этом союзе она искала не чувственных наслаждений, а богоугождения; поэтому-то и чрево ее сделалось многоплодным, и она, прежде неплодная, имела потом других детей; за то же, без сомнения, она видела, какою славою и каким почетом от людей пользовался сын ее.

Все у нас должно быть второстепенным в сравнении с заботой о детях и с тем, чтобы воспитывать их в наказании и учении Господнем. Кто прежде всего научится быть любомудрым, тот чрез это приобретает богатство, превосходящее всякое богатство и величайшую славу. Не так полезно образовать сына, преподавая ему науки и внешние знания, посредством которых он станет приобретать деньги. Если хочешь сделать его богатым, поступай таким образом. Богат не тот, кто заботится о большом стяжании имения и владеет многим, а тот, кто ни в чем не имеет нужды. Это внушай твоему сыну, этому учи его; в этом величайшее богатство. Не заботься о том, чтобы сделать его известным по внешней учености и доставить ему славу, но старайся о том, чтобы научить его презирать славу настоящей жизни; от этого он будет славнее и знаменитее. Это возможно сделать и богатому, и бедному. Этому научаются не от светских учителей и не при пособии наук, а из Божественных Писаний. Не заботься, чтобы сын твой здесь пожил долго, но чтобы там удостоился жизни беспредельной и нескончаемой; давай ему великое, а не малое. Внимай словам Апостола Павла: «воспитывайте их в наказании и учении Господни» (Еф. 6, 4). Не ритором старайся сделать его, а научи его любомудрию. Если он не будет ритором, от этого не произойдет еще никакого вреда, а при недостатке любомудрия самое обильное риторство не принесет никакой пользы. Благоповедение нужно, а не остроумие; нравственность, а не сила речи; дела, а не слова: это доставляет Царствие, это дарует и действительные блага. Не язык изощряй, но очищай душу. Говорю это не с тем, чтобы запретить светское образование, но для того, чтобы не привязывались к нему исключительно.

Не думай, будто одним монахам нужны наставления в Писании; весьма многие из этих наставлений потребны и для тех детей, которые должны вступить в мирскую жизнь. Как при снаряжении корабля нужен бывает кормчий и полное число пловцов не для того, кто всегда стоит на пристани, но тому, кто постоянно занимается мореходством, точно то же должно сказать и относительно монаха и мирского человека. Первый, как бы находясь на необуреваемой пристани, проходит жизнь неозабоченную и устраненную от всякого волнения, а последний постоянно обуревается и плывет среди моря, сражаясь с множеством треволнений. Хотя бы он сам (мирской человек) и не имел нужды (в наставлении), но ему оно может быть нужно, чтобы, если случится, он был в состоянии заградить уста других.

Кто чем большим пользуется почетом в настоящей жизни, тем более нужно для него такое образование. Служит ли кто в царском дворце, там много эллинов философов, людей надменных временной славой. Там все напыщенны и надменны, а кто нет, те стараются сделаться такими. Каково же, подумай, если сын твой, вступивши туда, входит, как самый лучший врач, с орудием, которое в состоянии укротить надменность каждого, подходит к каждому и разговаривает, врачует больное тело, прикладывает пластырь из Писаний, расточает любомудренные доказательства.

Инок с кем будет говорить? Разве со стеной своей кельи или с кровлей? С пустыней или дебрями? С горами или деревьями?! Итак, для него не столько нужно подобное учение; несмотря на то, он старается усовершить себя в нем, не с тем, чтобы других наставлять, а самого себя. Что же касается людей, живущих в сей (мирской) жизни, то им весьма нужно таковое учение, потому что мирскому человеку более представляется соблазнов ко греху, нежели монаху. И если тебе угодно, знай, что он с таким образованием вместе с тем будет и самым приятным человеком; все станут уважать его, когда увидят, что он не вспыльчив и не домогается власти. Зная это, воспитывайте детей своих в наказании и учении Господни. А если кто-нибудь беден? Пусть останется бедным. Что он не будет находиться при дворе, этим он нисколько не будет хуже того, кто служит при дворе; напротив, может сделаться предметом удивления. Ибо, если эллины — люди, стоящие не более трех пенязей, циники, принявшие такую же, стоящую не более трех пенязей, философию (подлинно, такова греческая философия), или, вернее, не самую философию, а только ее имя, облекшись в мантию и опустивши волосы, посрамляют многих, то не к большему ли способен истинный любомудр? Если один ложный вид только тень философии так возвышает, что сказать о том, если мы полюбим истинно светлое любомудрие? Не все ли станут уважать его? Не поручат ли таким любомудрцам без всякого опасения и домы, и жен, и детей.

Скажи мне, какие из растений самые лучшие? Не те ли, которые сами по себе содержат силу и ни от дождя, ни от града, ни от стремления ветров, ни от других каких-нибудь подобных причин не терпят вреда, но, стоя открыто и не имея нужды ни в кровле, ни в ограждении, как бы всем пренебрегают? Таков истинный любомудр, таково его богатство... Он ничего не имеет, и имеет все; и все имеет, и ничего нет у него. Ибо стена не внутри, а извне, и ограда не от природы, а отвне воздвигается. Еще скажи мне также, какое тело бывает особенно крепко? То ли, которое здорово, которое удобно переносит голод, не требует пресыщения, не терпит от стужи, равно как и от жара, или то, которое неспособно переносить всего этого и, кроме того, для своего здоровья нуждается в поварах, ткачах, охотниках и врачах? Подлинно, только истинный любомудр, который не нуждается ни в чем подобном, есть истинный богач. Поэтому-то блаженный Павел и говорил: «воспитывайте их» (детей) «в наказании и учении Господни» (Еф. 6, 4). Итак, не во внешних благах ищите ограждения для детей своих, но воспитывайте их по наставлению Апостола; в этом заключается богатство, в этом состоит слава.

Богатство вредит слишком много, когда делает нас негодными к перенесению превратностей жизни. Итак, воспитываем детей так, чтобы они могли переносить все и знали, как должно поступать среди несчастий; воспитаем их в наказании и учении Господни, и нам воздастся великая награда. В самом деле, если люди, занимающиеся изображением царей, пишущие их портреты, пользуются большим почетом, то мы, которые украшаем образ Царя Небесного (ибо человек есть образ Божий), не будем ли наслаждаться гораздо большими благами за то, что восстановляем Божие подобие? Именно с этим может сравниться добродетель души, когда научим детей быть добрыми, нераздражительными, непамятозлобными, готовыми на благодеяния, человеколюбивыми (что все свойственно Богу) и когда наставим их не дорожить земными благами. Итак, образовать и упорядочить себя и их – вот наша обязанность! Иначе как мы дерзнем предстать Престолу Господню?

Ежели тот, у кого дети необузданны, недостоин епископства, то тем более он недостоин Царствия Небесного. Ужели, если наши дети будут беспорядочны, то мы будем подлежать за них ответу? Да, – если это случится потому что мы не употребили со своей стороны строгих мер, какие следовало употребить[80].

Нерадение о детях есть величайший из всех грехов и в нем крайняя степень нечестия. И что я так заключаю не без основания, докажу это самым опытом, дабы знали вы, что хотя бы у нас все касающееся нас было устроено прекрасно, однако ж мы подвергнемся крайнему наказанию, если нерадим о спасении детей. Вы знаете повесть о первосвященнике Илии, содержащуюся в Божественном Писании. Если священника, престарелого, знаменитого, двадцать лет беспорочно начальствовавшего над еврейским народом, жившего во времена, не требовавшие великой строгости (в жизни), ничто не могло оправдать, – напротив, он погиб ужасно и бедственно за то, что не пекся о детях с полным старанием, и виновность этой малопопечительности, как сильная и великая вина, превысила все эти преимущества и покрыла все добрые дела Илия, – то какое осуждение постигнет нас, которые живем во времена, требующие гораздо большего любомудрия, но не имеем и его добродетели, и не только сами не наставляем детей, но и против желающих делать это строим козни и вооружаемся, и поступаем с чадами своими жесточае всякого варварства? Ибо жестокость варваров доводит только до рабства, до опустошения и пленения отечества и вообще до бедствий телесных, а вы порабощаете самую душу и, связавши ее, как какого-нибудь пленника, предаете таким образом злым и свирепым демонам и их страстям. Точно это, а не другое что делаете вы, когда и сами не внушаете (детям) ничего духовного и другим делать это не позволяете.

И никто не говори мне, что многие, и больше Илия нерадевшие о своих детях, не потерпели ничего подобного Илию; нет, многократно потерпели, и многие, и гораздо больше еще, и за этот самый грех. Ибо откуда преждевременные смерти? Откуда тяжкие и продолжительные болезни и у нас, и у наших детей? Откуда потери, откуда несчастия, откуда огорчения, откуда бесчисленное множество зол? Не от того ли, что мы не стараемся исправлять порочных детей своих? И для удостоверения в том, что это не догадка, достаточно бы и бедствий этого старца (Илия), но я скажу вам еще слово одного из наших мудрецов. Он, рассуждая о детях, вот как говорит: «не веселися о сынех нечестивых... аще несть страха Господня с ними, не веруй животу их» (Сир. 16, 1–2). Ибо зарыдаешь плачем преждевременным и, не ожидавши, узнаешь о их гибели. Итак, многие, как я сказал, потерпели много подобного; если некоторые избегли (наказания), то не избегнут навсегда; если и избегли здесь, то на погибель своей головы, потому что понесут жесточайшее наказание по отшествии отсюда.

Не будем поступать безрассудно из-за того, что Бог теперь не посылает пророка и не предвозвещает наказания, как было с Илием: теперь не время пророков, а впрочем, Он посылает их и теперь. Откуда же известно нам? «Имут, – сказано, – Моисея и пророки» (Лк. 16, 29). Сказанное тем (при которых жили Моисей и пророки) сказано также и нам, и Бог говорит не одному Илию, но чрез него и его страдания, всем, подобно ему согрешающим. Бог нелицеприятен, и если Он так истребил со всем домом менее виновного, то не оставит без наказания сделавших более тяжкие преступления.

Сам Бог имеет великое попечение о воспитании детей. Для того Он и вложил в природу такое влечение (родителей к детям), чтобы поставить родителей как бы в неизбежную необходимость пещися о детях. А впоследствии, беседуя к нам, поставил и законы касательно попечения о них, и, учредив праздники, повелел объяснять установления их. Так, сказав о Пасхе, Он присовокупил наставление: «и возвестиши сыну твоему в день он, глаголя: сего ради сотворил Господь Бог мне, егда исхождах из Египта». То же самое делает Он и в Законе. Ибо, сказав о первородных, опять прибавляет: «аще... вопросит тя сын твой по сих, глаголя: что сие; и речеши ему: яко рукою крепкою изведе нас Господь из земли Египетския, из дому работы, егда бо ожесточися Фараон отпустити нас, изби Господь всякаго... от первенца человеча до первенца скотия; сего ради аз в жертву приношу» (Господу) «всякое разверзающее ложесна» (Исх. 13, 8, 14–15). Всем этим Он повелевает вести детей к богопознанию. Да и самим детям Он заповедует многое в отношении к родителям, награждая послушных (детей), а непризнательных наказывая и таким образом делая их еще более драгоценными для родителей. В самом деле, когда кто сделает нас господами над кем-либо, то этою честью он налагает на нас самое сильное обязательство пещись о нем, так что это одно, без другого, в состоянии убедить нас, что вся судьба того человека в наших руках, и мы не скоро решимся сделать вред тому, кто вверен нам таким образом. Когда же он после этого еще и гневается и негодует более, чем сами оскорбляемые, и является строгим карателем, то этим еще более побуждает нас (к исполнению долга). Так сделал и Бог. К этим (двум) Он присовокупил еще третье, естественное обязательство, а если хочешь, так – это первое. Именно, чтобы родители, получив повеление воспитывать детей, не пренебрегали Его заповедями, Бог связал их естественной необходимостью. А чтобы эта связь, быв оскорбляема со стороны детей, не расторглась совсем, Он оградил ее наказаниями и от Себя, и со стороны самих родителей, а таким образом и детей подчинил родителям, и в родителях возбудил любовь к детям. Впрочем, не этим только, но и другим еще, четвертым способом Бог крепко и тесно связал нас с ними. Он не только детей злых – в отношении к родителям – наказывает, а добрых – награждает, но то же самое делает и с родителями, жестоко наказывая нерадящих о детях, а попечительных удостаивая почестей и похвал. Так и этого старца (Илия), во всех других отношениях достойного хвалы, Он наказал за одну непопечительность о детях, а патриарха Авраама наградил за его попечительность не менее, как за другие добродетели. Ибо, говоря о тех многих и великих дарах, которые обещал дать ему, Бог представляет причиной такого обещания эту добродетель: «вем бо, – говорит, – яко заповесть (Авраам) сыном своим, и дому своему по себе, и сохранят пути Господни творити правду и суд» (Быт. 18, 19).

Это мною сказано теперь для того, чтобы вы узнали, что Бог не будет снисходителен к нерадящим о тех, о которых Сам Он столько печется. Ибо невозможно, чтобы один и тот же (Бог) и столько делал Сам для спасения этих (детей), и оставлял без внимания то, когда об них же небрегут родители. Так Он не оставит этого без внимания, напротив, еще сильнее вознегодует и прогневается, как и оказалось на самом деле. Поэтому и блаженный Павел настоятельно убеждает, говоря: «отцы, воспитывайте чада в наказании и учении Господни». Если уже мы[81] обязаны неусыпно печься о душах их, «яко слово воздати хотяще» (Евр. 13, 17); тем более (обязан делать это) отец, который родил сына, воспитал и постоянно живет с ним. Ибо как не может он найти себе извинения и оправдания в своих собственных грехах, так же точно и в поступках детей. И это также показал блаженный Павел. Предписывая, каковы должны быть принимающие начальство над другими, он сверх всех необходимых для них качеств требует от них и попечительности о детях, так что нет нам никакого извинения, когда дети у нас развратны (см.: 1Тим. 3, 4–5). И совершенно справедливо! Если бы зло в людях было от природы, то всякий по праву прибегал бы к извинению, но так как мы бываем развратны и честны по собственной воле, то какое благовидное оправдание может представить тот, кто допустил до разврата и нечестия сына, (любимого) им больше всего? То ли, что не хотел он сделать его честным? Но ни один отец не скажет этого; сама природа настоятельно и непрерывно побуждает его к тому. Или то, что он не мог? Но и этого нельзя сказать, ибо все – и то, что он взял сына на свое попечение еще в нежном возрасте, и то, что ему первому и одному вручена власть над ним, и то, что он постоянно имел его при себе, – все это делает для него образование сына очень легким и удобным. Значит, развращение детей происходит не от другого чего, как от безумной привязанности отцов к житейскому; обращая внимание только на это и не считая ничего выше этого, они поневоле уже нерадят о детях и о душе их. О таких отцах скажу я (и никто не считай этих слов порождением гнева), что они хуже даже детоубийц. Эти отделяют тело от души, а те и то и другую вместе ввергают в огнь геенский. Той смерти подвергаются необходимо и по естественному порядку, а этой можно было бы избежать, если бы не довела до нее беспечность отцов. К тому же смерть телесную может прекратить воскресение, тотчас как наступит оно, а потери души ничто уже не вознаградит; за нею следует уже не спасение, но необходимость вечно страдать. Значит, мы не несправедливо назовем таких отцов худшими детоубийцами. Не так жестоко изострить меч и, взяв его в правую руку, погрузить его в самое сердце детища, как погубить и развратить душу, потому что у нас нет ничего равного ей.

Если бы зло только и ограничивалось тем, что родители не давали бы детям никаких полезных советов, тогда зло не было бы так велико. Но вот вы, родители, побуждаете их (детей) еще и к противному. В самом деле, когда отцы убеждают детей заниматься науками, то в их разговоре с детьми не услышишь ничего другого, кроме таких слов: «Такой-то, – говорят, – человек низкий и из низкого состояния, усовершившись в красноречии, получил весьма высокую должность, приобрел весьма большое имение, взял богатую жену, построил великолепный дом, стал для всех страшен и знаменит». Другой говорит: «Такой-то изучил латинский язык, блистает при дворе и всем распоряжается там». Иной опять указывает на другого, и все – только на славных на земле, а о прославившихся на небесах никто не вспомнит и однажды, даже если иной и решится напомнить об них, его преследуют как человека, который все расстраивает. Итак, вы, когда внушаете это детям с юных лет, учите их не другому чему, как основанию всех пороков, вселяя в них две самые неистовые страсти, – то есть сребролюбие и еще более порочную страсть – тщеславие. Каждая из них порознь может низвратить все, а когда они обе вместе вторгнутся в нежную душу юноши, то, подобно соединившимся бурным потокам, губят все доброе и наносят столько терния, столько песку, столько сору, что делают душу бесплодной и не способной ни к чему доброму. Как же ты думаешь, что сын твой легко может избегнуть диавольских сетей, будучи молод, живя среди Египта, или, лучше, среди воинства диавольского, не слыша между тем ни от кого полезного совета и видя, что все, а больше всех родители и воспитатели, ведут его к противному? Как же мог бы он сделать это? При помощи ли твоих увещаний? Но ты внушаешь ему противное и, не позволяя ему вспомнить о любомудрии даже и во сне, напротив, постоянно занимая его настоящей жизнью и выгодами ее, только еще больше содействуешь его потоплению. Или сам собою? Совсем нет, юноша сам по себе не имеет довольно сил к совершению добродетели, и если и породит что-либо доброе, то это доброе скоро, прежде нежели возрастет, погибнет от сильного дождя слов твоих. Ибо как тело не может жить долго, когда питается не здоровою, но вредной пищей, так и душа, получая такие внушения, не может и помыслить о чем-либо добром и великом; нет, будучи расстраиваема и расслабляема, как какой-нибудь заразой, она наконец неизбежно низвергается в геенну и в тамошнюю погибель.

Ведь вы, как будто намеренно стараясь погубить детей, приказываете им делать только то, что делая, невозможно спастись. Вот, посмотрите прежде всего. «Горе, – сказано, – смеющимся», а вы подаете детям множество поводов к смеху. «Горе богатым», а вы только о том и стараетесь, чтобы они разбогатели. «Горе, егда добре рекут вам вси человецы» (Лк. 6:24–26), а вы часто тратите все имущество из-за славы людской. Опять, поносящий брата своего «повинен есть геенне» (Мф. 5, 22), а вы считаете слабыми и трусливыми тех, кто молчаливо сносит обидные речи от других. Христос повелевает отвращаться брани и распри, а вы постоянно занимаете детей этими злыми делами. Он повелел во многих случаях вырывать око, если оно ведет ко злу (см.: Мф. 5, 29), а вы тех-то особенно и делаете их друзьями, кто только может дать денег, хоть бы и научил крайнему разврату. Он не позволил бросать жену, разве только за прелюбодеяние (см.: Мф. 5, 32), а вы, когда можно получить деньги, приказываете пренебрегать и этой заповедью. Клятву Он запретил совершенно (см.: Мф. 5,34), а вы даже смеетесь, когда видите, что это запрещение соблюдается. «Любяй душу свою», сказал Господь, «погубит ю» (Ин. 12, 25), а вы всячески вовлекаете их в эту любовь. «Аще не отпустите», говорит Он, «человеком согрешений их, ни Отец ваш Небесный отпустит вам» (ср.: Мф. 6, 15), а вы даже попрекаете детям, когда они не захотят мстить обидевшим, и стараетесь скорее привести их в состояние сделать это. Христос сказал, что любящие славу — постятся ли, молятся ли, подают ли милостыню — все это делают без пользы (см.: Мф. 6, 1), а вы только и стараетесь о том, чтобы ваши дети получили ее. И для чего перечислять все? Если уже и сказанные пороки, не только все вместе, но и каждый сам по себе, в состоянии приготовить тысячу геенн, а вы, собрав их все вместе и возложив на детей эту невыносимо тяжкую ношу грехов, с нею посылаете их в огненную реку, то как же они могут спастись, неся столько пищи для огня?

И худо не это одно, что вы внушаете детям противное заповедям Христовым, но и то еще, что нечестие прикрывает благозвучными именами, называя постоянное пребывание на конских ристалищах и в театрах светскостью, обладание богатством — свободой, дерзость — откровенностью, расточительность — человеколюбием, несправедливость мужеством. Потом, как будто еще мало этого обмана, вы и добродетель называете противными именами: скромность необразованностью, кротость — трусостью, справедливость слабостью, смирение — раболепством, незлобие — бессилием. Вы будто боитесь, как бы дети, услышав от других настоящее название этих добродетелей и пороков, не убежали от заразы. Ибо название пороков прямыми и настоящими их именами немало способствует к отвращению от оных. Я знаю много и таких, которые этим способом были образумлены и, слыша поносные себе названия, сделались скромнее по жизни. Но вы отняли у детей и это пособие к исправлению. И, что еще хуже, внушаете им зло не только словами, но и делами: строите великолепные домы, покупаете дорогие поля, окружаете их и прочим блеском, и всем этим, как гнусным каким облаком, омрачаете их душу. Так чем же могу я убедиться, что им возможно спастись, когда вижу, что вы склоняете их к таким делам, за которые Христос определил неизбежную погибель; когда вижу, что вы о их душе, как о чем-то ненужном, небрежете, а о том, что действительно излишне, заботитесь, как о необходимом и важнейшем. Вы все делаете, чтобы был у сына слуга, конь и самая лучшая одежда, а чтобы он сам был хорош – об этом и подумать не хотите; нет, простирая до такой степени заботливость о дереве и камнях, души не удостаиваете и малейшей части такого попечения. Все делаете, только бы на доме стояла чудная статуя и кровля была золотая, а чтобы драгоценнейшее изваяние – душа – была золотая, об этом и помыслить не хотите.

Далее, желая ознакомить детей с науками, мы не только отдаляем препятствующее учению, но и доставляет им все, что содействует этому: приставляем к ним пестунов и учителей, издерживаем деньги, освобождаем их от всех других занятий и, чаще чем учители на олимпийских играх, кричим им о бедности от неучения и о богатстве от учения, – делаем и говорим все, и сами, и чрез других, только бы довести их до окончания предлежащего им учения; однако ж и при всем этом часто не успеваем. А скромность нравов и тщательность о честном поведении, по нашему мнению, придут сами собой и несмотря на столь многие тому препятствия? Что может быть хуже этого неразумения – на самое легкое обращать столь внимания и забот, как будто бы иначе и нельзя успеть в этом, а о гораздо труднейшем думать, что оно, как какая-нибудь пустая и ничтожная вещь, придет к нам, хоть бы мы и спали? Ведь упражнение души в благочестивой жизни во столько раз труднее и тяжелее изучения наук, во сколько исполнять труднее, чем говорить, во сколько дела труднее слов.

Но для чего, скажешь, нашим детям нужно любомудрие и строгое поведение? Вот это-то самое и сгубило все – что дело, столь необходимое и служащее опорою нашей жизни, считается излишним и ненужным. Увидевши сына больного по телу, никто ведь не скажет, для чего нужно ему совершенное и крепкое здоровье? Напротив, всемерно постарается привести тело в такое благосостояние, чтобы болезнь более уже не возвращалась. А когда у детей больна душа, не нужно им, говорят, никакого лечения – и после таких слов осмеливаются называть себя отцами! Так что же, скажешь, станем мы все любомудрствовать, а житейское все погибнет? Нет, почтеннейшие, не любомудрие, а уклонение от него погубило и расстроило все. Ибо кто, скажи мне, расстраивает настоящее положение дел – те ли, которые живут воздержанно и скромно, или те, которые изобретают новые и беззаконные способы наслаждения? Те ли, которые стараются захватить себе все чужое, или те, которые довольствуются своим? Человеколюбивые ли и кроткие и не ищущие чести у народа или те, которые от собратьев своих требуют ее более всякого долга и делают тысячу неприятностей тому, кто не встанет пред ними, не скажет первый приветствия, не поклонится, не выскажет подобострастия? Те ли, которые любят повиноваться, или те, которые ищут власти и начальства и для этого готовы сделать и перенести все? Те ли, которые почитают себя лучше всех и поэтому думают, что им можно говорить и делать все, или те, которые считают себя последними и этим укрощают в себе безумное своеволие страстей? Те ли, которые сознают немощь человеческой породы, или те, которые не хотят и узнать этого, но от чрезмерной гордости перестали считать себя и людьми? Те ли, которые содержат блудниц и оскверняют чужие ложа, или те, которые воздерживаются и от своей жены? Первые не то же ли в обществе человеческом, что опухоли на теле и бурные ветры в море, и своей невоздержанностью не потопляют ли тех, кои сами по себе могли бы спастись? А последние не так ли, как яркие светила среди глубокого мрака, призывают бедствующих среди моря к своей безопасности и, возжегши вдали на высоте светильник любомудрия, не руководят ли таким образом всех, кто желает, в спокойную пристань? Не из-за тех ли возмущения и войны, и брани, и разрушение городов, и плен, и рабство, и лишение свободы, и убийства, бесчисленные бедствия в жизни – бедствия, не только наносимые людям от людей, но и все насылаемые с неба, как-то: засухи и наводнения, и землетрясения, и потопление городов, и голод, и язвы, и все прочее, что оттуда насылается на нас? Так, они-то низвращают[82] порядок общественный и губят общее благо; они-то причиняют бесчисленные бедствия и другим, они, которые возмущают людей, ищущих спокойствия, влекут их и разрывают со всех сторон. Для них-то судилища и законы, и взыскания, и различные виды наказаний.

Если бы мы захотели образовать детей с самого юного возраста и передать желающим воспитывать их, они, конечно, могли бы стать в первом ряду воинства, потому что Бог не презрел бы такого усердия и ревности, но простер бы руку Свою и наложил бы ее на изваяние. А когда действует рука Его, тогда невозможно не иметь успеха в делах, или, лучше, невозможно не дойти до высшей степени блеска и славы, только было бы выполнено то, что зависит от нас. Если и жены могли преклонить Бога, чтобы Он помог в воспитании детей, тем более мы могли бы сделать это, если бы хотели. Чтобы не слишком распространить слова, я пройду молчанием прочих жен, хотя и мог бы указать на многих, а упомяну только об одной. Была одна иудеянка – Анна. Эта Анна родила одного сына и уже не надеялась иметь другого, потому что и этого едва получила, после многих слез, по причине своего бесплодия. Хотя соперница ее часто оскорбляла за это бесплодие, она, однако ж, не поступила так, как поступаете вы, но и получив того сына, держала его только до тех пор, пока нужно было питать его молоком. А как скоро он уже не стал нуждаться в этой пище, она, взяв его, тотчас посвятила Богу и не просила, чтобы он возвратился в дом родительский, но оставила его жить постоянно в храме Божием. И если когда, по чувству материнскому, хотела видеть его, то не вызывала отрока к себе, но сама с отцом приходила к нему и уже обращалась с ним осторожно, как с даром, принесенным в жертву Богу. Оттого и юноша сделался столь доблестным и великим, что, когда Бог отвратился от народа еврейского за его крайнее нечестие, не изрекал пророчеств и не открывал видений, он своей добродетелью опять привлек Бога и умолил даровать иудеям то же, что и прежде, и возобновить прекратившиеся пророчества. И это сделал он, будучи не в зрелом возрасте, но еще малым отроком. «И глагол Господень, – говорит Писание, – бе честен в тыя дни, не бе видение посылаемо» (1Цар. 3, 1), а между тем ему (Самуилу) Бог часто открывал волю Свою. Так-то полезно отдавать всегда свои стяжания Богу и отказываться не только от денег и вещей, но и от самых детей. Ибо если это заповедано нам делать по отношению к душе нашей (см.: Мф. 10, 37), тем более по отношению ко всему прочему. Это сделал и патриарх Авраам, или, лучше сказать, гораздо больше этого, потому и получил сына с большею славою. И, подлинно, мы тогда-то особенно и имеем при себе детей своих, когда отдаем их Господу. Ибо Он гораздо лучше нас сохранит их, потому что больше печется о них. Не видите ли, что так бывает и в домах богачей? И там низшие слуги, живущие с отцами, не так уважаются и не имеют такой силы, а те, коих господа, взяв от родителей, определяют к себе на службу и делают хранителями сокровищ, пользуются большим благоволением и свободой. Если же люди так добры и благосклонны к своим людям-слугам, тем более беспредельная Благость, то есть Бог.

Позволим детям служить Богу, вводя их не в храм только, как Самуила, но на самое небо (служить) вместе с Ангелами и Архангелами. Ибо что посвятившие себя этому целомудрию действительно будут служить с ними (Ангелами), это очевидно для всякого. Притом такие дети будут предстательствовать с великим дерзновением не только за себя, но и за нас. Ибо, если некоторые (дети) получили помощь от Бога ради отцов, тем более отцы могут получить ради детей; потому что в первом случае правом на помощь служит только единство природы, а в последнем – и воспитание, которое гораздо важнее природы. То и другое докажу вам из Божественного Писания. Так, Езекию, царя добродетельного и благочестивого, но не имевшего по своим делам дерзновения стать против угрожавшей ему великой опасности, Бог спас за добродетель отца, как говорит Сам Он: «и защищу град сей, еже спасти его Мене ради и Давида... раба Моего» (4Цар. 19, 34). А Павел в Послании к Тимофею о родителях сказал: ...«жена... спасется чадородия ради, аще пребудет в вере и любви и во святыни с целомудрием» (1Тим. 2, 14–15). И Иова Писание восхваляет как за то, что он «бе человек... истинен, непорочен, праведен, благочестив, удаляяся от всякия лукавыя вещи» (Иов. 1, 1), так и за попечение о детях. А это попечение состояло не в собирании для них богатства, и не в старании сделать их славными и знаменитыми, но в чем? Послушай, что говорит Писание: ...«егда скончавашася дние пира, посылаше Иов и очищаше их, востая заутра, и приношаше о них жертвы по числу их, и тельца единого о гресе о душах их. Глаголаше бо Иов: негли когда сынове мои согрешиша и в мысли своей злая помыслиша противу Бога» (Иов. 1, 5). Какое же мы будем иметь оправдание, поступая так небрежно? Ибо, если живший прежде благодати и прежде закона и не слышавший никакого учения имел столь великое попечение о детях, что трепетал и за тайные грехи их, кто же оправдает нас, которые живем во время благодати, имеем столько учителей, столько примеров и увещаний, а между тем не только не опасаемся за тайные, но не обращаем внимания и на явные грехи, и не только сами не обращаем внимания, но и желающих исправить оные гоним? И Авраам, как я сказал прежде, отличался между прочими этой добродетелью.

Итак, имея столько примеров, будем приготовлять Богу благочестивых служителей и рабов. Если тот, кто воспитывает борцов для городов или образует воинов для царя, удостаивается великой чести, то какой дар можем получить мы, воспитывая для Бога столь доблестных и великих мужей, или, лучше сказать, ангелов? Будем же делать все, чтобы оставить им богатство благочестия, которое пребывает постоянно, сопровождает нас и по смерти и может принести величайшую пользу не только здесь, но и там. Богатство мирское не перейдет в вечность вместе с людьми, но еще и здесь погибнет прежде их, а часто погубляет и своих владельцев, но богатство благочестия и здесь и там, и само пребудет постоянно, и стяжавших его сохранит в великой безопасности. Это действительно так: кто земное предпочитает духовному, тот лишится и того, и другого, а кто стремится к (духовному) небесному, тот наверное получит и земное. Это не мои слова, но Самого Господа, Который обещает подать сии блага: «ищите, – говорит Он, – прежде Царствия Божия... и сия вся приложатся вам» (Мф. 6, 33). Что может сравниться с этой честью? Заботься, говорит, о духовном, а все прочее предоставь Мне. Как сердобольный отец принимает на себя все попечение о доме, управлении слугами и всем прочим, а сыну советует заниматься только любомудрием, так точно поступает и Бог. Будем же послушны, станем искать Царствия Божия, тогда и детей везде увидим почтенными, и сами прославимся с ними, насладимся и настоящими благами, если только возлюбим будущие и небесные. Если вы послушаете, то получите великую награду, а если будете противиться и не послушаете, потерпите особенно тяжкое наказание. Ибо нельзя нам оправдаться и говорить: «Никто нас не учил этому».[83]

Юность неукротима и имеет нужду во многих наставниках и учителях, руководителях, надсмотрщиках, воспитателях. И только при таких условиях возможно обуздать ее. Что конь необузданный, что зверь неукротимый, – то же самое есть и юность. Поэтому, если в начале и с первого возраста поставим для нее настоящие пределы, то впоследствии не будем иметь нужды в великих усилиях; напротив, потом привычка обратится для них в закон. Не позволим им делать того, что приятно и вместе вредно; не будем угождать им, потому что они дети, но преимущественно будем сохранять их в целомудрии. Ибо это более всего приносит вреда юности. Об этом более всего должны заботиться, к этому мы особенно должны быть внимательны. Скоро будем брать для них жен, чтобы они, имея чистое и нерастленное тело, соединились с невестами. Такая любовь бывает особенно пламенна. Кто был целомудренным до брака, тот большей частью остается таким и после брака. Напротив, кто до брака научился любодействовать, тот и после брака станет делать то же самое. Ибо сказано в Писании: «Человеку блудну всяк хлеб сладок» (Сир. 23, 23). Для того и возлагаются на голову венцы – в знак победы, что они, не быв побеждены, вступают в брачный чертог, – что они не были одолены похотью. Если же кто, увлеченный сладострастием, предался блудницам, то для чего после этого он имеет и венец на голове, когда он побежден? Это им будем внушать, этим будем их вразумлять, устрашать, угрожать, делая то то, то другое.

Нам вверен важный залог – дети. Будем поэтому заботиться о них и употребим все меры, чтобы лукавый не похитил их у нас. Между тем, происходит наоборот. Мы употребляем всевозможные усилия для того, чтобы поле было хорошим и чтобы вверить его благонадежному человеку. И погонщика ослов и мулов, и надзирателя, и поверенного мы отыскиваем самого искусного, а на то, что для нас всего дороже, именно: на то, чтобы поручить сына человеку, который бы мог его сохранить в целомудрии, не обращаем внимания, несмотря на то что сие стяжание ценнее всех прочих и ради него приходят остальные блага. Об имуществе для них мы заботимся, а об них самих нет. Видишь ли, какое безумие овладело нами! Прежде образуй душу сына твоего, а стяжания он уже после получит. Если душа у него не хороша, то он не будет иметь ни малейшей пользы от денег; и наоборот, если ей дано правильное образование, то бедность нисколько не повредит ему. Хочешь ли оставить его богатым? Научи его быть добрым. Ибо для детей, не получивших правильного образования, бедность лучше богатства; даже, мимо их воли, удерживает их в пределах добродетели; между тем последнее, хотя бы даже кто и желал сего, не позволяет вести жизни целомудренной, но увлекает, ниспровергает и вводит в бесчисленное множество преступлений.

Вы, матери, больше всего смотрите за дочерьми: попечение это для вас нетрудно. Наблюдайте за тем, чтобы они сидели дома, а прежде всего учите их быть благочестивыми, скромными, презирать деньги и не слишком заботиться о нарядах. Так и в замужество отдавайте их. Если так образуете дочь вашу, то спасете не только ее, но и мужа, но и детей, и не одних детей, но и внуков. Если корень будет хорош, то и ветви будут лучше развиваться, и за все это получите награду. Поэтому все будем так делать, как прилично заботящимся о благе не одной души, но и о благе многих чрез одну. Ибо они (дочери), при вступлении в брак, должны так выходить из отеческого дома, как выходят борцы из места состязаний, то есть они должны знать в точности всю науку, помощью которой они могли бы, подобно закваске, все смешение возвести к собственной красоте.

И сыновья опять до того должны быть скромны, чтобы скорее всего можно было узнать их по их благонравию и целомудрию, чтобы они заслужили великую похвалу и от людей, и от Бога. Пусть они научатся воздерживаться от лишних издержек, быть расчетливыми, нежно любящими, пусть научатся повиноваться власти. Ибо таким образом они могут доставить родителям великую награду. Тогда все будет направлено к славе Божией и нашему спасению, о Христе Иисусе Господе Нашем, с

Которым Отцу, вместе со Святым Духом, слава, держава, честь ныне и присно, и во веки веков. Аминь.

Приложение

Святитель Феофан Затворник (1815–1894) оставил обширное и поистине драгоценное духовное литературное наследие: многочисленные труды о христианской нравственности, сочинения с изложением основ святоотеческой психологии, переводы аскетической письменности (в том числе перевод «Добротолюбия»), глубочайшие толкования Священного Писания, существенно обогатившие русскую библеистику. Им был совершен настоящий творческий подвиг, и один из его биографов с полным правом мог утверждать, что по своей плодотворности труды святителя Феофана сопоставимы с творениями святых отцов IV-го столетия – Золотого века Византии.

На Поместном Соборе Русской Православной Церкви, посвященном тысячелетию Крещения Руси, Феофан Затворник был причислен к лику святых. В решении Собора отмечалось: «Глубокое богословское понимание христианского учения, а также опытное его исполнение, и как следствие сего, высота и святость жизни святителя позволяют смотреть на его писания как на развитие святоотеческого учения с сохранением той же православной чистоты и богопросвещенности».

Особое место в духовно-литературном наследии святителя Феофана занимают его письма к разным лицам, просившим у него совета или духовной помощи, решения недоуменных вопросов, утешения в скорби, облегчения в бедах... Со всех сторон России стекались эти просьбы в Вышенскую пустынь, где преосвященный Феофан пребывал в течение последних 28-ми лет жизни, причем двадцать два года из них он находился в строгом затворе. До этого им уже был пройден значительный жизненный и духовный путь, отданный служению Церкви Божией на различных поприщах и в разных местах.

Родился святитель Феофан, в миру Георгий Васильевич Говоров, 10-го января 1815-го года в селе Чернавское Елецкого уезда Орловской губернии, в семье священника. Учился в Ливенском духовном училище, Орловской семинарии, Киевской Духовной академии. В 1841 году, в Киеве, принял постриг с именем Феофан, в том же году рукоположен в иеродиаконы и иеромонаха. Затем была служба инспектором в нескольких духовных учебных заведениях, ректорство в Санкт-Петербургской Духовной академии; поездки в Палестину в составе русской духовной миссии и в Константинополь в должности настоятеля посольской церкви (во время этих поездок происходит углубленное изучение аскетической письменности православного Востока). 1-го июня 1859 года в Троицком соборе Александро-Невской Лавры была совершена хиротония и наречение святителя Феофана во епископа Тамбовской епархии, затем последовало перемещение на древнюю, более обширную Владимирскую кафедру... Таков краткий очерк его внешнего жизненного пути, полного неустанной разносторонней и всегда успешной и плодотворной деятельности на благо Церкви и Отечества. Внутренний же путь, каким шла сокровенная духовная жизнь святителя, привел к тому, что в 1866 году, находясь на самом, казалось бы, «взлете» практической деятельности, епископ Феофан неожиданно подал в Священный Синод прошение об увольнении его на покой с правом пребывания в Вышенской пустыни Тамбовской епархии. Прошение было удовлетворено, и он, наконец, получил то, к чему давно чувствовал свое главное духовное призвание: полное отрешение от житейских дел, уединение, неразвлекаемое внутренне делание. В письмах своих он свидетельствовал, что поистине счастлив в Выше: «Вышу можно променять только на Царство Небесное». Уйдя в затвор, он устроил в своих кельях малую церковь во имя Крещения Господня и проводил жизнь в богослужении и молитве, в подвигах телесных и духовных, в тщательном самонаблюдении, трезвении и бодрствовании, в напряженном чтении и богомыслии, в трудах писательских...

Весь этот величайший и поистине бесценный опыт, накопленный на разнообразных жизненных поприщах, и особенно в годы затвора, и был мобилизован святителем в его огромной переписке с многочисленными корреспондентами, среди которых были представители всех сословий, от сановника до крестьян. Ежедневно почта приносила от 20 до 40 писем, и епископ Феофан обязательно отвечал на каждое из них, чутко угадывая состояние и потребности писавшего и находя для каждого идущее прямо к сердцу, необходимое слово. Он обладал редким даром просто, ясно, лаконично говорить о самых глубоких и премудрых вещах.

В письмах святителя нет и тени скучной назидательности, сухого морализма. Они согреты самоотверженной любовью, сердечным вниманием к людям – и оттого они написаны таким живым, образным, безыскусным слогом.

Нередко можно встретить в письмах святителя блестки светлого юмора. Так, к примеру, он с шутливым вздохом отмечает участившиеся попытки самонадеянного человеческого ума проникнуть в неизреченные и неисследимые тайны Божественной жизни: «Нынче удержа нет от совопросничества. Ум наш – комар, а все пищит!» А вот какую характеристику епископа Феофана получает необузданный наш язык: «Язык?! Нет зловреднее вещи под небесем. Желательно бы так устроить, чтобы за каждую с его стороны непозволительность что-нибудь его укалывало (хоть бы булавка). Тогда бы он посмирнее был, а то как машинка, что песенки поет..., как завели и пустили и... пошла тилиликать».

Святитель Феофан Затворник, переводчик замечательного сочинения «Невидимая брань», и в обширной переписке своей не оставил без внимания ни одного участка духовной борьбы человека, ступившего на узкий и тернистый, но спасительный путь, ведущий в Царство Небесное. Какие только темы, какие только вопросы не рассматривает и не раскрывает он в духовных беседах со своими корреспондентами! Здесь и беды житейские, и болезни, и семейная и гражданская жизнь, истинное назначение искусства, и правильная установка в отношении к различным обстоятельствам внешней жизни, и бесконечные проблемы жизни внутренней: борьба с помыслами, с самоугодием, с унынием, стяжание смирения и терпения, плача и теплоты сердечной, и руководство в богомыслии, и учение о правильной молитве, о различных ступенях молитвенного делания (молитве уделял святитель особое внимание, поскольку считал ее царицей духовной жизни, точка опоры которой – смирение).

Хочется надеяться, что настоящий труд, предлагаемый вниманию читателя, поможет ему найти верные и точные ориентиры на пути спасения и будет способствовать великому делу нашего духовного возрождения.

Тропарь святителю Феофану, глас 8

Православия наставниче, благочестия учителю и чистоты, Вышенский подвижниче, святителю Феофане богомудре, писаниями твоими Слово Божие изъяснил еси и всем верным путь ко спасению указал еси, моли Христа Бога спастися душам нашим.

Кондак святителю Феофану, глас 4

Богоявлению тезоименитый, святителю Феофане, учениями твоими многия люди просветил еси, со ангелы ныне предстоя Престолы Святыя Троицы, моли непрестанно о всех нас.

ПРИМЕЧАНИЯ

1 – Добротолюбие. Т. 3. Подвижническое слово, разделенное на сто глав деятельных, исполненных ведения и рассуждения духовного, гл. 79 и далее.

2 – вдохновляется, внушается. Ред.

3 – внедриться, произрасти. Ред.

4 – Пророк; августа 20. – Ред.

5 – богооткровенной – Ред.

6 – даром – Ред.

7 – Блаженного; 15 июня – Ред.

8 – Мурина; августа 28 – Ред.

9 – Ермопольского; сентября 6 – Ред.

10 – в иное место – Ред.

11 – втрое сплетены – Ред.

12 – Отступник – Ред.

13 – Египетского – Ред.

14 – уберечься – Ред.

15 – Прекраснейшие образцы в сем роде у святителя Тихона. Он глубже всех, кажется, уразумел, что лучшее употребление дара писать и говорить есть обращение его на вразумление и пробуждение грешников от усыпления. К тому и ведет почти всякая статья его. Такою же должна быть и всякая церковная проповедь, и всякая беседа.

16 – благодати – Ред.

17 – При всем том никак не излишне иметь под руками душеспасительные книги, в которых ясно и с силою были бы раскрыты все предметы, о которых следует рассуждать с собою. Неоцененны в сем отношении в писаниях святителя Тихона статьи о грехе, об ослеплении, о

прощении некающемуся, келейные письма. В пособие к сему именно рассуждению с собою издается сборник святоотеческих писаний, под заглавием: «Востани спяй...».

18 – ниспадет, капнет – Ред.

19 – вручает, отдает – Ред.

20 – гонится, преследует – Ред.

21 – колеблется, мятется – Ред.

22 – большая – Ред.

23 – Иеремия – Ред.

24 – Христианское чтение. 1842. Ч. 1. С. 244.

25 – Подвижническое слово, гл. 77.

26 – Там же, гл. 78.

27 – Беседа 8, п. 2.

28 – Подвижническое слово, гл. 90.

29 – Там же, гл. 69.

30 – Подвижническое слово, гл. 90.

31 – Там же, гл. 69.

32 – Подвижническое слово, гл. 85.

33 – Беседа 9, п. 7.

34 – Беседа 9, п. 1–6.

35 – Подвижническое слово, гл. 82, 85.

36 – Подвижническое слово, гл. 89.

37 – Беседа 8, п. 2.

38 – Беседа 9, п. 1.

39 – Слово 55.

40 – Макарий Великий. Слово 5. О возвышении ума, п. 13; Слово 7. О свободе ума, п. 24, 20 и 21; Беседа 17, п. 4.

41 – Беседа 2, гл. 1, 2, 4, 12.

42 – Добротолюбие. Т. 5. Главы о заповедях и догматах, угрозах и обетованиях, гл. 41.

43 – расточать – Ред.

44 – отбрасывания – Ред.

45 – Добротолюбие Т. 1. Наставления о доброй нравственности и святой жизни, гл. 150.

46 – Оное намерение и со всею широтою изображено святым Исааком Сирианином в его послании к святому Симеону Столпнику. То же смотри в 1-й и 2-й Беседах святого Макария Великого.

47 – на земле лежания – Ред.

48 – возрастания – Ред.

49 – откидывать сор, ненужное – Ред.

50 – Подробно о руководителе – в особой брошюрке под заглавием «Что потребно покаявшемуся» и проч.

51 – Подробнее о правилах – в указанной выше брошюре.

52 – Патерик Скитский.

53 – все почитай за сор – Ред.

54 – надлежит – Ред.

55 – Иерусалимского – Ред.

56 – Житие и писания молдавского старца Паисия Величковского с присовокуплением предисловий на книги святых Григория Синаита, Филофея Синайского, Исихия пресвитера и Нила Сорского, сочиненных другом его и спостником старцем Василием Поляномерульским, об умном трезвении и молитве. Издание Козельской Введенской Оптиной Пустыни. Москва, 1892. – Ред.

57 – митрополита Филадельфийского – Ред.

58 – Иоанн Кассиан Римлянин – Ред.

59 – угнетает, нападает – Ред.

60 – Мнение их см.: Славянское Добротолюбие. Ч. 2. Каллист и Игнатий Ксанфопулы. Правило в ста главах, гл. 2.

61 – многодневные – Ред.

62 – приносящему в жертву – Ред.

63 – надмение – Ред.

64 – См. Приложения к «Письмам о христианской жизни».

65 – сокрушение – Ред.

66 – пропитала, внедрилась – Ред.

67 – разогнанными, рассеянными – Ред.

68 – Книга Варсонуфия вся и состоит в этом.

69 – сокрушители – Ред.

70 – У святого Исаака Сирианина внешние скорби, слезы и сокрушения восхваляются по всему пространству его слов.

71 – Лествица. Слово 27, п. 66.

72 – Лествица. Слово 26, п. 63.

73 – Лествица. Слово 26, п. 139.

74 – Лествица. Слово 29, п. 11.

75 – Там же. Слово 30, п. 21.

76 – Там же. Слово 30, п. 35.

77 – Желающие знать о последних степенях христианского совершества пусть читают святого Исаака Сирианина, «Лествицу» и «Добротолюбие».

78 – Начало взято из: Христианское чтение. 1838. Ч. IV. С. 242–253.

79 – Отселе из 21-й Беседы на Послание к Ефесянам.

80 – Отселе из Слова к верующему отцу.

81 – Духовные наставники.

82 – разрушают – Ред.

83 – Отселе из 9-й беседы на 1-е Послание к Тимофею.

Православная библиотека – Orthodox Logos

- *Добротолюбие (Том I • Том II • Том III • Том IV • Том V)*
- *Откровенные рассказы странника духовному своему отцу*
- *Семь слов о жизни во Христе* – праведный Николай (Кавасила)
- *О молитве* – святитель Игнатий (Брянчанинов)
- *Об умной или внутренней молитве* – преподобный Паисий (Величковский)
- *В помощь кающимся* – святитель Игнатий (Брянчанинов)
- *О прелести* – святитель Игнатий (Брянчанинов)
- *Приношение современному монашеству* – святитель Игнатий (Брянчанинов)
- *Слово о человеке* – святитель Игнатий (Брянчанинов)
- *Слово о чувственном и о духовном видении духов* – святитель Игнатий (Брянчанинов)
- *Слово о смерти* – святитель Игнатий (Брянчанинов)
- Прибавление к "Слову о смерти"
- *Христианство по учению преподобного Макария Египетского* – преподобный Иустин (Попович), Челийский
- *Философские пропасти* – преподобный Иустин Челийский (Попович)
- *Священное Предание: Источник Православной веры* – митрополит Каллист (Уэр)
- *Толкование на Евангелие от Матфея* – святой Феофилакт Болгарский, архиепископ Охридский
- *Толкование на Евангелие от Марка* – святой Феофилакт Болгарский, архиепископ Охридский
- *Толкование на Евангелие от Луки* – святой Феофилакт Болгарский, архиепископ Охридский
- *Толкование на Евангелие от Иоанна* – святой Феофилакт Болгарский, архиепископ Охридский
- *Таинство любви* – Павел Евдокимов

- *Мысли о добре и зле* – святитель Николай Сербский (Велимирович)
- *Миссионерские письма* – святитель Николай Сербский (Велимирович)
- *Живой колос* – праведный Иоанн Кронштадтский (Сергиев)
- *Дидахе. Учение Господа, переданное народам через 12 апостолов*
- *Домострой* – протопоп Сильвестр
- *Лествица или Скрижали духовные* – преподобный Иоанн Лествичник
- *Слова подвижнические* – преподобный Исаак Сирин Ниневийский
- *Пастырь* – Апостол Ерм
- *Послания* – священномученик Игнатий Богоносец
- *Миссионерские письма* – святитель Николай Сербский (Велимирович)
- *Точное изложение православной веры* – преподобный Иоанн Дамаскин
- *Беседы на псалмы* – святитель Василий Великий
- *О цели христианской жизни* – преподобный Серафим Саровский (Мошнин)
- *Аскетические опыты (Том I • Том II)* – святитель Игнатий (Брянчанинов)
- *Воплощенное домостроительство. Опыт христианской психологии* – святитель Феофан Затворник
- *Путь ко спасению. Краткий очерк аскетики* – святитель Феофан Затворник
- *Мысли на каждый день года по церковным чтениям из Слова Божия* – святитель Феофан Затворник
- *Письма к мирским особам* – преподобный Макарий Оптинский (Иванов)
- *Смысл жизни* – Семён Людвигович Франк
- *Философия свободы* – Николай Александрович Бердяев
- *Философия свободного духа* – Николай Александрович Бердяев

- *Песня церкви - Праведники наших дней* – Артём Перлик
- *Сказки* – Артём перлик
- *Патристика* – Артём Перлик
- *Ты нужен мне* – Артём Перлик
- *Следом за овцами - Отблески внутреннего царства* – Монахиня Патрикия

www.orthodoxlogos.com